Intensivkurs Kostenrechnung

Marco Rudorfer

Intensivkurs Kostenrechnung

Anschaulicher Einstieg
für Studium und Praxis

2., überarbeitete und aktualisierte Auflage

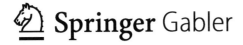 Springer Gabler

Marco Rudorfer
Freising, Deutschland

ISBN 978-3-658-15058-7   ISBN 978-3-658-15059-4 (eBook)
DOI 10.1007/978-3-658-15059-4

Die Deutsche Nationalbibliothek verzeichnet diese Publikation in der Deutschen Nationalbibliografie; detaillierte bibliografische Daten sind im Internet über http://dnb.d-nb.de abrufbar.

Springer Gabler
© Springer Fachmedien Wiesbaden GmbH 2015, 2017

Lektorat: Irene Buttkus

Gedruckt auf säurefreiem und chlorfrei gebleichtem Papier

Springer Gabler ist Teil von Springer Nature
Die eingetragene Gesellschaft ist Springer Fachmedien Wiesbaden GmbH
Die Anschrift der Gesellschaft ist: Abraham-Lincoln-Straße 46, 65189 Wiesbaden, Germany

Vorwort

Ziel dieses Lehrwerks ist eine allgemeinverständliche Darstellung von Theorie und Praxis der Kostenrechnung eines Industriebetriebs.

Den Studenten der Wirtschafts- und Ingenieurwissenschaften soll ein rascher und anschaulicher Einstieg in die Theorie der Kostenrechnung ermöglicht werden.

Unter Beschränkung auf das Wesentliche werden alle Aspekte der Kosten- und Leistungsrechnung einprägsam dargestellt:

- Kostentheorie,
- Kostenarten-, Kostenstellen- und Kostenträgerrechnung,
- Deckungsbeitragsrechnung,
- Plankostenrechnung,
- Prozesskostenrechnung,
- Zielkostenrechnung,
- Strategisches Kostenmanagement und
- Der Betrieb als Unternehmung.

Problemorientierte Beispiele verdeutlichen die betriebliche Situation, und übersichtliche Lösungsansätze zeigen einen systematischen Lösungweg auf.

Wichtige Formeln sind am Rand des Textes durch Marginalien (F) gekennzeichnet.

Das ausführliche Sachwortverzeichnis macht das Buch zu einem Nachschlagewerk der Kostenrechnung.

Freising, im Sommer 2016   Marco Rudorfer

Inhaltsverzeichnis

Abbildungsverzeichnis

Abkürzungsverzeichnis

AB	Anfangsbestand		GZ	Gewinnzuschlag
AfA	Absetzung für Abnutzung		HKA	Herstellkosten der Abrechnungsperiode
AP	Abrechnungsperiode			
AV	Anlagevermögen		HKFE	Herstellkosten der fertig gestellten Erzeugnisse
BDI	Bundesverband der Deutschen Industrie			
			HKU	Herstellkosten des Umsatzes
BE	Betriebsergebnis		i. d. R.	in der Regel
BeP	Break-even-Point (Gewinnschwelle)		IKR	Industriekontenrahmen
			K	Gesamtkosten
Bsp.	Beispiel		k	Stückkosten
BVFE	Bestandsveränderungen an Fertigerzeugnissen		K_A	Kalkulatorische Abschreibungen
BVP	Barverkaufspreis		kalk.	kalkulatorisch
BVUE	Bestandsveränderungen an unfertigen Erzeugnissen		K_E	Energiekosten
			K_f	Fixkostenblock
db	Stückdeckungsbeitrag		k_f	fixe Stückkosten
DB	Gesamtdeckungsbeitrag		$K_{f(nz)}$	nicht zurechenbare fixe Kosten
DBS	Deckungsbeitragssatz			
E	Erlös		$K_{f(z)}$	zurechenbare fixe Kosten
EDV	Elektronische Datenverarbeitung		kg	Kilogramm
			K_I	Istkosten (Plankostenrechnung)
etc.	et cetera, usw.			
EUR/ E	Euro je Einheit		KLR	Kosten- und Leistungsrechnung
F & E	Forschung und Entwicklung			
FE	Fertigerzeugnisse		K_P	Plankosten (Plankostenrechnung)
FGK	Fertigungsgemeinkosten			
FiBu	Finanzbuchhaltung		K_R	Raumkosten
FL	Fertigungslöhne		K_S	Sollkosten (Plankostenrechnung)
FM	Fertigungsmaterial			
G u V	Gewinn- und Verlustrechnung		K_v	variable Gesamtkosten
ggf.	gegebenenfalls		K_W	Werkzeugkosten
			kWh	Kilowattstunde

K_z	kalkulatorische Zinsen	Std.	Stunden
MGK	Materialgemeinkosten	Tan	Tangens
MSS	Maschinenstundensatz	Tsd.	Tausend
p	Preis je Einheit	UE	Unfertige Erzeugnisse
p. a.	pro anno / Jahr	Var.	Variator
p. M.	Pro Monat	verr. K_p	verrechnete Plankosten
PKG	Personalkostengrad	vs.	versus
PVS	Plankostenverrechnungssatz	VtGK	Vertriebsgemeinkosten
RK I	Rechnungskreis I (FiBu)	VVGK	Verwaltungs- und Vertriebsgemeinkosten
RK II	Rechnungskreis II (KLR)		
SB	Schlussbestand	VVP	Vorläufiger Verkaufspreis
SEKF	Sondereinzelkosten der Fertigung	VwGK	Verwaltungsgemeinkosten
		WF	Wirtschaftlichkeitsfaktor
SEKV	Sondereinzelkosten des Vertriebs	ZVP	Zielverkaufspreis

1. Betriebliches Rechnungswesen

1.1 Einführung

Ein stetiger Trend zur Globalisierung und die zunehmende Markttransparenz durch den Einsatz moderner Kommunikationstechnologien haben in den letzten Jahren zu einem nie da gewesenen Konkurrenzdruck für Industrieunternehmen geführt.

Die Industrie sieht sich einem internationalen Wettbewerb ausgesetzt, der sich zudem auf Märkten mit hoher Marktsättigung für alle Industrieprodukte abspielt.

Wurden in den Wachstumsjahren nach dem zweiten Weltkrieg unternehmerische Fehlentscheidungen in puncto Produkt- und Kostenplanung durch eine hohe Aufnahmefähigkeit des Marktes und die damit verbundene Degression der Kosten ausgeglichen, so kann heute jede Fehleinschätzung bei der Produktplanung und jede Unwirtschaftlichkeit innerhalb der Wertschöpfungskette zu einem die Existenz bedrohenden Faktor werden.

Zusätzliche unternehmerische Risiken ergeben sich aus den immer kürzer werdenden Produktlebenszyklen und den damit verbundenen schrumpfenden Amortisationszeiten für den fixkostenträchtigen Kapitaleinsatz.

Der frühere Verkäufermarkt hat sich in einen Käufermarkt umgekehrt. Dadurch wurde eine stärkere Orientierung an Kundenwünschen, verbunden mit hoher Flexibilität in Bezug auf Produkt- und Preisgestaltung erforderlich.

Die Gegebenheiten an den heutigen Märkten kann man wie folgt zusammenfassen:

Der am Markt dominierende, mobile Kunde fordert hochwertige, individualisierte Produkte bei kurzer Lieferdauer zu moderaten Preisen.

Um diesen Herausforderungen zu begegnen, benötigen Unternehmen ein Instrument, das Hilfestellung für die Lösung auch kurzfristiger Planungs- und Kontrollaufgaben bietet.

Die Kostenrechnung wurde zu einem strategischen Kostenmanagement weiter entwickelt, das eine permanente Kontrolle der Wirtschaftlichkeit an jedem Punkt der Wertschöpfungskette ermöglicht und darüber hinaus Hilfestellung bei der Entwicklung von Strategien für eine marktorientierte Produkt- und Kostengestaltung bietet.

1.2 Organisation des betrieblichen Rechnungswesens

Während die *Unternehmung* das Ziel der Gewinnmaximierung und damit eine möglichst hohe Verzinsung des eingesetzten Kapitals anstrebt, stehen für den *Betrieb* die rationelle Organisation der betrieblichen Arbeitsabläufe und die Wirtschaftlichkeit der Leistungserstellung (Produkt, Dienstleistung) durch eine Kombination der *Produktionsfaktoren* im Vordergrund.

Gemäß der unterschiedlichen Zielsetzung von Unternehmung und Betrieb unterscheidet sich auch das Rechnungswesen der beiden Wirtschaftsgebilde.

Finanzbuchhaltung

Die *Finanzbuchhaltung* der Unternehmung erfasst als *pagatorische*[1] *Buchhaltung* den überbetrieblichen Werteverkehr der Unternehmung (Geschäftsbeziehungen zur Umwelt: Kunden, Lieferanten, Schuldner, Gläubiger) und erstellt für den Abrechnungszeitraum (i. d. R. ein Geschäftsjahr) den Jahresabschluss mit der Ermittlung des Ergebnisses der unternehmerischen Tätigkeit.

Für die Organisation der Finanzbuchhaltung gelten die gesetzlichen Vorschriften des Handels- und Steuerrechts.

Betriebsbuchhaltung

Die *Betriebsbuchhaltung* hat als *kalkulatorische Buchhaltung* die Aufgabe, alle im Rahmen der betrieblichen Leistungserstellung anfallenden Kosten und Leistungen laufend zu erfassen und zu bewerten. Mit der Bewertung der Kosten ist eine permanente Kontrolle der Wirtschaftlichkeit des Leistungsprozesses verbunden.

Eine gesetzliche Verpflichtung zur Kostenrechnung in einer Betriebsbuchhaltung gibt es nicht. Allerdings wird die Betriebsbuchhaltung als strategisches Werkzeug der Betriebs- und Geschäftsleitung für Planung, Kontrolle und Entscheidungsfindung ab einer gewissen Größenordnung der Unternehmung unverzichtbar sein.

---

[1] pagare (ital.) = zahlen - pagatorisch bedeutet: auf Zahlungsvorgängen beruhend

Finanzbuchhaltung	*Betriebsbuchhaltung*
Aufgabe: • Aufzeichnung aller Geschäftsvorfälle des Innen- und Außenbereichs der Unternehmung • Ermittlung des Unternehmensgewinns/-verlusts (GuV) und des Vermögensstatus (Bilanz)	*Aufgabe:* • Erfassung, Bewertung und Verrechnung von Kosten nach dem Verursachungsprinzip • Kontrolle der Wirtschaftlichkeit der Leistungserstellung in den Betrieben
Verpflichtung: • Gesetzliche Regelung der Buchführungspflicht in Handels- und Steuerrecht • Vorschriften zu Form, Bewertung einzelner Posten und Jahresabschluss	*Verpflichtung:* • Keine gesetzliche Pflicht *Ausnahmen:* • Leitsätze für die Preisermittlung auf Grund von Selbstkosten (LSP) bei *öffentlichen Aufträgen* • *Aktivierung von Eigenleistungen* in der Finanzbuchhaltung (Unternehmensbereich)

Abbildung 1: Gegenüberstellung von Finanzbuchhaltung und Betriebsbuchhaltung

Rechnungskreis I und Rechnungskreis II

Auf Grund der unterschiedlichen Zielsetzung der beiden Rechnungssysteme sieht der *Industriekontenrahmen (IKR)* des *Bundesverbands der Deutschen Industrie (BDI)* eine deutliche Trennung von Finanzbuchhaltung und Betriebsbuchhaltung in zwei Rechnungskreise vor (siehe Abbildung S. 4):

- Im *äußeren Kreis* (Rechnungskreis I) stellt die *Finanzbuchhaltung* die Verbindung zwischen Unternehmung und wirtschaftlichem Umfeld her: Sämtliche Vorgänge im Außen- und Innenbereich werden für den Abrechnungszeitraum (Geschäftsjahr) registriert und am Jahresende im Hinblick auf die Vermögens- und Kapitalsituation sowie das *Gesamtergebnis* der Unternehmung ausgewertet.

- Im *inneren Kreis* (Rechnungskreis II) konzentriert sich die *Betriebsbuchhaltung* auf eine Betrachtung der betrieblichen Prozesse.

  Der Leistungsprozess innerhalb des Betriebs verursacht durch die Kombination der Produktionsfaktoren notwendigerweise *Werteverzehr = Faktorkosten*[1] (Materialverbrauch, Fertigungslöhne, Verbrauch der Betriebsmittel etc.). Dem Werteverzehr steht die Leistung in Form von Produkten oder Dienstleistungen gegenüber. Der mit der Leistung verbundene Wertezuwachs spiegelt sich im Umsatzerlös wieder.

  Durch Gegenüberstellung sämtlicher Kosten und Leistungen für den gewählten Abrechnungszeitraum (i. d. R. Monat, Quartal) ermittelt die Betriebsbuchhaltung das *Betriebsergebnis*.

---

[1] In der Folge wird anstatt von Faktorkosten vereinfachend von *Kosten* gesprochen

Ein Abgleich zwischen den beiden Rechnungskreisen erfolgt über die *sachliche Abgrenzung* (siehe S. 61).

Der *Industriekontenrahmen (IKR)* des BDI[1] sieht ein dekadisch gegliedertes Kontensystem vor.

Rechnungskreis I = Finanzbuchhaltung

Kontenklassen 0 bis 4: Bestandskonten, die in die Bilanz eingehen.
Kontenklassen 5 bis 7: Aufwendungen und Erträge, die in die Gewinn- und Verlustrechnung eingehen.
Kontenklasse 8: Jahresabschluss mit Bilanz und Gewinn- und Verlustrechnung

Rechnungskreis II = Betriebsbuchhaltung

Kontenklasse 9 ist für die Betriebsbuchhaltung vorgesehen.
Kontengruppen 92 bis 99: Kostenartenrechnung, Kostenstellenrechnung, Kostenträgerrechnung und Betriebsergebnisrechung[2].
Kontengruppen 90 und 91: Abgleich zwischen den beiden Rechnungskreisen[1].

Rechnungskreis I								
Finanzbuchhaltung								
Kontenklassen								
Bilanz					Gewinn- und Verlustrechnung			
0	1	2	3	4	5	6	7	8
Sachanlagen	Finanzanlagen	Umlaufvermögen	Eigenkapital	Verbindlichkeiten	Erträge	Aufwendungen	weitere Aufwendungen	Ergebnisrechnung Bilanz GuV

Abgrenzung	Kostenrechnerische Korrekturen 910+911	Kostenarten u. Leistungsarten	Kostenstellen	Kostenträger	Fertige Erzeugnisse	Interne K. u. L.	Umsatzkosten	Umsatzleistungen	Ergebnisausweise
90	91	92	93	94	95	96	97	98	99
Kontengruppen									
Kontenklasse 9									
Betriebsbuchhaltung									
Rechnungskreis II									

Abbildung 2: Kontensystem des Industriekontenrahmens (IKR)

[1] BDI, Bundesverband der Deutschen Industrie, IKR
[2] Für Kostenstellen- und Kostenträgerrechnung wird häufig an Stelle der kontenmäßigen Abrechnung des IKR die tabellarische Form des BAB gewählt

1.3 Überblick über Teilgebiete der Kostenrechnung

Vollkostenrechnung

Die Vollkostenrechnung hat zum Ziel, sämtliche in den Betrieben der Unternehmung anfallenden Kosten (Selbstkosten) den *Kostenträgern (Produkte)* verursachungsgerecht zuzurechnen und damit die Grundlage für die Preiskalkulation zu schaffen.

Die Vollkostenrechnung gliedert sich in folgende Stufen:

- Die *Kostenartenrechnung* definiert Kostenarten auf Basis der Gegebenheiten in den Betrieben, bestimmt die (notwendige) Tiefengliederung und entwickelt verbindliche Kriterien für Erfassung und Bewertung der Kosten. Dabei orientiert sich die Kostenartenrechnung unter Berücksichtigung kostentheoretischer Grundlagen an Erfahrungswerten und dem von der Geschäftsleitung vorgegebenen Anspruchsniveau.

- Die *Kostenstellenrechnung* bereitet das Zahlenmaterial der Kostenartenrechnung auf und verteilt Kosten, die dem Kostenträger nicht direkt zuzurechnen sind (Gemeinkosten) nach dem Verursachungsprinzip auf Kostenstellen.

- Aufgabe der *Kostenträgerrechnung* ist es, über die zurechenbaren Einzelkosten hinaus auch die Gemeinkosten unter Berücksichtigung des Verursachungsprinzips den Produkten zuzurechnen und deren Selbstkosten zu ermitteln.

In welchem Maße die einzelnen Komponenten der Vollkostenrechnung in Anspruch genommen werden, ist von den individuellen Gegebenheiten der Unternehmung, Größe, Betriebsstruktur, Anspruch an die Genauigkeit der Rechnung etc. abhängig.

Zur Vollkostenrechnung treten zukunftsorientierte strategische Rechenoperationen hinzu:

Teilkostenrechnung

Bei der Teilkostenrechnung handelt es sich um ein Kostenrechnungssystem, das nur einen Teil der Kosten (die variablen Kosten oder die Einzelkosten) auf die Kostenträger verrechnen. Durch den Verzicht auf die stets willkürliche Schlüsselung von fixen Kosten bzw. Gemeinkosten lassen sich im Gegensatz zur Vollkostenrechnung Entscheidungshilfen für die kurzfristige betriebliche Planung ableiten.

Aufgaben der Teilkostenrechnung in Form der *Deckungsbeitragsrechnung:*

- Gewinnschwellenanalyse
- Optimierung des Fertigungsprogramms
- Entscheidung über Eigenfertigung oder Fremdbezug

Flexible Plankostenrechnung

Die auf Grund von Erfahrungswerten im Voraus bestimmten Plankosten besitzen Norm-charakter (USA: Standard Cost Accounting). Ihr nachträglicher Vergleich mit den tat-sächlich angefallenen Istkosten ermöglicht eine Kontrolle der Wirtschaftlichkeit.

Aufgaben der Plankostenrechnung:

- Abweichungsanalyse durch Vergleich von Plankosten, Sollkosten und Istkosten
- Aufspüren von Unwirtschaftlichkeiten
- Planung der Kosten für künftige Abrechnungsperioden

Prozesskostenrechnung

Die Prozesskostenrechnung wird in Deutschland z. T. auch als *Vorgangskalkulation* be-zeichnet. In den USA werden - bei gleichem Inhalt - die Begriffe *activity based costing* oder *cost driver accounting* verwandt.

Obwohl z. T. anders dargestellt, stellt die Prozesskostenrechnung *kein völlig neues Kos-tenrechnungssystem* dar. Die Kernideen der Prozesskostenrechnung stellen lediglich eine Verfeinerung des Systems der Vollkostenrechnung, insbesondere in den nachgelagerten Bereichen (Fertigungsvorbereitung und -steuerung, Lagerung und Transporte), anhand einer detaillierten Betrachtung von Einzelprozessen dar.

Zielkostenrechnung

Die Zielkostenrechnung (Target Costing) strebt bereits in der Entwicklungsphase eines Produktes an, Einsparungspotentiale zu erkennen und zu realisieren.

Der am Markt erzielbare Preis eines Produktes bestimmt seine Kostenstruktur.

Alle Detailkosten müssen unter Berücksichtigung des Kundennutzens und der Unterneh-mensstrategie optimiert werden.

2. Kostentheoretische Grundlagen

2.1 Kostenbegriffe und Kosteneinflussgrößen

2.1.1 Kosten

Im Betrieb spielen *Aufwendungen* nur dann eine Rolle, wenn sie der *Leistungserstellung* dienen. Zudem müssen die betrieblichen Aufwendungen aus dem *ordnungsgemäßen* Betriebsablauf heraus *notwendigerweise* entstehen. So dürfen Aufwendungen, die durch einen Unfall im Betrieb verursacht wurden, nicht in die Kalkulation eingehen, da solche Vorkommnisse nicht dem *normalen* (ordnungsgemäßen) Betriebsablauf entsprechen. Schließlich müssen betriebliche Aufwendungen in der laufenden Abrechnungsperiode entstanden oder *der laufenden Abrechnungsperiode zurechenbar* sein.

Der *Kostenbegriff*[1] kann im Hinblick auf die Abgrenzung der beiden Rechnungskreise folgendermaßen definiert werden:

> **Kosten =** Im Rahmen der Leistungserstellung anfallende **betriebsnotwendige Normalaufwendungen der Abrechnungsperiode.**

Um die Ausgaben und Aufwendungen der Finanzbuchhaltung (Rechnungskreis I) für die Betriebsbuchhaltung des Rechnungskreises II verwertbar zu machen, muss eine *sachliche Abgrenzung* des Zahlenmaterials erfolgen, die alle Aufwendungen des Rechnungskreises I daraufhin untersucht, ob sie der Definition der Kosten entsprechen. Fehlt auch nur ein Kriterium der Definition, so kann der Aufwand des Rechnungskreises I nicht als Kostenart in die Kosten- und Leistungsrechnung (KLR) der Betriebsbuchhaltung eingehen.

Obige Definition der Kosten beschränkt sich auf eine Abgrenzung gegenüber den Aufwendungen des Rechnungskreises I. Hinzu kommen *kalkulatorische Kosten*, denen keine Aufwendungen im Rechnungskreis I gegenüber stehen, z.B. kalkulatorische Miete.

Mit Blick auf die unterschiedliche Zielsetzung von Unternehmung und Betrieb sind folgende Begriffe eindeutig zu definieren und klar auseinander zu halten:

> *Auszahlung - Ausgabe - Aufwand - Kosten* und
> *Einzahlung - Einnahme - Ertrag - Leistung*

---

[1] Analog wird bei der Abgrenzung von Einnahmen/ Erträgen vs. Leistungen verfahren

2.1.2 Begriffsklärung: Auszahlungen, Ausgaben, Aufwendungen, Kosten – Einzahlungen, Einnahmen, Erträge, Leistungen

	Begriffe	Beispiele
RK I = **U** **n** **t** **e** **r** **n** **e** **h** **m** **u** **n** **g**	**Auszahlungen** Abfluss von Geldmitteln (Bargeld, Bankguthaben) *unabhängig von Zweck* und Zugehörigkeit zu einer Abrechnungsperiode.	Alle Zahlungsausgänge, auch Zahlungen, die *weder Betrieb noch Unternehmung* betreffen: Steuerstrafe für unterlassene Angaben zur Veranlagung etc.

	Ausgaben
	Zahlungen und Zahlungsverpflichtungen einer Unternehmung:
	• Auszahlungen +
	  ▪ Schuldenzugänge
	  ▪ Forderungsabgänge
		Alle Ausgaben, unabhängig von der Zurechenbarkeit, *soweit sie Unternehmung oder/und Betrieb betreffen.*
		Barzahlung von Porti;
		Überweisung von Betriebsrenten aus der Pensionskasse;
		Kauf von Rohstoffen auf Ziel.

	Aufwendungen Sämtlicher *Verzehr an Gütern und Dienstleistungen* einer *Unternehmung* (betriebsbedingt oder neutral) *innerhalb einer Abrechnungsperiode.* GuV → Minderung des Gewinns	Steuerliche Abschreibung (AfA) auf Maschinen; Gezahlte Löhne und Gehälter (jeweils für den Abrechnungszeitraum); Verluste aus Spekulationsgeschäften.
RK II = **B** **e** **t** **r** **i** **e** **b**	**Kosten** Sämtlicher Verzehr an Gütern und Dienstleistungen eines *Betriebs* innerhalb einer Abrechnungsperiode, der der *Erstellung einer betrieblichen Leistung* dient.	Kalkulatorische Abschreibung (tatsächlicher Werteverzehr); Fertigungslöhne bewertet mit Normal-/Durchschnittspreisen (jeweils für den Abrechnungszeitraum).
RK II = **B** **e** **t** **r** **i** **e** **b**	**Leistungen** Bewertetes Ergebnis des Fertigungs- und Absatzprozesses (Betriebssphäre) innerhalb einer Abrechnungsperiode (Produkt, Dienstleistung).	Erträge aus abgesetzten Erzeugnissen; Bestandsmehrung an fertigen und unfertigen Erzeugnissen
RK I = **U** **n** **t** **e** **r** **n** **e** **h** **m** **u** **n** **g**	**Erträge** Sämtlicher Wertezugang der *Unternehmung* innerhalb einer Abrechnungsperiode GuV → Mehrung des Gewinns	Erträge aus abgesetzten Erzeugnissen; Mieterträge (jeweils bezogen auf die Abrechnungsperiode).

	Einnahmen
	Geldmäßige Eingänge und Erwerb von Forderungen einer Unternehmung:
	• Einzahlungen +
	  ▪ Schuldenabgänge
	  ▪ Forderungszugänge
		Mieteinnahme bar;
		Ausgleich einer Verbindlichkeit durch Überweisung.
		Alle Einnahmen, unabhängig von der Zurechenbarkeit auf eine Abrechnungsperiode.

	Einzahlungen Zufluss von Geldmitteln unabhängig von Zweck und Zugehörigkeit zu einer Abrechnungsperiode.	Jeder Zufluss von Zahlungsmitteln unabhängig von Zweck und Zurechenbarkeit auf eine Abrechnungsperiode: Bankgutschrift für einen Lottogewinn; Aufnahme eines Darlehens; Verkauf von Produkten gegen bar.

Abbildung 3: Begriffe: Auszahlungen, Ausgaben, Aufwendungen, Kosten – Einzahlungen, Einnahmen, Erträge, Leistungen

2.1.3 Abgrenzung von Aufwendungen und Erträgen gegen Kosten und Leistungen

Für eine Abgrenzung zwischen den Rechnungskreisen (siehe S. 3) ist es notwendig, Aufwendungen und Erträge, die entweder nicht in die Betriebsbuchhaltung des Rechnungskreises II eingehen dürfen oder die in den beiden Rechnungskreisen unterschiedlich bewertet werden, eindeutig zu definieren.

2.1.3.1 Abgrenzung von Aufwendungen und Kosten

Neutrale Aufwendungen

Neutrale Aufwendungen gehen *nicht* in die Kosten- und Leistungsrechnung ein, da der neutrale Aufwand zwar im Zusammenhang mit der unternehmerischen Tätigkeit angefallen ist, aber nicht den Kriterien des Kostenbegriffs entspricht (siehe S. 7). Man unterscheidet bei neutralen Aufwendungen:

betriebsfremde Aufwendungen	→ Aufwendungen, die nichts mit der betrieblichen Zielsetzung zu tun haben
außergewöhnliche Aufwendungen	→ Aufwendungen, die normalerweise nicht anfallen
periodenfremde Aufwendungen	→ betriebliche Aufwendungen, die nicht der Abrechnungsperiode zugeschrieben werden können

Aufwandsgleiche Kosten

Die Kosten der Betriebsbuchhaltung stimmen mit dem Aufwand der GuV überein.

BEISPIEL

Auf Grund bestehender Lieferverträge werden Teilfabrikate just-in-time angeliefert.

Die Zahlung erfolgt Zug um Zug und wird von der Finanzbuchhaltung als Wareneingang gebucht. Die Betriebsbuchhaltung bucht den Verbrauch an Teilfabrikaten (Fertigungsmaterial) mit dem gleichen Betrag.

Da die Beschaffung der Teilfabrikate dem definierten Unternehmensziel der Leistungserstellung entspricht, wird der von der Finanzbuchhaltung gebuchte Materialaufwand auch *Zweckaufwand* genannt.

Die Betriebsbuchhaltung verwendet für aufwandsgleiche Kosten auch den Begriff *Grundkosten*.

Wertverschiedene Aufwendungen

Zu unterschiedlicher Bewertung einzelner Positionen kommt es in den beiden Rechnungskreisen, weil die Finanzbuchhaltung als pagatorische Buchhaltung die tatsächlichen Zahlungsbeträge registriert, ohne eine Wertung vorzunehmen.

Dagegen verrechnet die Betriebsbuchhaltung Durchschnittswerte im Sinne des *Normalcharakters der Kosten* um gleichmäßige Vorgabewerte in der Kalkulation sicherzustellen.

Bewertungsunterschiede treten in Erscheinung als

- *Anderskosten*: Der Ansatz in der Finanzbuchhaltung entspricht nicht dem Ansatz in der Kosten- und Leistungsrechnung.

BEISPIEL

Die *Finanzbuchhaltung* bucht den für Fremdkapital tatsächlich gezahlten Zinsbetrag als Aufwand.

In der *Betriebsbuchhaltung* kommt der kalkulatorische Zins für das betriebsnotwendige Kapital (Eigen- und Fremdkapital) zum Ansatz.

- *Zusatzkosten*: In der *Betriebsbuchhaltung* erscheinen Kosten, für die es in der *Finanzbuchhaltung* keine Entsprechung gibt.

BEISPIEL

Befinden sich Betriebsgebäude im Eigentum der Unternehmung, so fallen in der *Finanzbuchhaltung keine Mietzahlungen* an. Entsprechend geht kein Mietaufwand in die GuV ein.

Der Normalcharakter der *Kostenrechnung* erfordert hingegen, dass in der Kalkulation der normalerweise zu zahlende Mietwert für die Gebäude in Form der *kalkulatorischen Miete* angesetzt wird.

Begriffe				Beispiele
RK I **=** **U n t e r n e h m u n g**		**Neutraler Aufwand** →*Aufwand, keine Kosten (nur GuV)*		
		• **Betriebsfremder Aufwand**	*Aufwand betrifft die Unternehmung, nicht aber den Betrieb*	*Spende; Verluste aus Spekulation mit Wertpapieren*
		• **Außergewöhnlicher Aufwand**		*Ausschussproduktion; Diebstahl von Werkzeugen; Verlust aus dem Abgang von Anlagevermögen; Feuerschaden*
		• **Periodenfremder Aufwand**		*Steuernachzahlung für das Vorjahr*
	RK II **=** **B e t r i e b**	**Aufwand führt zu Kosten**		
		• **Aufwandsgleiche Kosten** Aufwand identisch mit Kosten (GuV = KLR) **Zweckaufwand = Grundkosten**	*Aufwand betrifft die Unternehmung und den Betrieb gleichermaßen*	*Kauf von Fertigungsmaterial;* *Zahlung von Gehältern; Fertigungslöhne*
		• **Wertverschiedener Aufwand** Aufwand ungleich Kosten (GuV ≠ KLR)	*Aufwand betrifft die Unternehmung und den Betrieb in unterschiedlichem Maße*	
		1. Anderskosten		*GuV → tatsächliche Zahlungsbeträge* *KLR → Normalkosten*
		Aufwand in GuV	**Kosten in KLR**	
		Zinsaufwand	kalk. Zins	
		bilanzielle Abschreibung	kalk. Abschreibung	
		Schadensfälle	kalk. Wagnisse	
		Fertigungslöhne	verrechnete Löhne	
		2. Zusatzkosten		*Kosten, denen in der GuV kein Aufwand gegenüber steht, z.B. kalk. Miete*
		- / -	**nur KLR**	

Abbildung 4: Abgrenzung von Aufwendungen und Kosten in RK I und RK II

2.1.3.2 Abgrenzung von Erträgen und Leistungen

Neutrale Erträge

Neutrale Erträge gehen nicht in die Kosten- und Leistungsrechnung ein, da der neutrale Ertrag zwar im Zusammenhang mit unternehmerischer Tätigkeit angefallen ist, aber in Analogie zu den Kriterien des Kostenbegriffs (siehe S. 7) die Voraussetzung für eine Einstufung als betrieblicher Ertrag nicht erfüllt.

Man unterscheidet bei neutralen Erträgen

betriebsfremde Erträge   → Erträge haben nichts mit der betrieblichen
                              Zielsetzung zu tun

außergewöhnliche Erträge → Erträge fallen nicht normalerweise an

periodenfremde Erträge   → betriebliche Erträge, die nicht der Abrechnungs-
                              periode zugeschrieben werden können

Ertragsgleiche Leistungen

Zu den ertragsgleichen Leistungen zählen primär die Umsatzerlöse.

Wertverschiedene Leistungen

Unterschiedliche Bewertung innerbetrieblicher Leistungen in Bilanz und Kostenrechnung (siehe S. 114).

Kalkulatorische Leistungen

Innerbetriebliche Leistungen, denen kein Ertrag gegenübersteht.

Begriffe			Beispiele
RK I **=** **U** **n** **t** **e** **r** **n** **e** **h** **m** **u** **n** **g**	**Neutraler Ertrag → *Ertrag, keine Leistung (nur GuV)***		
	Betriebsfremder Ertrag	Ertrag betrifft *Unternehmung*	Lizenzvergabe; Zinserträge; Kursgewinn aus Spekulationen mit Wertpapieren
	Außergewöhnlicher Ertrag	nicht aber	Ertrag aus dem Abgang von Anlagevermögen
	Periodenfremder Ertrag	den Betrieb	Steuererstattung (Betriebs-steuern) *für das Vorjahr*
	RK II **=** **B** **e** **t** **r** **i** **e** **b**	**Ertrag führt zu Leistung**		
		Ertrag betrifft die *Unternehmung und den Betrieb*	
		Ertragsgleiche Leistung Ertrag identisch mit Leistung GuV = KLR **Zweckertrag = betriebliche Leistung**	*Verkaufserlös;* *Bestandsmehrung an fertigen und unfertigen Erzeugnissen*
		Wertverschiedene Leistung Ertrag ungleich Leistung GuV ≠ KLR	*Bewertung einer für den Eigenbedarf hergestellten Maschine (innerbetriebliche Leistung) nach Steuerrecht zum Zweck der Bilanzierung und nach Kostenkriterien für die innerbetriebliche Verrechnung*
		Kalkulatorische Leistung **nur KLR**	*Leistung, der in der GuV kein Ertrag gegenüber steht: Innerbetriebliche Zusatzleistungen wie z.B. Wert eines intern entwickelten Patents*

Abbildung 5: Abgrenzung von Erträgen und Leistungen in RK I und RK II

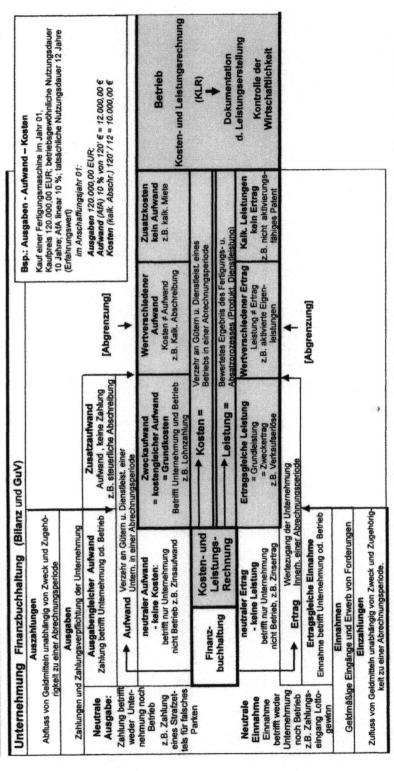

Abbildung 6: Zusammenfassende Darstellung: Auszahlungen-Ausgaben-Aufwand-Kosten und Einzahlungen-Einnahmen-Ertrag-Leistung

2.1.4　Zurechnung der Kosten auf Kostenträger

Ein Hauptziel der Kostenrechnung ist die möglichst exakte Erfassung der einzelnen Kostenarten und deren Zurechnung auf die Kostenträger nach dem Verursachungsprinzip.

Grundsätzlich unterscheidet man Kosten, die sich direkt und unmittelbar dem einzelnen Kostenträger zurechnen lassen (Einzelkosten) und Kosten, die sich dem Kostenträger nur indirekt über eine zu vereinbarende Verrechnungsmethode anteilig zurechnen lassen (Gemeinkosten).

2.1.4.1　Einzelkosten

Einzelkosten, auch *direkte Kosten* genannt, können für den einzelnen Kostenträger verursachungsgemäß erfasst und somit dem Kostenträger direkt zugerechnet werden:

- Verbrauch an Fertigungsmaterial im Zusammenhang mit der Leistungserstellung,
- Fertigungslöhne (Fertigungszeiten bewertet mit Verrechnungslöhnen),
- Sondereinzelkosten der Fertigung (Modelle; technische Zeichnungen für einen Einzelauftrag),
- Sondereinzelkosten des Vertriebs (Einzelverpackung etc.).

Einzelkosten betreffen den einzelnen Kostenträger direkt.

2.1.4.2　Gemeinkosten

Gemeinkosten können dem Kostenträger nicht direkt zugerechnet werden, da der Leistungsprozess zur Herstellung des Kostenträgers und die anfallenden Gemeinkosten zwar ursächlich zusammenhängen, aber ein dispositiver[1] Ursprung der Kosten nicht messbar ist.

Gemeinkosten fallen für mehrere Kalkulationsobjekte gemeinsam an.

BEISPIEL

Das Gehalt des Meisters in der Montage fällt an, weil ein Koordinator für die Arbeitsabläufe bei der Bearbeitung diverser Kostenträger in dieser Kostenstelle unverzichtbar ist (ursächlicher Zusammenhang).

Die Gehaltskosten werden aber, im Gegensatz zu den hier ebenfalls anfallenden Fertigungslöhnen, nicht durch den Vorgang der Bearbeitung eines Kostenträgers ausgelöst (dispositiver Ursprung der Kosten). Somit ist eine direkte, verursachungsgerechte Zurechnung der Gehaltskosten auf den Kostenträger nicht möglich.

Gemeinkosten werden auch *indirekte Kosten* genannt. Typische Gemeinkosten sind Gehälter, Sozialkosten, Energiekosten, kalk. Abschreibungen etc.

---

[1] dispositiv, hier: durch konkrete Maßnahme der Kostenstelle verursacht

Innerhalb der **Gemeinkosten** muss noch unterschieden werden zwischen

- **Kostenträgergemeinkosten**, die sich zwar dem Kostenträger nicht direkt zurechnen lassen, die aber der Kostenstelle, die vom Kostenträger beansprucht wird, direkt zugerechnet werden können.

  → *Kostenträgergemeinkosten, gleichzeitig Kostenstelleneinzelkosten.*

    Hierzu zählen: *Gehalt des Kostenstellenleiters*; Abschreibungen auf Maschinen der Kostenstelle; Hilfslohnkosten etc.

- **Kostenstellengemeinkosten**, die weder dem Kostenträger noch der Kostenstelle direkt zugerechnet werden können.

  → *Kostenträgergemeinkosten und Kostenstellengemeinkosten.*

    Typische Beispiele sind: Mietkosten für die Fertigungshalle, in der mehrere Kostenstellen untergebracht sind; Energiekosten (Heizung, Licht), sofern kein Zähler für die Kostenstelle installiert ist; *Gehälter der Geschäftsleitung* etc.

Um Kostenstellengemeinkosten auf die Kostenstellen verteilen zu können, muss ein geeigneter *Verrechnungsschlüssel* definiert und festgelegt werden.

BEISPIEL

Für die Gehaltskosten der Geschäftsleitung bietet sich eine Verteilung auf die Kostenstellen nach dem in den Kostenstellen eingesetzten Personal an (nach Köpfen).

Nach erfolgter Verteilung der Gemeinkosten auf Kostenstellen wird über die Betriebsabrechnung ein Zuschlagssatz ermittelt, der es ermöglicht, neben den Kostenträgereinzelkosten auch die Gemeinkosten auf die einzelnen Kostenträger zuzurechnen (siehe Kostenstellenrechnung, S. 68 ff.).

Abbildung 7: Von den Kostenarten zum Kostenträger

2.1.5 Kostenverlauf in Abhängigkeit vom Beschäftigungsgrad

Kapazität – Beschäftigungsgrad - Kostenverlauf

Kosten werden immer durch den *betrieblichen Leistungsprozess* verursacht.

Die effektive Kostenhöhe der einzelnen Kostenarten hängt von verschiedenen Kosteneinflussgrößen ab: Faktorkosten (Energiepreis, Fertigungslöhne und Lohnnebenkosten, Rohstoffpreise) spielen ebenso eine Rolle wie Faktorqualitäten (technische Zuverlässigkeit der Maschinen, Qualifikation des Personals, Qualität der Rohstoffe) und die Organisation des Fertigungsablaufs.

Von besonderer Bedeutung ist der *Beschäftigungsgrad* (Auslastung der gegebenen Kapazität) für die *Entwicklung* der Kosten.

2.1.5.1 Kapazität

Unter *Kapazität[1]* versteht man die maximale quantitative und qualitative Leistungsfähigkeit eines Betriebs bezogen auf eine definierte Abrechnungsperiode.

Man unterscheidet zwischen technischer und wirtschaftlicher Kapazität:

- **Technische Maximalkapazität**
  Kennzeichen:
  Maximale Auslastung der vorhandenen Anlagen;
  starke Kostenprogression (= überproportionaler Anstieg) bei Annäherung an die maximale Auslastung

  [Technische Untergrenze: Viele Maschinen und technische Anlagen können nur ab einer Mindestauslastung wirtschaftlich gefahren werden]

- **Wirtschaftliche Kapazität** = *optimale Auslastung* bei *Plan-Beschäftigung*
  Kennzeichen:
  Größtmögliche Produktivität; Minimum der Stückkosten; Betriebsoptimum (siehe Kostentheorie, S. 25).

Die volle Auslastung der *technischen Maximalkapazität* ist in der Praxis, wenn überhaupt, so nur kurzfristig erreichbar, da Anlagen nicht ohne Wartung und produktionstechnische Reorganisation im Dauerbetrieb voll eingesetzt werden können.

Die *wirtschaftliche Kapazität* entspricht dem Nutzungsgrad der technischen Kapazität, bei dem eine Minimierung der Stückkosten erzielt wird. In der industriellen Fertigung wird, in Abhängigkeit vom Grad der Technisierung/Automation, ein Erfahrungswert von etwa 85 % bis < 100 % der technischen Maximalkapazität angenommen. Da bei Einhaltung der wirtschaftlichen Kapazität das günstigste Kosten-Leistungsverhältnis erzielt wird, stellt die wirtschaftliche Kapazität die Plan-Beschäftigung dar, die je nach Auftragslage über- oder auch unterschritten werden kann.

---

[1] Terminologie der Betriebswirtschaftslehre: Kapazität = Leistungsvermögen der Betriebsmittel bzw. eines Betriebs pro Zeiteinheit

2.1.5.2 Beschäftigungsgrad

Die Angabe des Beschäftigungsgrads[1] beruht immer auf einem Vergleich der Ist-Beschäftigung mit der Plan-Beschäftigung (= wirtschaftliche Kapazität).

Jede Abweichung der Ist-Beschäftigung von der Plan-Beschäftigung (Beschäftigungsgrad ≠ 100 %) bedeutet eine Verschlechterung der Kostensituation, da sowohl bei Über- als auch bei Unterschreitung der wirtschaftlichen Kapazität die Stückkosten steigen.

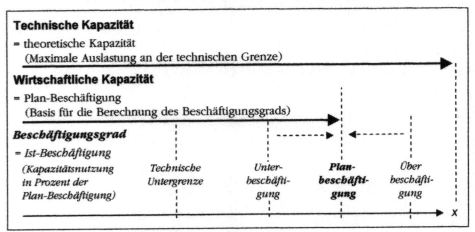

Abbildung 8: Kapazität und Beschäftigungsgrad

2.1.5.3 Kostenverlauf

Je nach dem Verhalten der Kosten in Abhängigkeit von der Beschäftigung unterscheidet man fixe Kosten, variable Kosten und Mischkosten:

Fixe Kosten

Fixe Kosten (K_f) werden auch *Betriebsbereitschaftskosten* oder *Kapazitätskosten* genannt, da ihre Gesamthöhe vom Beschäftigungsgrad unabhängig ist. Selbst wenn die Produktion ruht, ist der Fixkostenblock kurz- und mittelfristig unveränderlich.

Die Höhe der fixen Kosten (Fixkostenblock) ergibt sich aus der Festlegung von Kosten für den Abrechnungszeitraum durch

- *vertragliche Verpflichtungen* (Mietverträge; Anstellungsverträge; Lizenzverträge ...),
- *rechtliche Gegebenheiten* (Steuergesetzgebung, z. B. Grundsteuer; Kündigungsschutzgesetz; Lohnfortzahlung im Krankheitsfall),
- *Kapitalbindung* (Abschreibung; Zinsen).

---

[1] Beschäftigungsgrad = relative Nutzung der *wirtschaftlichen Kapazität* pro Zeiteinheit
    dagegen: Kapazitätsnutzung = Auslastung der *technischen Kapazität, immer* < 100 %

Eine Veränderung des Fixkostenblocks tritt nur ein, wenn sich eine der obigen Bestimmungsgrößen ändert: neue Miet- und Anstellungsverträge, Einführung von Karenztagen bei der Lohnfortzahlung im Krankheitsfall, Kauf zusätzlicher Maschinen (Erweiterung der technischen Kapazität).

Da erst mit der Änderung einer der o. g. Bestimmungsgrößen eine unmittelbare Anpassung des Fixkostenniveaus einhergeht, spricht man auch von *sprungfixen Kosten*.

BEISPIEL

Die technische Kapazität der Produktion wird durch eine Investition bezüglich der möglichen Produktionsmenge von x_1 auf x_2 erhöht. Damit steigen die fixen Kosten wegen des höheren Kapitaleinsatzes und des höheren Personalbedarfs von $K_{f(x1)}$ auf $K_{f(x2)}$.

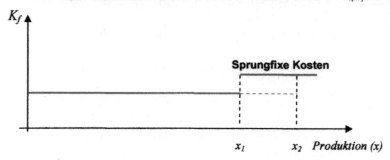

Bewirkt eine rückläufige Nachfrage einen Rückgang der Kapazitätsauslastung von x_2 auf x_3, so ist es nicht möglich, die geschaffenen Kapazitäten kurzfristig abzubauen.
Das bestehende Fixkostenniveau bleibt erhalten. Dieses Verhalten der fixen Kosten bei rückläufiger Beschäftigung nennt man *Kostenremanenz*:

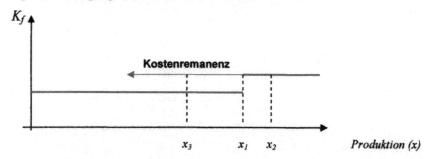

Fixe Kosten gehen als *Gemeinkosten* die Kostenträgerrechnung ein (siehe S. 14).

Variable Kosten

Variable Gesamtkosten (K_v) sind *beschäftigungsabhängige Kosten*. Ihre Gesamthöhe wird vom Beschäftigungsgrad bestimmt.

Variable Kosten gehen überwiegend als *Einzelkosten* in die Kostenträgerrechnung ein (siehe S. 14).

Es sind drei Varianten der variablen Kosten zu unterscheiden:

1. *Proportionaler Verlauf* der variablen Kosten in Abhängigkeit vom Beschäftigungsgrad

→ *z. B. Materialverbrauch (Normalverbrauch); Fertigungslöhne im Akkordbereich*

BEISPIEL

Der normale Materialverbrauch für die Herstellung einer Einheit unseres Produkts wird mit 4,00 EUR bewertet.

Daraus ergibt sich folgender Normalverlauf der variablen Kosten in Abhängigkeit von der Beschäftigung:

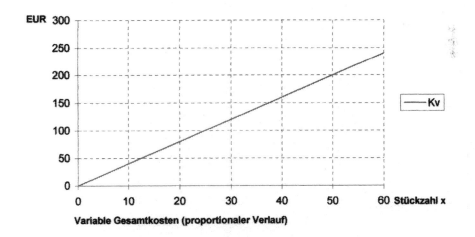

Variable Gesamtkosten (proportionaler Verlauf)

2. *Überproportionaler Verlauf* der variablen Kosten in Abhängigkeit vom Beschäftigungsgrad

z. B. →   *überdurchschnittliche Ausschussproduktion bei Überlastung der Arbeiter durch Überstunden*

→   *Zuschläge zu Fertigungslöhnen für Schichtarbeit, Überstunden*

BEISPIEL

Die MetalloFix GmbH unterliegt dem Flächentarifvertrag der Metallindustrie mit einer Regelarbeitszeit von derzeit 35 Stunden pro Woche. Um Zusatzaufträge annehmen zu können, wird in Absprache mit dem Betriebsrat zeitweilig bis zu maximal 40 Wochenstunden gearbeitet. Die Vergütung der Überstunden erfolgt gemäß tarifvertraglicher Regelung verbunden mit einer betrieblichen Erfolgsbeteiligung in Abhängigkeit von der Auftragslage.

In Abhängigkeit von der gearbeiteten Wochenstundenzahl wurden folgende Lohnsummen (einschließlich Lohnnebenkosten) pro Woche registriert:

Arbeitszeit pro Woche in Std.	Lohnsumme pro Woche in EUR
35	15.000,00
36	15.050,00
37	15.100,00
38	15.175,00
39	15.300,00
40	15.550,00

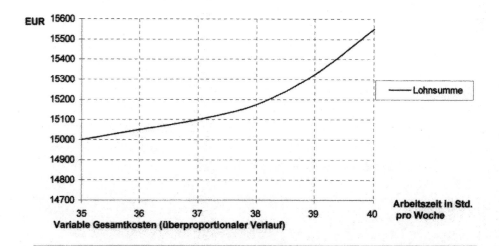

3. *Unterproportionaler Verlauf* der variablen Kosten in Abhängigkeit vom Beschäftigungsgrad

→ *Senkung der Materialstückkosten durch Mengenrabatte, rationellere Verwertung von Betriebsstoffen*

→ *Senkung der Lohnstückkosten durch optimale Auslastung der Arbeitskräfte*

BEISPIEL

In der Anlaufphase der Produktion wurde folgender Materialverbrauch ermittelt:

Einheiten	Bewerteter Materialverbrauch in EUR
15	50,00
30	95,00
45	135,00
60	170,00
75	195,00
90	210,00

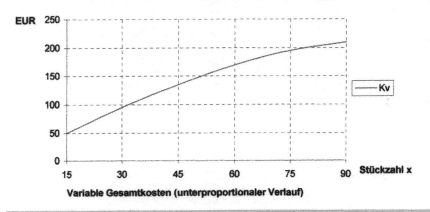

Variable Gesamtkosten (unterproportionaler Verlauf)

Mischkosten

Die meisten Kostenarten können weder als absolut fix noch als absolut variabel bezeichnet werden. Vielmehr handelt es sich um Mischkosten, bei denen allerdings entweder die fixen oder die variablen Kostenbestandteile überwiegen.

Aus verrechnungstechnischen Gründen werden manche Kostenarten wie die Fertigungslöhne zu variablen Kosten erklärt obwohl hier z. B. auf Grund gesetzlicher und tarifvertraglicher Festlegungen ein deutlicher Fixkostenanteil gegeben ist.

Umgekehrt werden i. d. R. Hilfsstoffe (Lack, Leim etc.) in Form von Gemeinkosten abgerechnet, obwohl sie dem Produkt als überwiegend variable Kosten direkt zugerechnet werden könnten. Die exakte Erfassung des Verbrauchs für den einzelnen Kostenträger wäre jedoch zu aufwändig.

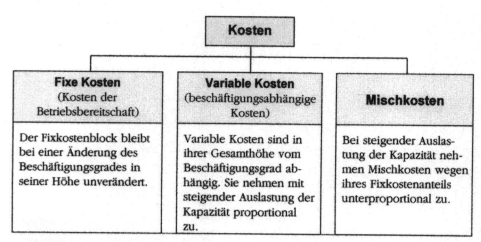

Abbildung 9: Verhalten der Kosten in Abhängigkeit von der Beschäftigung

BEISPIELE

Mischkosten, gegliedert nach Kostenstellen

Kostenstelle	Kostenart	Verhalten bei Beschäftigungsänderung
Material-bereich	Verbrauch von RHB-Stoffen, Fremdbauteilen, Verpackungsmaterial, Büromaterial etc.	fast vollständig variable Kosten
Fertigungs-bereich	Fertigungslöhne	überwiegend variable Kosten
	Gehälter (Fertigung)	überwiegend fixe Kosten
	Sozialleistungen:	
	- AG-Anteil an Sozialversicherung (Fertigungslöhne)	überwiegend variable Kosten
	- AG-Anteil an Sozialversicherung (Gehälter)	überwiegend fixe Kosten
	- Sozialeinrichtungen (Kantine)	überwiegend fixe Kosten
	kalk. Abschreibung auf Sachanlagen	überwiegend variable Kosten
	kalkulatorische Miete	fast vollständig fixe Kosten
	Energiekosten	überwiegend variable Kosten
Verwaltung	Aufwendungen für Versicherungen	überwiegend fixe Kosten
	Gebühren, Beiträge	überwiegend fixe Kosten
	Betriebssteuern, z.B. Kfz-Steuer	überwiegend fixe Kosten
Vertrieb	Verpackungsmaterial	fast vollständig variable Kosten
	Werbung	überwiegend variable Kosten
	etc.	

Mit steigendem Anteil der fixen Kosten nehmen Mischkosten immer mehr die Eigenschaft von Gemeinkosten an.

Sofern eine Kostenzerlegung (siehe S. 35 f) nicht möglich ist, gilt bezüglich der Zurechnung der Kosten auf Kostenträger, dass *überwiegend variable Kosten* dem Kostenträger i. d. R. als *Einzelkosten* direkt zugerechnet werden, während *überwiegend fixe Kosten* als *Gemeinkosten* indirekt über einen Schlüssel oder Zuschlagssatz verrechnet werden müssen.

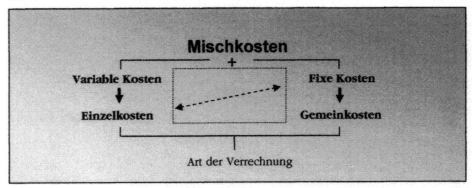

Abbildung 10: Verrechnung der Mischkosten

Gesamtkosten

Die Gesamtkosten (K) ergeben sich aus der Addition von fixen und variablen Kosten:

$$K = K_f + K_v \qquad F$$

Bei fortschreitender Auslastung der Kapazität kann man folgende drei Phasen feststellen (vgl. Bild, S. 24 unten):

Phase 1: Anlaufphase der Produktion

Kennzeichen: Arbeiter sind nicht voll ausgelastet; unwirtschaftlicher Einsatz der RHB-Stoffe; hohe Materialkosten wegen geringer Abnahmemengen; hoher Anteil der Fixkosten an den Gesamtkosten

Mit zunehmender Auslastung der Kapazität werden diese Nachteile abgebaut, wodurch sich ein unterproportionaler Verlauf der Gesamtkosten ergibt (degressiver Verlauf).

Phase 2: Optimale Beschäftigung (Plan-Beschäftigung)

(i. d. R. 80 bis < 100 % der technischen Kapazität)

Kennzeichen: optimaler Einsatz der Arbeiter; kostengünstige Materialbeschaffung (Mengenrabatte); optimale Auslastung der Betriebsmittel (kein Leerlauf)

Hier ist der Verlauf der Gesamtkostenkurve annähernd proportional (linearer Verlauf).

Phase 3: Überbeschäftigung

Kennzeichen: Überstunden verbunden mit Lohnzuschlägen; Einführen von Schichtarbeit; vermehrte Ausschussproduktion wegen Überlastung der Arbeiter; Maschinen- und Werkzeugschäden wegen unzureichender Wartung

Hier ist der Verlauf der Gesamtkostenkurve überproportional (progressiver Verlauf).

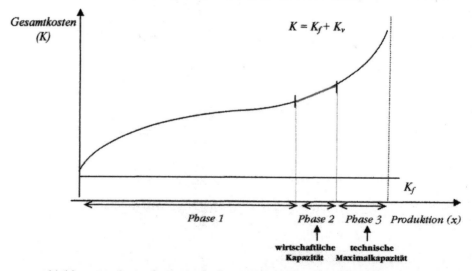

Abbildung 11: Gesamtkostenverlauf in Abhängigkeit vom Beschäftigungsgrad

2.2 Klassische Kostentheorie

Der empirisch ermittelte Verlauf der Gesamtkostenkurve (siehe oben) erinnert an eine mathematische Gleichung dritten Grades.

Tatsächlich kann aus der statistisch aufgezeichneten Gesamtkostenentwicklung in Abhängigkeit von der Kapazitätsauslastung eine derartige mathematische Gleichung entwickelt werden, die sich den Erfahrungswerten stark annähert.

Auf der Grundlage dieser Funktion dritten Grades für die Gesamtkosten lassen sich so genannte *kritische Kostenpunkte* ermitteln, die wertvolle Erkenntnisse bezüglich der optimalen Kapazitätsauslastung und auch der Realisierung des Ziels der Gewinnmaximierung liefern.

Zu beachten ist immer, dass der mathematische Ansatz den empirischen Werten nur nahe kommt. Ausgangspunkt für die Betrachtung sind also immer die Erfahrungswerte aus der betrieblichen Statistik.

An dieser Stelle werden nur die Erkenntnisse der klassischen Kostentheorie dargestellt, ohne auf mathematische Lösungswege näher einzugehen.

2.2.1 Betriebsoptimum

Die durchschnittliche Kostenbelastung einer Produktionseinheit in Abhängigkeit von der Auslastung der Kapazität errechnet sich aus

$$\text{Stückkosten } k = \frac{\text{Gesamtkosten}_{(x)}}{\text{Produktionsmenge } x} = \frac{K_{(x)}}{x} = \tan \alpha \text{ *}$$

*) Steigung des Fahrstrahls aus dem Ursprung

Das Betriebsoptimum wird mit der Produktionsmenge erreicht, bei der der *tan α sein* Minimum hat. Hier fallen die niedrigsten Stückkosten an.
Bei grafischer Darstellung berührt der Fahrstrahl aus dem Ursprung die Gesamtkostenkurve im Punkt des Betriebsoptimums tangential.

Grafische Darstellung:

Gesamtkosten mit Ermittlung des Betriebsoptimums und Verlauf der Stückkosten in Abhängigkeit von der Beschäftigung:

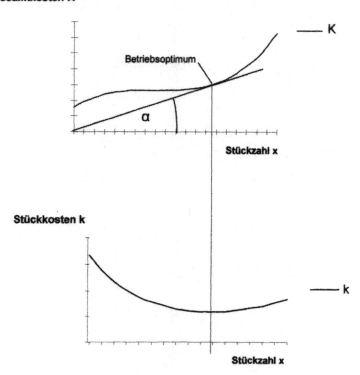

Abbildung 12: Betriebsoptimum = Stückkostenminimum

2.2.2 Gewinnlinse

Unter Einbeziehung der Erlösgeraden, die die Gesamtkosten in zwei Punkten schneidet, wird der Bereich der Kapazitätsauslastung sichtbar, innerhalb dessen Gewinn erzielt wird → *Gewinnlinse*.

Es wird unterstellt, dass der Marktpreis der Produktionseinheit über den Stückkosten des Betriebsoptimums liegt, da sonst kein Gewinn erzielt wird.

In diesem Fall schneidet die Erlösgerade die Gesamtkostenkurve in zwei Punkten.

Der erste Schnittpunkt wird als *Nutzenschwelle* bezeichnet, der zweite Schnittpunkt heißt *Nutzengrenze*. Der Bereich zwischen Nutzenschwelle und Nutzengrenze stellt auf Grund seiner Form die *Gewinnlinse* dar.

[Eine Kapazitätsauslastung über die Nutzengrenze hinaus ist nicht realistisch!]

Grafische Darstellung von Gesamtkosten (K) und Erlös (E):

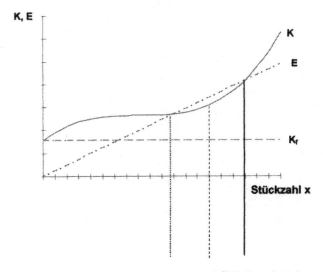

Grafische Darstellung von Stückkosten (k) und Stückpreis (p):

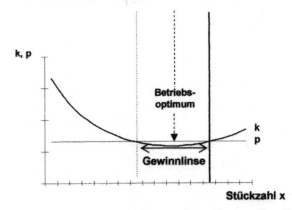

Abbildung 13: Gewinnlinse bei Gesamtkosten- und Stückkostendarstellung

2.2.3 Grenzkosten

Grenzkosten (margin costs) sind definiert als der Zuwachs der Gesamtkosten, der durch die Fertigung einer zusätzlichen Produktionseinheit verursacht wird.

Kostendifferenzenquotient

Der Gesamtkostenzuwachs, der bei Steigerung der Produktionsmenge von x1 auf x2 auftritt, wird als **Kostendifferenzenquotient** bezeichnet.

Verändern sich bei einer Steigerung der Produktionsmenge von x1 auf x2 die Gesamtkosten von K (x1) auf K (x2), so ergibt sich folgender Kostendifferenzenquotient:

F

$$\textit{Kostendifferenzenquotient} = \frac{\Delta K}{\Delta x} = \frac{K(x1) - K(x0)}{x1 - x0} = tan\ \alpha$$

Graphische Darstellung

Gesamtkosten K

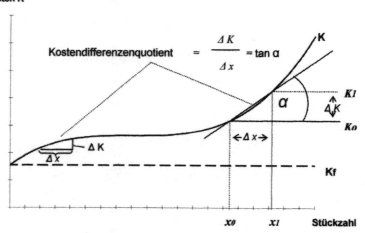

Der **tan α ist der Steigungsfaktor der Sekante**, die die Gesamtkostenkurve in den Punkten K0 und K1 schneidet.

Grenzkosten

Der Kostenzuwachs für die kleinstmögliche Steigerung der Produktionsmenge im Punkt x0 stellt die Grenzkosten dar:

F

$$\textit{Grenzkosten}\ k' = \lim_{x \to 0} \frac{\Delta K}{\Delta x} = \lim_{x \to 0} \frac{K(x1) - K(x0)}{x1 - x0} = \frac{dK}{dx} = tan\ \alpha$$

Graphische Darstellung

Gesamtkosten K

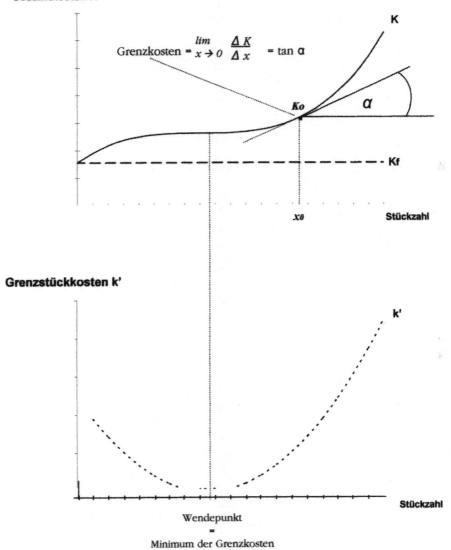

Abbildung 14: Grenzstückkosten

Bei Grenzkosten ist der **tan α der Steigungsfaktor der Tangente**, die die Gesamtkostenkurve im Punkten K0 berührt.

Somit sind die jeweiligen **Grenzkosten** einer Ausbringungsmenge x gleich der **Steigung der Gesamtkostenfunktion** in diesem Punkt.

Der Verlauf der Grenzkostenkurve macht deutlich, dass bei fortschreitender Auslastung
der Kapazität die zusätzliche Produktion bis zum Wendepunkt der Gesamtkostenkurve
einen sinkenden Kostenzuwachs verursacht (unterproportionale Kostenentwicklung).
Bei Überschreitung des Wendepunkts nehmen die Kosten jeder zusätzlich produzierten
Einheit überproportional zu.

Gewinnmaximum

Steigert man die Produktion über das Betriebsoptimum (Minimum der Stückkosten)
hinaus, so wirkt sich dies positiv auf die Gewinnsituation aus, so lange die Grenzkosten
(Kosten der letzten Produktionseinheit) unter dem Marktpreis p liegen. Das Gewinnma-
ximum liegt im Schnittpunkt der Grenzkostenkurve mit der Preisgerade, da ab diesem
Punkt jede zusätzliche Produktionseinheit Kosten verursacht, die über dem erzielten
Preis liegen.

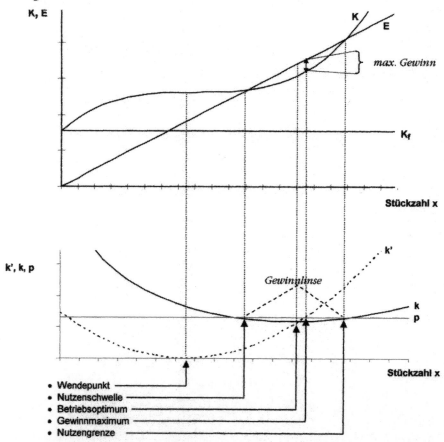

Abbildung 15: Kritische Kostenpunkte

2.3 Neuere Kostentheorie

2.3.1 Variable Kosten - proportionale Kosten

Mit dem Denkansatz der *Linearitätsprämisse* hat die Kostenrechnung eine wesentliche Vereinfachung erfahren.

Die Linearitätsprämisse unterstellt einen grundsätzlich proportionalen Verlauf der variablen Kosten.

Obwohl dies auf Grund der Erkenntnisse der klassischen Kostentheorie nicht richtig ist, kann man für den realistischen Bereich der Kapazitätsauslastung, der sich langfristig im Nahbereich des Betriebsoptimums befindet, eine annähernd zur Beschäftigung proportionale Entwicklung der variablen Kosten annehmen.

Bei einer voraussichtlich dauerhaften Entwicklung der Beschäftigung in Richtung des über- oder unterproportionalen Bereichs der variablen Kosten müsste eine *Kapazitätsanpassung* erfolgen. Dadurch würde sich die Phase des proportionalen Kostenverlaufs so verschieben, dass die in Zukunft erwartete Beschäftigung in den neu definierten Bereich optimaler Kapazitätsauslastung zu liegen käme.

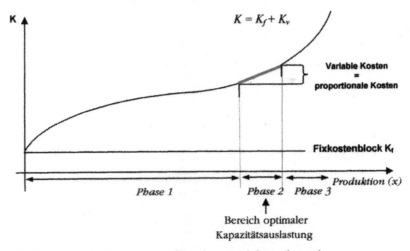

Abbildung 16: Proportionale Kosten im realistischen Produktionsbereich

Da der Fehler, der durch Berechnungen auf Basis der Linearitätsprämisse entsteht, so gering ist, dass die Aussagekraft der rechnerischen Ergebnisse nicht beeinträchtigt wird, ist es im Sinn der Wirtschaftlichkeit der Kostenrechnung, diese erhebliche Vereinfachung der Rechenoperationen zu nutzen. Im Übrigen sei noch einmal daran erinnert, dass auch die mathematisch berechnete geschwungene Kostenkurve der klassischen Kostenlehre nur Näherungswerte in Bezug auf die realen Gegebenheiten im Betrieb liefert.

> **Bei allen folgenden Kostenbetrachtungen wird ein *proportionaler Verlauf* der *variablen Kosten* unterstellt.**

2.3.2 Gegenüberstellung von Gesamtkosten und Stückkosten

Durch Division der Gesamtkosten $K_{(x)}$ bei gegebener Beschäftigung durch die Ausbringungsmenge x erhält man die Stückkosten:

F

$$Stückkosten \quad k \; = \; \frac{K_{(x)}}{x}$$

Da sich die Stückkosten ebenso wie die Gesamtkosten aus einem fixen und einem variablen Kostenanteil zusammensetzen, können folgende Zusammenhänge zwischen Gesamt- und Stückkosten festgestellt werden:

2.3.2.1 Fixe Kosten

Der Fixkostenblock ist in seiner Höhe von der Kapazitätsauslastung unabhängig. Mit wachsender Beschäftigung verteilen sich fixe Kosten auf eine steigende Zahl von Produkten (Gesetz der Auflagendegression fixer Kosten). Dadurch sinkt bei fortschreitender Kapazitätsauslastung die Belastung des einzelnen Produkts mit fixen Stückkosten.

BEISPIEL

Die Gesamtkosten weisen einen Fixkostenblock (K_f) in Höhe von 60.000,00 EUR aus. Entwicklung der fixen Stückkosten (k_f) bei zunehmender Beschäftigung:

Produktion (x) in Stück	Fixkostenblock K_f in EUR	fixe Kosten je Einheit (k_f) in EUR
10	60.000,00	6.000,00
20	60.000,00	3.000,00
30	60.000,00	2.000,00
40	60.000,00	1.500,00
50	60.000,00	1.200,00
60	60.000,00	1.000,00
70	60.000,00	857,14 etc.

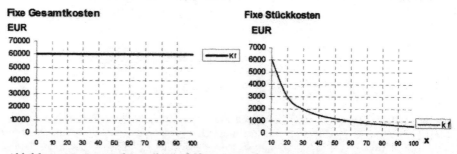

Abbildung 17: Gegenüberstellung → fixe Gesamtkosten und fixe Stückkosten

Gesetz der Auflagendegression fixer Kosten:
Bei fortschreitender Kapazitätsauslastung sinkt die Belastung des einzelnen Produkts mit fixen Stückkosten: $k_f \; = \; K_f \; / \; x$

2.3.2.2 Variable Kosten

Da jede zusätzliche Produktionseinheit variable Stückkosten in gleicher Höhe verursacht, steigen die gesamten variablen Kosten mit einer Ausweitung der Beschäftigung proportional an.

BEISPIEL

Variable Stückkosten (k_v) in Höhe von 30,00 EUR/ Einheit führen bei fortschreitender Kapazitätsauslastung zu folgender Entwicklung der gesamten variablen Kosten (K_v):

Produktion (x) in Stück	Gesamte variable Kosten (K_v) in EUR	Variable Stückkosten (k_v) in EUR
10	300,00	30,00
20	600,00	30,00
30	900,00	30,00
40	1.200,00	30,00
50	1.500,00	30,00
60	1.800,00	30,00
70	2.100,00	30,00
80	2.400,00	30,00
90	2.700,00	30,00
100	3.000,00	30,00

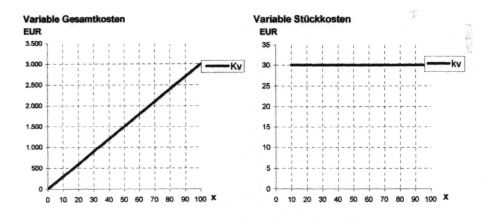

Abbildung 18: Gegenüberstellung → variable Gesamtkosten und variable Stückkosten

Variable Stückkosten bleiben in ihrer Höhe unabhängig von der Beschäftigung (Auslastung der Kapazität) unverändert.

2.3.3 Ermittlung des Fixkostenblocks

Um die Kosten einer Kostenstelle für verschiedene Beschäftigungsgrade planen zu können, erfolgt eine Aufspaltung in deren fixe und variable Bestandteile. Dies ist notwendig, weil sich nur der variable Kostenanteil an den Gesamtkosten mit dem Beschäftigungsgrad verändert. Der Fixkostenblock hingegen ist per Definition von der Kapazitätsauslastung unabhängig.

Zur Ermittlung des Fixkostenblocks bieten sich folgende Verfahren an:

- Analytische Kostenzerlegungsverfahren
- Rechnerische/ zeichnerische Kostenzerlegung
- Statistische Methoden zur Kostenzerlegung (werden hier nicht behandelt)

2.3.3.1 Kostenanalytisches Verfahren

Der genaueste, wenn auch sehr aufwändige Weg, Kostenarten in fixe und variable Bestandteile zu zerlegen, ist die Kostenanalyse. Jede Kostenart wird empirisch daraufhin untersucht, welcher Anteil der Kosten zu den fixen Kosten zählt und welcher Kostenanteil in seiner Höhe beschäftigungsabhängig ist.

BEISPIEL

Kostenstelle 092 weist mit einer Produktion von 1.000 Einheiten/Monat die volle Auslastung der wirtschaftlichen Kapazität auf. Der Kostenanalytiker erstellt folgende Kostenübersicht:

Kostenart	Beispiele für fixe Kosten und überwiegend fixe Kosten	Beispiele für var. Kosten und überwiegend var. Kosten	Beträge in EUR		
			Gesamt	davon	
				fix	variabel
Fertigungs-material		Rohstoffverbrauch	24.000,00		24.000,00
Fertigungs-löhne		Zeitvorgabe; Akkordlohn (lt. Ar-beitsvorbereitg.)	28.000,00		28.000,00
Hilfslöhne	Grund-(Zeit-)lohn	Überstunden; Nachtarbeit	6.000,00	5.000,00	1.000,00
Energiekosten	Grundgebühr; Wartung der Anlagen; AfA	Stromverbrauch, Ölverbrauch in Fertigung	2.000,00	400,00	1.600,00
Abschreibung	AfA	Kalk. Abschreibung	30.000,00	25.000,00	5.000,00
Sonstige Gemeinkosten	Miete; Zinsen; Entwicklung	Verbrauch Betriebsstoffe; Ausschuss-produktion; Werbung	15.000,00	4.600,00	10.400,00
Gesamt			**105.000,00**	**35.000,00**	**70.000,00**

2.3.3.2 Rechnerische Kostenzerlegung

Die exakte Feststellung der fixen und variablen Kosten mit Hilfe der Kostenanalyse ist mit einem hohen Aufwand verbunden und i. d. R. unwirtschaftlich. Man gibt sich deshalb zumeist mit einem Näherungswert zufrieden, der durch verhältnismäßig einfache Kostenzerlegung (Kostenauflösung) ermittelt werden kann und dessen Aussagekraft für die Kostenentwicklung durchaus ausreichend ist.

Rechnerischer Ansatz:

Für zwei *Beschäftigungsgrade* x_1 und x_2 bei gegebener Kapazität x werden empirisch die *Gesamtkosten* K_1 und K_2 ermittelt. Die Differenz zwischen K_1 und K_2 wurde durch die unterschiedliche Kapazitätsauslastung verursacht. Somit handelt es sich bei diesem Differenzbetrag K um leistungsbedingte variable Kosten, die ursächlich auf den Produktionszuwachs x zurückzuführen sind:

$$k_v = \frac{\Delta K}{\Delta x} \qquad\qquad\qquad F$$

Da sich die Gesamtkosten aus fixen und variablen Kosten zusammensetzen, kann der Fixkostenblock als Differenz zwischen Gesamtkosten und den gesamten variablen Kosten errechnet werden:

$$K_f = K - K_v = K - k_v \cdot x \qquad\qquad F$$

BEISPIEL

Die wirtschaftliche Kapazität x = 1.000 E/Monat der Kostenstelle 092 wurde im Mai zu 80 %, im Juni zu 90 % ausgelastet. An Energiekosten fielen im Mai 1.680,00 EUR, im Juni 1.840,00 EUR an.

Unter Voraussetzung eines proportionalen Verlaufs der variablen Kosten ergibt sich folgende Kostensituation:

Produktion Mai: 80 % v. 1.000 E = 800 E = x_1 bei Energieverbrauch 1.680,00 EUR = K_1

Produktion Juni: 90 % v. 1.000 E = 900 E = x_2 bei Energieverbrauch 1.840,00 EUR = K_2

Produktionszuwachs   = 100 E = Δx → zusätzliche var. Kosten 160,00 EUR = ΔK

Berechnung des **Fixkostenblocks:**

Produktion Mai: x_1 = 800 E

Gesamtkosten (Energie)	1.680,00 EUR
- variable Kosten $= \dfrac{\Delta K \cdot x_1}{\Delta x} = \dfrac{160 \cdot 800}{100} =$	1.280,00 EUR
fixe Kosten	**400,00 EUR**

Wenn diese Rechnung stimmt, so muss sich per Definition bei jedem anderen Beschäftigungsgrad der gleiche Fixkostenblock errechnen.

Probe:

Produktion Juni: x_2 = 900 E

Gesamtkosten (Energie)	1.840,00 EUR

- variable Kosten $= \dfrac{\Delta K \cdot x_2}{\Delta x} = \dfrac{160 \cdot 900}{100} = $ 1.440,00 EUR

fixe Kosten	**400,00 EUR**

Grafische Darstellung:

Stellt man die Kostensituation der beiden Beschäftigungsgrade in obigem Beispiel grafisch dar, so lässt sich der Fixkostenblock zeichnerisch wie folgt ermitteln:

Produktion Mai: x_1 = 800 E bei Energieverbrauch K_1 = 1.680,00 EUR
Produktion Juni: x_2 = 900 E bei Energieverbrauch K_2 = 1.840,00 EUR

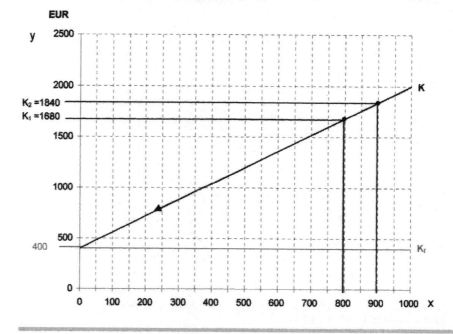

Die Verbindung der Gesamtkostenpunkte zweier Beschäftigungsgrade wird bis zum Schnittpunkt mit der Y-Achse verlängert. Der Schnittpunkt mit der Y-Achse ergibt den Fixkostenblock (400,00 EUR), denn bei Beschäftigung x = 0 E fallen keine variablen Kosten, sondern ausschließlich fixe Kosten an.

2.3.4 Gewinnschwelle (Break-even-Point)

Wird in die Grafik für den Gesamtkostenverlauf die Erlösgerade mit aufgenommen, so ergibt sich im Schnittpunkt der Erlösgeraden mit der Gesamtkostengeraden die *Gewinnschwelle*.

Die *Beschäftigung x*, bei der die Gewinnschwelle erreicht wird, lässt sich auch rechnerisch ermitteln:

Gesamtkosten	$K = K_f + k_v \cdot x$	K_f = *Fixkostenblock*
Erlös	$E = p \cdot x$	k_v = *variable Stückkosten*
		p = *Stückpreis (Marktpreis)*

Gewinnschwelle $K = E$

$$K_f + k_v \cdot x = p \cdot x \quad | : x$$

$$\frac{K_f}{x} + k_v = p$$

$$x = \frac{K_f}{p - k_v}$$

F

BEISPIEL

Die Betriebsbuchhaltung der MaschTech AG liefert folgendes Zahlenmaterial für die Ermittlung der Gewinnschwelle:

Produktion 1.Quartal: x_1 = 32.500 E   Gesamtkosten K_1 =   8,1 Mio EUR

Produktion 2. Quartal: x_2 = 34.000 E   Gesamtkosten K_2 =   8,4 Mio EUR

Erzielbarer Marktpreis für das Produkt 280 EUR/ E

LÖSUNG

Berechnung der **variablen Stückkosten**:

Produktion 1. Quartal	x_1 = 32.500 E	Gesamtkosten K_1 =	8.100.000,00 EUR
Produktion 2. Quartal	x_2 = 34.000 E	Gesamtkosten K_2 =	8.400.000,00 EUR
Produktionszuwachs	= 1.500 E →	Variable Kosten	300.000,00 EUR

$$\text{Variable Stückkosten } k_v = \frac{300.000}{1.500} = 200{,}00 \text{ EUR/ E}$$

Berechnung des **Fixkostenblocks**:

Produktion 1.Quartal: x_1 = 32.500 E

Gesamtkosten K_1			8.100.000,00 EUR
– variable Kosten	=	200,00 · 32.500 =	6.500.000,00 EUR
fixe Kosten			**1.600.000,00 EUR**

Probe:

Produktion 2.Quartal: x_1 = 34.000 E

Gesamtkosten K_1			8.400.000,00 EUR
- variable Kosten:	=	200,00 · 34.000 =	6.800.000,00 EUR
fixe Kosten			**1.600.000,00 EUR**

Berechnung der **Gewinnschwelle** x:

$$x = \frac{K_f}{p - k_v} = \frac{1.600.000}{280-200} = 20.000\ E$$

Grafische Darstellung:

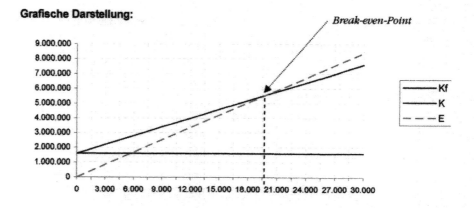

3. Kosten- und Leistungsrechnung

Die Betriebsbuchhaltung mit ihrer Kosten- und Leistungsrechnung (KLR) ist neben der Finanzbuchhaltung ein eigenständiges Rechnungssystem innerhalb des Rechnungswesens der Unternehmung.

Das Ziel der Kosten- und Leistungsrechnung, sämtliche Kosten den Kostenträgern nach dem Verursachungsprinzip zuzurechnen, wird in folgenden Schritten realisiert:

- Die **Kostenartenrechnung** definiert, gliedert, erfasst und bewertet alle im Zusammenhang mit der Leistungserstellung angefallenen Kosten im Betrieb.

  Zählen die erfassten Kosten zu den *Kostenträgereinzelkosten*, so können sie ohne das Hilfsmittel der Kostenstellenrechnung den Kostenträgern direkt zugerechnet werden.

- Aufgabe der **Kostenstellenrechnung** ist es, *Gemeinkosten* auf die Kostenstellen zu verteilen, um sie später den Kostenträgern, die die Kostenstellen in Anspruch nehmen, mit Hilfe eines Verrechnungssatzes zuzurechnen.

  - *Kostenstelleneinzelkosten* werden den Kostenstellen direkt zugerechnet (z.B. Gehalt des Kostenstellenleiters, Kalkulatorische Abschreibung auf Anlagen der Kostenstelle etc.)

  - *Kostenstellengemeinkosten* müssen den Kostenstellen mit Hilfe eines Schlüssels zugerechnet werden. So werden z.B. Gehälter der Geschäftsleitung auf die Kostenstellen nach Köpfen (Zahl der Beschäftigten) verteilt.

    Auch Kostenarten, die sich nur mit unvertretbar hohem Aufwand, also auf unwirtschaftliche Weise, dem Kostenträger direkt zurechnen ließen, werden wie Gemeinkosten behandelt, z.B. Verbrauch von Hilfsstoffen.

- Die **Kostenträgerrechnung** bedient sich der Ergebnisse der Kostenarten- und Kostenstellenrechnung, ermittelt den Kostenwert der betrieblichen Leistung (Selbstkosten des Produkts) und führt *Kontroll-* und *Vergleichsrechnungen* durch.

  - *Kostenträgerzeitrechnung*: Ein *Normal-/ Istvergleich* der Periodenkosten für einzelne Produktionsgruppen (z. B. Motorenfertigung; Getriebefertigung) liefert die Grundlage für eine Wirtschaftlichkeitskontrolle und bietet eine Entscheidungshilfe für die Sortimentspolitik.

  - *Kostenträgerstückrechnung*: Auf der Basis von Normalkosten (Erfahrungswerte, Verrechnungspreise) erfolgt die *Vorkalkulation* der Selbstkosten.

    Eine *Nachkalkulation* kontrolliert die Zuverlässigkeit der Vorkalkulation durch Vergleich der verrechneten Normalkosten mit den nach Abschluss des Fertigungsprozesses festgestellten Istkosten.

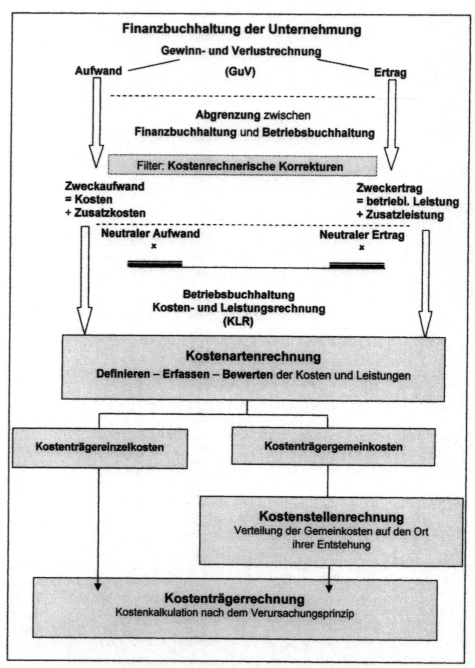

Abbildung 19: Von der Finanzbuchhaltung zur Betriebsbuchhaltung

3.1 Kostenartenrechnung

Die Kostenartenrechnung definiert Kostenarten auf der Grundlage der Gegebenheiten in den Betrieben, bestimmt die (notwendige) Tiefengliederung, die Erfassungskriterien und die Bewertung der mengenmäßig erfassten Kosten. Dabei orientiert sich die Kostenartenrechnung an Erfahrungswerten und dem von der Geschäftsleitung vorgegebenen Anspruchsniveau bezüglich der Rechengenauigkeit.

3.1.1 Gliederung der Kosten in Kostenarten

Um alle Kosten möglichst genau erfassen zu können, erfolgt im Vorfeld eine Gliederung der Kostenarten nach den Verursachungsbereichen:

Verursachungsbereich	Kostenarten
Materialbereich	Rohstoffe, Hilfsstoffe, Betriebsstoffe Vorprodukte Fremdbauteile Verpackungsmaterial Büromaterial
Arbeitsbereich	Löhne - Fertigungslöhne, Hilfslöhne, Aushilfslöhne Gehälter Lohnnebenkosten - AG-Anteil an der Sozialversicherung - freiwillige Sozialleistungen - Kosten freiwilliger Sozialeinrichtungen (Kantine, ...) Urlaubslöhne Kosten der Fort- und Weiterbildung
Betriebsmittelbereich	kalkulatorische Zinsen kalkulatorische Abschreibungen kalkulatorische Wagnisse
Fremdleistungsbereich	Transportkosten Werbung Lizenzgebühren Fremdversicherung Energiekosten Miete
Gesellschaftsbereich	Steuern, Zölle Gebühren Beiträge

In Abhängigkeit von der Kostenstruktur erfolgt eine entsprechende Tiefengliederung der Kostenarten innerhalb des Verursachungsbereichs.

3.1.2 Definition der Kostenarten

Anhand der Materialkosten soll exemplarisch verdeutlicht werden, welche Vorüberlegungen zur Definition einer jeden Kostenart erforderlich sind.

Kostenkomponenten

Zunächst ist zu klären, welche Kostenkomponenten zu einer Kostenart zusammengefasst werden sollen.

Bei Materialkosten ist es sinnvoll, den Einstandspreis zur Grundlage der Kostenerfassung zu machen, da dieser die *Beschaffungsnebenkosten* bereits enthält.

> Rechnungsbetrag
> – Rabatt
> ─────────────────
> = Einkaufspreis
> + Beschaffungsnebenkosten
>   (Transportkosten, Versicherung, Zölle etc.)
>   *= Einstandspreis*

Damit erspart man sich eine getrennte Erfassung und Verrechnung der einzelnen Beschaffungskosten.

Festlegungszeitraum

Bei der Frage nach dem Zeitraum, für den die Definition der Kostenart verbindlich sein soll, ist zwischen *Berechnungsmethode* und *Verrechnungssatz* zu unterscheiden.

Die Berechnungsmethode, z.B. Vorgaben für die Berechnung der Materialkosten mit Festlegung der Kostenkomponenten, muss langfristig unverändert bleiben, um den Kostenvergleich mit Vorperioden zu ermöglichen.

Die zeitliche Festlegung des Verrechnungssatzes für mengenmäßig erfasste Kosten (konkreter Einstandspreis, Verrechnungspreis) erfolgt in Abhängigkeit von den Erfordernissen bezüglich Planungs- und Vertragssicherheit.

Werden z. B. zu Beginn eines jeden Quartals Leistungsangebote zu verbindlichen Preisen für das nächste Quartal an Kunden versandt, so ist man drei Monate lang an sein Angebot gebunden. Das bedeutet für die Kalkulation, dass auch die dem Angebot zu Grunde liegenden Kalkulationssätze, unabhängig von der tatsächlichen Kostenentwicklung, für drei Monate festgelegt sind.

3.1.3 Erfassung der Kostenarten

Kosten werden zunächst als Güter- und Dienstleistungsverzehr mengenmäßig erfasst:
- Materialverbrauch in kg; lfd. Meter; Stück
- Arbeitseinsatz nach Vorgaben der Arbeitsvorbereitung (AV):
  → bearbeitete Stückzahl · Vorgabezeit
  etc.

Andere Kosten werden auf Grund von Fremdbelegen registriert (Frachtbrief; Betriebssteuern) oder nach definierten Schemata berechnet.

Grundsätze der Kostenerfassung

- **Erfassung primärer Kosten**

   Kosten müssen bei ihrer Entstehung als ursprüngliche Kosten erfasst werden (primäre Kosten).

   BEISPIELE

   a) *Fremdreparaturen*

   Fremdreparaturen, für die ein Rechnungsbeleg vorliegt, sind typische primäre Kosten. Als primäre, ursprüngliche Kosten gehen alle vom Markt bezogenen, also unternehmensextern bewerteten Kostengüter in die Kostenrechnung ein.

   b) *Reparaturen als Eigenleistung*

   Es ist nicht möglich, in Eigenleistung erbrachte Reparaturen als solche zu erfassen. Vielmehr handelt es sich hier um sekundäre Kosten, die sich aus den primären Kosten Arbeitszeit, Material, Energiekosten etc. zusammensetzen.

   Die Kostenerfassung setzt bei den primären Kostenarten an und errechnet auf dieser Grundlage die sekundäre Kostenart *,selbst durchgeführte Reparaturen'*.

- **Wirtschaftlichkeitsprinzip**

   Der mit der Kostenerfassung und Kostenverrechnung verbundene Aufwand muss im Hinblick auf das angestrebte Ergebnis gerechtfertigt sein.

   Dies ist i. d. R. nicht der Fall bei Kostenarten, deren Wert, bezogen auf den Gesamtwert des Erzeugnisses in das sie eingehen, gering ist.

   BEISPIEL

   Der bei der Herstellung eines Holztischs anfallende Verbrauch an Leim könnte gewichtsmäßig gemessen und über den Verrechnungspreis bewertet werden. Eine exakte Erfassung der Kosten für den verbrauchten Leim in Form von Kostenträgereinzelkosten wäre möglich.

   Da sich der Verbrauch an Leim in verschwindend geringem Maße auf die Kostenkalkulation auswirkt, wäre eine Ermittlung der hier anfallenden Kosten*träger*einzelkosten unwirtschaftlich. Der Leimverbrauch wird deshalb als Kostenart der Gruppe Kosten*stelle*neinzelkosten definiert und geht als pauschaler Kostenzuschlag in die Kostenträgerrechnung ein.

3.1.4 Bewertung der Kostenarten

Mengenmäßig erfasste Kostenarten werden auf Grund ihres Normalcharakters mit *Durch-schnitts-* bzw. *Verrechnungspreisen* bewertet (siehe Kostendefinition S. 7).

Durch Multiplikation des mengenmäßig erfassten Güter- bzw. Dienstleistungsverbrauchs mit dem Verrechnungspreis erhält man die **bewerteten Kosten** (Faktorkosten).

BEISPIEL

→ Materialverbrauch in kg · Preis/ kg   = Materialkosten
→ Arbeitseinsatz in Std. · Tariflohn/ Std. = Lohnkosten

3.1.5 Übersicht über die wichtigsten Kostenarten

Es ist sinnvoll, sich bei der Definition der Kosten im Bereich der Betriebsbuchhaltung (IKR, Rechnungskreis II) an den *„betrieblichen Aufwendungen"* im Rechnungskreis I des IKR (Industriekontenrahmen) zu orientieren, da dies den vorgesehenen Abgleich zwischen Finanzbuchhaltung und Betriebsbuchhaltung erleichtert.

Betriebliche Aufwendungen gem. IKR, Kontenklassen 6 und 7 (Konto-Nr, Bezeichnung)				
Materialkosten	**Personal-kosten**	**Fremd-leistungen**	**Sonst. betriebl. Aufwendungen**	**Kosten des Anlage-bereichs**
600 Rohstoffe	620 Fertigungs-löhne incl. Zulagen	614 Frachtkosten	690 Versicherungen	65 Abschrei-bungen auf Anlagen
601 Vorprodukte, Fremdbauteile		615 Vertriebs-provisionen	673 Gebühren	
	6205 Hilfslöhne	616 Fremd-instandhaltung	692 Beiträge	
602 Hilfsstoffe	630 Gehälter incl. Zula-gen		6951 Abschreibung auf Ford. (pauschal)	670 Miete
603 Betriebsstoffe u. Verbrauchs-werkzeuge				75 Zinsen
				762 Schadens-fälle
605 Energie	64 Sozialkosten		70 Betriebs-steuern	
Obige Aufstellung gibt einen Überblick über die wichtigsten betrieblichen Aufwendungen = Kostenarten, ohne Anspruch auf Vollständigkeit.				

Abbildung 20: Übersicht über betriebliche Aufwendungen gem. IKR

3.1.5.1 Betriebliche Aufwendungen gemäß IKR

Die „betrieblichen Aufwendungen" des Industriekontenrahmens gehen nach sachlicher Abgrenzung (siehe S. 61) als *aufwandsgleiche Kosten* bzw. als *kalkulatorische Kosten* in die Kosten- und Leistungsrechnung ein.

1. Materialkosten

a) Fertigungsmaterial

Definition der Kostenart

Für jedes Einzelmaterial ist ein Kostenartenkonto in der Datei der Lagerbuchhaltung zu führen. Hier werden Anfangsbestand, Zugänge, Abgänge, Meldebestand etc. mengenmäßig registriert.

Für die spätere Verrechnung des erfassten Faktorverbrauchs erfolgt zunächst eine verbindliche Festlegung der Begleitkosten, die automatisch mit der jeweiligen Einzelkostenart gemeinsam erfasst und verrechnet werden sollen.

Zurechnungsverfahren

In Abhängigkeit von der Zurechenbarkeit auf den Kostenträger bzw. auf die Kostenstelle erfolgt für jedes Einzelmaterial eine Eingruppierung als Einzel- oder Gemeinkostenmaterial.

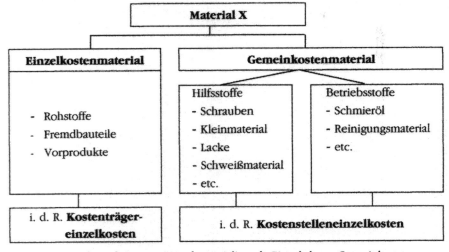

Abbildung 21: Einstufung von Einzelmaterialien als Einzel- bzw. Gemeinkosten

Während sich das Einzelkostenmaterial dem Kostenträger direkt zurechnen lässt, muss das Gemeinkostenmaterial den Kostenstellen zugerechnet werden, wo es eingesetzt und verbraucht wird. Gemeinkostenmaterial zählt i. d. R. zu den Kostenstelleneinzelkosten.

Nicht immer ist die Einstufung des Einzelmaterials nach Zurechenbarkeit in Kostenträgereinzelkosten oder Kostenstelleneinzelkosten eindeutig oder gar zwingend. Die meisten Hilfsstoffe könnte man durchaus dem Produkt direkt zurechnen. Dies ist aber auf Grund des hohen Aufwands, der damit verbunden wäre, nicht gerechtfertigt, denn der Zugewinn an Genauigkeit bezüglich der Kostensumme ist gegenüber der indirekten Verrechnung als Gemeinkostenzuschlag zu vernachlässigen. Dies gilt für alle Kostenarten, die den Wert des Erzeugnisses, in das sie eingehen, nur in geringem Maße beeinflussen (siehe auch ‚Grundsatz der Wirtschaftlichkeit', Beispiel S. 43).

Erfassung des Materialverbrauchs

Zur Erfassung des Materialverbrauchs stehen wahlweise die *indirekte* oder die *direkte Methode* zur Verfügung.

Indirekte Methode

Bei Anwendung der indirekten Methode erfolgt die Ermittlung des Materialverbrauchs für jede Abrechnungsperiode durch Inventur:

Materialverbrauch =	*Anfangsbestand (AB) lt. Inventur*
	+ *Zugänge*
	− *Endbestand (EB) lt. Inventur*

F

Ein Nachteil der indirekten Methode ist im hohen Arbeitsaufwand der für jede Abrechnungsperiode erforderlichen Inventur zu sehen. Hinzu kommt, dass bei dieser Methode durch Verderb oder Verlust (Diebstahl etc.) bedingte Fehlbestände nicht erkennbar sind.
Die indirekte Methode ist nur bei kleineren Betrieben mit überschaubarem Lagerbestand denkbar.

Direkte Methode

Kommt die direkte Methode zur Anwendung, so wird jede Materialentnahme aus dem Lager mit Informationen über Materialart, Materialmenge und anfordernde Kostenstelle registriert. Bei Einzelkostenmaterial wird zusätzlich der Kostenträger, für den das Material vorgesehen ist, verzeichnet.

Die direkte Methode macht die Inventur nicht überflüssig. Der Vergleich des Ist-Bestands der Inventur mit dem Soll-Bestand nach Abrechnung der Materialentnahmen gibt ggf. den Hinweis auf einen Fehlbestand, der aufzuklären ist. Allerdings kann man sich bei direkter Methode auf die Inventur zum Abschluss des Geschäftsjahrs beschränken.

Bewertung von Abfällen

Auch bei wirtschaftlichem Einsatz der Produktionsfaktoren sind Abfälle während des Fertigungsprozesses nicht vollständig zu vermeiden. So entsteht automatisch beim Stanzen von Blechteilen Blechabfall (Verschnitt). Beim Bearbeiten von Dreh- und Frästeilen fallen Metallspäne an.

Abfälle, die durch Recycling wieder in den Produktionskreislauf eingeführt werden können, sind nicht wertlos.

Fällt verwertbarer Abfall regelmäßig in berechenbarer Menge an, so wirkt sich dies in Höhe der durchschnittlichen Erlöse kostenmindernd auf die ermittelten Materialkosten aus.

Bewertung des Materialverbrauchs

Die Bewertung der Kosten des mengenmäßigen Materialverbrauchs erfolgt nach folgendem Schema:

Materialkosten in EUR =

= *Einsatzmenge* · *Verrechnungspreis je Mengeneinheit*　　　　　　　　F

− *Rückgabemenge* · *Ø Vergütung (z.B. für Abfall, Verpackung) je Mengeneinheit*

BEISPIEL

Für Gemeinkostenmaterial wurden folgende Gesamtkosten für Monat Oktober ermittelt:

Hilfsstoffe (Lacke für Einbrennlackierung):
Verbrauch 600 kg; Verrechnungspreis 9,00 EUR/ kg.
Pfand für Leihemballage[1] 3 % des Verrechnungspreises; Gutschrift nach Rückgabe:.

Betriebsstoffe (Schmieröl):
Verbrauch 250 l; Verrechnungspreis 3,30 EUR/ l.
Rückgabe von 180 l Gebrauchtöl; Vergütung für Gebrauchtöl 0,35 EUR/ l.

LÖSUNG

Periodenkosten der **Hilfsstoffe**:
600 kg · 9,00 EUR/ kg　−　(600 kg · 9,00 EUR/ kg) · 3/100 =　　　　5.238,00 EUR

Periodenkosten der **Betriebsstoffe**:
250 l · 3,30 EUR/ l　−　180 l · 0,35 EUR/ l =　　　　　　　　　　762,00 EUR

Bewertetes Gemeinkostenmaterial (Hilfs- und Betriebsstoffe)
im Monat Oktober　　　　　　　　　　　　　　　　　　　6.000,00 EUR

---

b) Energiekosten

Definition der Kostenart
Die Tiefengliederung der Energiekosten ist abhängig vom Umfang, in dem die einzelnen Energiekostenarten anfallen.

Es sind zu unterscheiden:

- Brennstoffkosten (Heizöl, Erdgas, Kohle)
- Treibstoffkosten (Benzin, Diesel)
- Energiekosten (Strom, Dampf, Druckluft)

---

[1] Leihemballage: Container, Collico, sonst. Mehrwegbehälter

Zurechnungsverfahren

Bei Energiekosten handelt es sich i. d. R. um Gemeinkosten, die als *Kostenstelleneinzelkosten* oder *Kostenstellengemeinkosten* verrechnet werden.

Erfassung und Bewertung des Energieverbrauchs

Bei *Fremdbezug* sind Erfassung und Bewertung des Energieverbrauchs auf Grund von Belegen (Lieferschein, Eingangsrechnung) unproblematisch.

Liegt *Eigenerzeugung* vor, so sind die der Kostenart zu Grunde liegenden primären Kosten zu erfassen (Brennstoffverbrauch, sonst. Materialkosten, Arbeitslöhne, Kalkulatorische Kosten des Anlagebereichs) und nach vordefinierten Schemata zu bewerten.

2. Personalkosten

Definition der Kostenart

Arbeiter und Angestellte leisten in abhängiger Tätigkeit für den Arbeitgeber Dienste. Im Sinne des Arbeitsrechts erfolgt die Einstufung als Arbeiter oder Angestellter nach folgenden Merkmalen:

Angestellte sind Arbeitnehmer, die überwiegend geistige Aufgaben erfüllen.

Arbeiter leisten überwiegend körperliche Arbeit.

Diese Unterscheidung wird in steigendem Maße vermieden, da man Mitarbeitern in der Produktion kaum mehr geistige Aufgaben in Abrede stellen kann.

Bei der Zahlung des Arbeitsentgelts besteht aber weiterhin ein Unterschied:

An *Angestellte* werden *Gehälter* gezahlt. Die Zahlung des Gehalts erfolgt im allgemeinen monatlich und ist in seiner Höhe nicht von einem Leistungsnachweis abhängig.

Lohn erhalten alle *übrigen Arbeitnehmer.* Lohn wird überwiegend leistungsabhängig als Stundenlohn gezahlt.

Ist die Leistung nicht oder nur schwer messbar (Beispiel: Ein angelernter Arbeiter beaufsichtigt und bedient drei Schweißroboter), so wird häufig auch ein „Monatslohn" pauschal gezahlt.

Personalkosten können in folgende Kostenarten gegliedert werden:

- • Fertigungslöhne
- • Hilfslöhne   } + Lohn-/ Gehaltszuschläge + Sozialkosten
- • Gehälter

    – *Lohn- /Gehaltszuschläge:*

        Überstunden und Schichtzuschläge, Zuschläge für Sonn- und Feiertagsarbeit, Gefahrenzuschläge etc.

    – *Sozialkosten:*

        a) *Gesetzlich* geregelt:

            Arbeitgeberanteil zur Sozialversicherung (Renten-, Kranken- und Arbeitslosenversicherung, Pflegeversicherung), Unfallversicherung, Lohn-/ Gehaltsfortzahlung im Krankheitsfall etc.

b) *Freiwillige* Leistungen:

Fahrgeld, Essenszuschüsse, Betriebsausflüge, Beiträge zu Lebensversicherungen, Zuwendungen für Hochzeit/ Geburtstag etc.

Hinzu kommen Kosten für *Sozialeinrichtungen*: Kantine, Kindergarten, Werkswohnungen etc.

Zurechnungsverfahren

Fertigungslöhne einschließlich der Zuschläge und der Sozialkosten lassen sich i. d. R. dem Kostenträger direkt zurechnen. In diesem Fall handelt es sich um *Kostenträgereinzelkosten*.

Sollte die Zurechnung auf den Kostenträger nicht sinnvoll sein, so sind Fertigungslöhne als Kostenstelleneinzelkosten einzustufen.

BEISPIEL

Ein Metallwerker verrichtet in seiner Kostenstelle bei Inselorganisation[1] im Wechsel Zerspanungs- und Montagearbeiten an unterschiedlichen Kostenträgern (job enrichment, job rotation). In diesem Fall kommt nur eine Verrechnung der Löhne als Kostenstelleneinzelkosten in Frage.

Hilfslöhne lassen sich normalerweise nur der Kostenstelle als *Kostenstelleneinzelkosten* zurechnen.

Gehaltskosten sind grundsätzlich Kostenstellenkosten. Zu den *Kostenstelleneinzelkosten* zählen Gehälter, die an der Kostenstelle zugeteiltes Personal gezahlt werden: Kostenstellenmeister, Vorarbeiter, Arbeitsvorbereiter, Konstrukteur, Kostenstellenleiter. Um *Kostenstellengemeinkosten* handelt es sich bei Personal, das der Kostenstelle nicht zugerechnet werden kann: Gehalt des Geschäftsführers, des Werksarztes etc.

Erfassung der Kostenart

Lohnkosten werden bei *Zeitlohn* in Arbeitsstunden bzw. als Stücklohnkosten in Minuten pro Kostenträger erfasst.

Bei *Leistungslohn* wird neben der im Betrieb verbrachten Anwesenheitszeit die während der Anwesenheitszeit vollbrachte Leistung vergütet.

Bewertung

a) Lohnkosten

Bei Serienfertigung muss der Leistungslohn immer mehr dem Zeitlohn weichen. Gründe hierfür sind, dass bei fortschreitender Automatisierung die Möglichkeit, zeitsparend in den Fertigungsprozess einzugreifen, immer geringer wird. Hinzu kommt, dass man in der Fertigung Organisationsmodelle wählt, die der Arbeit mehr Abwechslung und Motivation verleihen. Man erhofft sich davon ein gutes Arbeitsklima, Verbundenheit mit der Firma und eine höhere Qualität der Leistung. Die Leistungserfassung ist bei

---

[1] Inselorganisation: Fertigung vollständiger Produktteile mit Betriebsmitteln, die räumlich und organisatorisch in einer Fertigungsinsel zusammengefasst sind.

derartigen Organisationsformen für den einzelnen Arbeitnehmer nur mit großem Aufwand möglich. Es wird deshalb dem Arbeiter oder der Arbeitergruppe Zeitlohn verbunden mit einer Erfolgsprämie bei Überschreitung der Sollleistung gewährt.

An dieser Stelle sei nur die Bewertung des *Zeitlohns* dargestellt:

aa) Lohnstückkosten:

F
$$\textbf{\textit{Lohnstückkosten in EUR}} = \frac{\textit{Arbeitszeit in Std.}}{\textit{Leistungsmenge in Stück}} \cdot \textit{Lohnsatz in EUR/ Std.}$$

ab) Lohnkosten der Abrechnungsperiode (AP)

    Lohnkosten der AP = *Lohnstückkosten · Stückzahl/ AP*

    oder

    Lohnkosten der AP = *Lohnsatz in EUR/ Std. · Arbeitsstunden/ AP*

b) Gehaltskosten

Monatsgehalt lt. Abrechnung der Lohnbuchhaltung

3. Fremdleistungen/ Eigenleistungen

Zu den Fremdleistungen zählen von Fremdfirmen erbrachte Dienstleistungen wie Reparatur-, Instandhaltungs- oder Wartungsarbeiten, Transporte durch Speditionen, Vertrieb der Produkte durch selbstständige Handelsvertreter etc.

Exemplarisch werden hier die *Instandhaltungskosten* dargestellt:

Instandhaltungskosten

Definition der Kostenart

Die Beschreibung der Instandhaltungskosten findet sich in DIN 31 051:

Zur Instandhaltung eines Betriebsmittels (Maschine, sonst. Anlage, Fahrzeuge, Betriebs- und Geschäftsausstattung) zählt die „Gesamtheit der Maßnahmen zum Bewahren und Wiederherstellen des Soll-Zustands sowie zum Feststellen und Beurteilen des Ist-Zustands" eines Betriebsmittels.

Anfallende Kosten können sein:

- Kosten für Reparaturmaterial, Ersatzteile
- Lohnkosten für Instandhaltung
- Schmierstoffe für Zerspanung
- Kosten eines Gutachtens

Häufig werden die Instandhaltungskosten in Prozent vom Wiederbeschaffungswert berechnet.

Zurechnungsverfahren

Bei Instandhaltungskosten handelt es sich grundsätzlich um Gemeinkosten, die i. d. R. als Kostenstelleneinzelkosten verrechnet werden.

Erfassung und Bewertung der Instandhaltungskosten

Bei *Fremdleistung* sind Erfassung und Bewertung der Instandhaltungskosten auf Grund von Belegen (Rechnungen, Wartungsverträge) unproblematisch.

Liegt eine *Eigenleistung* vor, so sind die der Kostenart zu Grunde liegenden primären Kosten zu erfassen (Reparaturmaterial, sonst. Materialkosten, Arbeitslöhne, Kalkulatorische Kosten des Anlagebereichs) und nach vordefinierten Schemata (Verteilung der Reparaturkosten in Form von kalkulatorischen Wagnissen auf mehrere Abrechnungsperioden) zu bewerten.

4. Versicherungsprämien, Kostensteuern, Gebühren und Beiträge

Erfassung und Bewertung

Die Erfassung und Bewertung dieser Kostenarten erfolgt auf Grund von Rechnungen.

Zurechnungsverfahren

Diese Kosten zählen grundsätzlich zu den Gemeinkosten. Sie werden i. d. R. als Kostenstellengemeinkosten verrechnet, da sie einer einzelnen Kostenstelle nicht zurechenbar sind. (Ausnahme: Kfz-Steuer stellt Kostenstelleneinzelkosten dar, sofern eine Kostenstelle ,*Fuhrpark'* besteht).

5. Bewertung der Forderungen

Von den Abschreibungen auf Forderungen hat nur die Pauschalwertberichtigung auf Forderungen, zur Berücksichtigung des allgemeinen Ausfallrisikos, Normalcharakter und geht somit in die KLR ein.

3.1.5.2 Kalkulatorische Kosten

Über die aufwandsgleichen Kosten hinaus gehen Kostenbeträge in die Kosten- und Leistungsrechnung ein, die entweder gegenüber den entsprechenden Aufwendungen in der Finanzbuchhaltung anders bewertet werden (Anderskosten) oder denen in der Finanzbuchhaltung kein entsprechender Aufwand gegenübersteht (Zusatzkosten).

Abbildung 22: Kalkulatorische Kosten

Anderskosten

Der Begriff *Anderskosten* weist darauf hin, dass hier aus Gründen der unterschiedlichen Zielsetzung von Unternehmung und Betrieb die in der Finanzbuchhaltung ausgewiesene Aufwendungen in der Kosten- und Leistungsrechnung *anders* zu bewerten sind.

Kalkulatorische Abschreibungen

Während man den Bewertungsspielraum der steuerlichen (bilanziellen) Abschreibung in der Finanzbuchhaltung als Instrument zur Bilanzgestaltung nutzt (Bilanzpolitik: Gewinnausweis, Steuervorteil), bemüht man sich bei der kalkulatorischen Abschreibung um einen technisch und wirtschaftlich realistischen Ansatz, der die *tatsächliche Wertminderung*, die ein Anlagegut durch seinen Einsatz im Betrieb erfährt, möglichst exakt erfasst.

Ein wesentlicher Unterschied zur bilanziellen Abschreibung besteht darin, dass kalkulatorisch nicht der Anschaffungswert auf die Nutzungsdauer verteilt abgeschrieben wird, sondern der Wiederbeschaffungswert. Anliegen der kalkulatorischen Abschreibung ist es, den realen Substanzerhalt zu gewährleisten. Auch bei einer Geldentwertung durch Inflation muss nach Ablauf der (realen) Nutzungsdauer aus den Abschreibungsbeträgen eine gleichwertige neue Anlage wieder angeschafft werden können.

Bezüglich der Abschreibungsmethode ist jedes Verfahren erlaubt, das den Anforderungen an den Normalcharakter der Kosten entspricht. Als praktikabel für die kalkulatorische Abschreibung haben sich proportionale Abschreibungsmethoden, insbesondere die lineare Abschreibung und die verbrauchsbedingte Leistungsabschreibung, erwiesen (steuerlich kann wahlweise linear oder geometrisch-degressiv vom Anschaffungswert abgeschrieben werden).

Auch ist zu beachten, dass im Gegensatz zum Steuerrecht nur betriebsnotwendige Vermögensgüter der kalkulatorischen Abschreibung unterliegen. Teile des Anlagevermögens, die nicht (mehr) dem Betriebszweck dienen, z.B. Wohngebäude oder stillgelegte Anlagen, werden in die Kalkulation nicht einbezogen.

> *Grundsätze für die kalkulatorische Abschreibung:*
> - *Berechnungsbasis ist der Wiederbeschaffungswert,*
> - *es kommt i. d. R. eine proportionale Abschreibungsmethode zur Anwendung,*
> - *die Abschreibung beschränkt sich auf das betriebsnotwendige Anlagevermögen,*
> - *die Nutzungsdauer wird in Abhängigkeit von der tatsächlichen Beanspruchung des Anlagegutes festgesetzt.*

BEISPIEL

Folgende Daten stehen für die kalkulatorische Abschreibung am Ende des Jahres 05 zur Verfügung:

Gegenstand	Anschaf-fungs-wert in Tsd.€	Jahr der Anschaf-fung	Betriebsgewöhnliche Nutzungsdauer (ND) in Jahren gem. AfA-Tabelle[1]	Betriebsgewöhnliche Nutzungsdauer (ND) in Jahren für die Kalkulation (realistischer Ansatz)	Preisindex[2] (Basis: Jahr der Anschaf-fung)
Maschine	100	01	8	10	130 %
Lieferwagen	60	02	4	6	120 %
Betriebsaus-stattung	30	03	10	15	110 %

Für die steuerliche Abschreibung wurde die lineare Abschreibungsmethode gewählt.

LÖSUNG

Berechnung der Abschreibungen:

Gegenstand	AfA (AHK/ND) in EUR	Kalk. Abschreibung in EUR
Maschine	12.500,00	13.000,00
Lieferwagen	15.000,00	12.000,00
BGA	3.000,00	2.200,00

Nebenrechnungen:

Maschine
Bilanzielle Abschreibung   Kalkulatorische Abschreibung
100' / 8 =   12.500,00 €   100' · 1,3 / 10 =   13.000,00 €

Lieferwagen
Bilanzielle Abschreibung   Kalkulatorische Abschreibung
60' / 4 =   15.000,00 €   60' · 1,2 / 6 =   12.000,00 €

Betriebsausstattung
Bilanzielle Abschreibung   Kalkulatorische Abschreibung
30' / 10 =   3.000,00 €   30' · 1,1 / 15 =   2.200,00 €

---

[1] AfA = Absetzung für Abnutzung. Steuerlicher Begriff für die bilanzielle Abschreibung. In der AfA-Tabelle findet man die steuerlich zulässigen Abschreibungssätze auf der Grundlage einer vom Finanzamt unterstellten betriebsgewöhnlichen Nutzungsdauer.

[2] Preisindex: Die amtliche Preisstatistik errechnete Indexzahlen zur Beobachtung der Preisentwicklung; der sich ergebende Preistrend lässt Prognosen für die Wiederbeschaffungskosten von Anlagegütern zu. Vereinfachend wird unterstellt, dass das Anschaffungsjahr jeweils Basisjahr des Preisindexes ist.

F $Kalkulatorische\ Abschreibung = \dfrac{Anschaffungswert \cdot Preisindex}{betriebsgewöhnliche\ (realistische)\ Nutzungsdauer}$

Anmerkungen:

- Bei unregelmäßigem Einsatz von Anlagen oder bei Mehrschichtbetrieb wird zur Berechnung der kalkulatorischen Abschreibung die tatsächliche Maschinenlaufzeit in Ansatz gebracht (Leistungsabschreibung).

- Soll durch die kalkulatorische Abschreibung der volle Wiederbeschaffungswert über den zu kalkulierenden Preis für das Produkt hereingeholt werden, so bedarf die bereits durchgeführte kalkulatorische Abschreibung immer wieder einer der Preisentwicklung entsprechenden Korrektur.

- Die kalkulatorische Abschreibung wird nicht mit Ablauf der angesetzten Nutzungsdauer eingestellt. Es wird kalkulatorisch abgeschrieben so lange das Anlagegut betrieblich genutzt wird.

Kalkulatorischer Zins

Die Gewinn- und Verlustrechnung (GuV) der Finanzbuchhaltung weist den von der Unternehmung effektiv bezahlten Fremdkapitalzins aus.

In der Betriebsbuchhaltung werden Zinskosten für das betriebsnotwendige Vermögen, das durch Fremd- und Eigenkapital finanziert ist, angesetzt. Über das Fremdkapital hinaus bedarf auch das Eigenkapital einer angemessenen Verzinsung als Ausgleich dafür, dass dieses Kapital nicht anderweitig, z. B. als Finanzinvestition zinsbringend angelegt wurde.

Für den Fremdkapitalanteil wird im Gegensatz zum Effektivzins in der Finanzbuchhaltung kalkulatorisch ein durchschnittlicher Marktzinssatz (Normalcharakter der Kosten!) in Ansatz gebracht.

Der kalkulatorischen Verzinsung des Eigenkapitals, das ebenfalls mit dem Durchschnittszinssatz verzinst wird, steht in der Finanzbuchhaltung kein Posten gegenüber.

Kalkulatorischer Zins auf einen Vermögensgegenstand

BEISPIEL

Anschaffungswert einer Fertigungsmaschine 150.000,00 EUR. Der Preisindex auf Basis des Anschaffungsjahrs beträgt 120 %. Der durchschnittliche Marktzins für Darlehen während der letzten 5 Jahre wird mit 8 % angegeben.

Das Anlagegut wird mit dem Betrag angesetzt, der durchschnittlich im Abrechnungszeitraum gebunden ist (Durchschnittswertmethode[1]).

Eine Betriebsabrechnung erfolgt monatlich.

---

[1] Die Methode der ‚Kalkulatorischen Restwerte' wird hier nicht behandelt.

LÖSUNG

Durchschnittliche Kapitalbindung der Fertigungsmaschine:

Anschaffungswert	150.000,00 EUR
Wiederbeschaffungswert 150' · 1,2 =	180.000,00 EUR
Wert nach Ablauf der Nutzungsdauer	0,00 EUR

Durchschnittliche Kapitalbindung = $\dfrac{180.000,00 - 0,00}{2}$ = 90.000,00 EUR

Kalkulatorischer Zins = 90.000,00 · $\dfrac{8}{100}$ = 7.200,00 EUR p. a.

Kalk. Zins pro Monat = 7.200,00 EUR / 12 = 600,00 EUR p. M.

Kalkulatorischer Zins auf das Betriebsvermögen

Um den kalkulatorischen Zins auf das Betriebsvermögen berechnen zu können, muss zunächst das Betriebsvermögen, bestehend aus Anlagevermögen und Umlaufvermögen, ermittelt werden.

Zu beachten ist, dass nur *betriebsnotwendige Vermögensposten* berücksichtigt werden dürfen.

Für den Wertansatz des *Anlagevermögens* wird die durchschnittliche Kapitalbindung gewählt (siehe Beispiel oben).

Für das betriebsnotwendige *Umlaufvermögen* sind *Durchschnittswerte* anzusetzen, die, sofern sie nicht in einer Durchschnittsbeständebilanz vorgegeben sind, als arithmetisches Mittel aus Anfangs- und Schlussbestand lt. Inventur zu berechnen sind.

Um eine Doppelerfassung zu vermeiden, müssen die Positionen als sog. Abzugskapital ausgeklammert werden, die dem Betrieb zinslos zur Verfügung stehen.

Zum *Abzugskapital* zählen:

- Kundenanzahlungen
- Lieferantenkredite (Kauf auf Ziel) ohne Skontierungsmöglichkeit
- Rückstellungen (Verbindlichkeiten, die zwar dem Ursprung nach bekannt sind, deren Höhe und Fälligkeit jedoch noch nicht fest stehen)

Schema für die Berechnung des betriebsnotwendigen Vermögens gem. LSP[1], Nr. 43-46:

> *Betriebsnotwendiges Anlagevermögen*
> *(Fabrikgebäude, Betriebs- und Geschäftsausstattung, Maschinen, Fuhrpark etc.)*
> + *Betriebsnotwendiges Umlaufvermögen*
>   *(Vorräte, Forderungen, Bankguthaben etc.)*
> = *Betriebsnotwendiges Vermögen = Betriebsbedingtes Kapital*
> − *Abzugskapital*
>   *(zinsfreie Beträge, z.B. Kundenanzahlungen)*
> = *Betriebsnotwendiges Kapital*

---

[1] LSP: Leitsätze für die Preisermittlung auf Grund von Selbstkosten

Angaben zum Anlagevermögen:

Posten	Anschaffungswert in Tsd. EUR	Preisindex (Basis: Jahr der Anschaffung)	Nutzungs- dauer in Jahren
Fabrikgebäude	10.000	1,20	50
Wohngebäude	1.100	1,10	50
Maschinen	6.000	1,30	8
BGA	2.000	1,05	10

[1] Liegen keine Angaben für die Berechnung des Wiederbeschaffungswerts vor, so kann man ersatzweise auch vom Anschaffungswert ausgehen.

Angaben zum Umlaufvermögen

Posten	Anfangsbestand (AB)	Schlussbestand (SB)
Vorräte an RHB – Stoffen	1.900,00	2.100,00
Forderungen	1.300,00	1.100,00
Bank /Kasse	500,00	300,00
Wertpapiere d. UV	1.500,00	1.700,00

Angaben zur Berechnung des Abzugskapitals

Zum Abzugskapital zählen Beträge, die der Unternehmung zinsfrei zur Verfügung stehen:

Posten	Betrag in Tsd. EUR
Grundkapital	10.000
Rücklagen	4.500
Rückstellungen	700
Darlehensschulden	2.000
Verbindlichkeiten aus Lieferungen	800
Kundenanzahlungen	200
Sonstige Verbindlichkeiten	300

Es sind zu ermitteln:

a) der Wiederbeschaffungswert des Anlagevermögens,
b) die durchschnittliche Kapitalbindung,
c) die Durchschnittswerte des Umlaufvermögens,
d) das Abzugskapital,
e) das betriebsnotwendige Vermögen/ Kapital,
f) der kalkulatorische Zins bei einem Zinssatz von 6,5% (ø Marktzins),
g) die kalkulatorische Abschreibung.

Die Betriebsabrechnung erfolgt monatlich.

LÖSUNG

a) Ermittlung des Wiederbeschaffungswerts für die einzelnen Posten des Anlagevermögens

Posten	Wiederbeschaffungswert in Tsd. EUR	Begründung: betriebsnotwendig (+) nicht betriebsnotw. (−)
Fabrikgebäude	10.000 · 1,20 = 12.000	+
Wohngebäude	0	−
Maschinen	6.000 · 1,30 = 7.800	+
BGA	2.000 · 1,05 = 2.100	+
Summe	**21.900**	

b) Durchschnittliche Kapitalbindung: 21.900 : 2 = **10.950**

c) Ermittlung der Durchschnittswerte des Umlaufvermögens

Posten	Durchschnittswerte des UV lt. Durchschnittsbeständebilanz in Tsd. EUR	Begründung: betriebsnotwendig (+) nicht betriebsnotw. (−)
Vorräte	(1.900 + 2.100) /2 = 2.000	+
Forderungen	(1.300 + 1.100) /2 = 1.200	+
Bank/ Kasse	(500 + 300) /2 = 400	+
Wertpapiere	0	−
Summe	**3.600**	

d) Ermittlung des Abzugskapitals

Zum Abzugskapital zählen Beträge, die der Unternehmung zinsfrei zur Verfügung stehen.

Posten	Betrag in Tsd. EUR	... davon zinsfrei in Tsd. EUR
Grundkapital	10.000	−
Rücklagen	4.500	−
Rückstellungen	700	700
Darlehensschulden	2.000	−
Verbindlichkeiten aus Lieferungen und Leistungen	800	800
Kundenanzahlungen	200	200
Sonstige Verbindlichkeiten	300	300
Summe des Abzugskapitals		**2.000**

e) Ermittlung des betriebsnotwendigen Vermögens/ Kapitals

⌐ Wiederbeschaffungswert des AV		21.900 Tsd. EUR
└► Durchschnittliche Kapitalbindung: → AV / 2	=	10.950 Tsd. EUR
+ Durchschnittswerte des UV		3.600 Tsd. EUR
= Betriebsbedingtes Kapital		14.550 Tsd. EUR
− Abzugskapital		2.000 Tsd. EUR
= **Betriebsnotwendiges Vermögen/ Kapital**		**12.550 Tsd. EUR**

f) Ermittlung des kalkulatorischen Zinses

$$kalk.\ Zins = 12.550 \cdot \frac{6,5}{100} = 815,75\ Tsd.\ EUR\ p.\ a.$$

Bei monatlicher Betriebsabrechnung:

$kalk.\ Zins\ pro\ Monat = 945,75\ Tsd.\ EUR\ : 12 = 78,8125\ Tsd.\ EUR\ pro\ Monat.$

g) Ermittlung der kalkulatorischen Abschreibung

Posten	Wiederbeschaffungswert Nutzungsdauer	
Fabrikgebäude	12.000 / 50 =	240
Wohngebäude		0
Maschinen	7 .800 / 8 =	975
BGA	2.100 / 10 =	210
Summe	**1.425 Tsd. EUR p. a.**	

Bei monatlicher Betriebsabrechnung:

$kalk.\ Abschreibung\ pro\ Monat = 1.425\ Tsd.\ EUR\ : 12 = 118,75\ Tsd.\ EUR\ pro\ Monat.$

Lösung nächste Seite →

Berechnung der kalkulatorischen Abschreibung und des kalkulatorischen Zinses

Anlagegut, soweit betriebsnotwendig	Fabrikgebäude	Wohngebäude	Maschinen	Betriebsausstattung	Anzahlung Masch
Anschaffungswert	10.000,00	1.100,00	6.000,00	2.000,00	300,00
Nutzungsdauer in Jahren	50	50	6	10	0
Preisindex	1,20	1,10	1,30	1,05	0,00

Arbeitsblatt, Berechnungen

						Summen
Wiederbeschaffungswert	12.000,00	1.210,00	7.800,00	2.100,00	300,00	
... Ansatz in der Kostenrechnung	12.000,00	0,00	7.800,00	2.100,00	0,00	21.900,00
Kalkulatorische Abschreibung	240,00	X	975,00	210,00	X	1.425,00

Berechnung des betriebsnotwendigen Kapitals:
nach der Durchschnittswertmethode

Kalkulatorischer Zins p.a. in [Tsd] EUR:

Wiederbeschaffungswert des AV	21.900,00
Durchschnittliche Kapitalbindung = AV /2	10.950,00
+ Durchschnittswerte des Umlaufvermögens	3.600,00
– Abzugskapital	2.000,00
= Betriebsnotw. Vermögen/ Kapital	12.550,00

$$12.550,00 \cdot \frac{6,50}{100} = 815,75$$

Summe der kalk. Abschreibungen : 1.425,00

Nebenrechnungen: Kalkulatorischer Zins

Durchschnittswerte des Umlaufvermögens

Bilanzposten		AB	SB	Durchschnitt
Vorräte	+	1.900,00	2.100,00	2.000,00
Forderungen	+	1.300,00	1.100,00	1.200,00
Bank/ Kasse	+	500,00	300,00	400,00
Wertpapiere	x	X	X	0,00
			Summe	3.600,00

Abzugskapital			zinsfreies Kapital = Abzugskapital
I. Eigenkapital			
Grundkapital	x	10.000,00	X
Rücklage	x	4.500,00	X
II. Fremdkapital			
Rückstellung	+	700,00	700
Darlehen	x	2.000,00	X
Verbindlichkeiten	+	800,00	800
Kundenanzahlung	+	200,00	200
Sonst.Verbindlich	+	300,00	300
		Summe:	2.000,00

Nebenrechnungen: Kalkulatorische Abschreibung

Bilanzposten		AW	·	PI	/	ND	=	Kalk. Abschreibung
Fabrikgebäude	+	10.000,00	·	1,2	/	50	=	240,00
Wohngebäude	x	X		X				X
Maschinen	+	6.000,00	·	1,3	/	6	=	975,00
Betriebsausstattung	+	2.000,00	·	1,05	/	10	=	210,00
Anzahlung Masch.	+	300,00		0			=	X
						Summe:		1.425,00

AV = Anschaffungswert   PI = Preisindex   ND = Nutzungsdauer

Kalkulatorische Wagnisse

Die Risiken aus betrieblicher Tätigkeit lassen sich unterteilen in das allgemeine Unternehmensrisiko und darüber hinaus in unterschiedliche Einzelrisiken, die sich auf die einzelnen Betriebsbereiche verteilen.

Das *allgemeine Unternehmensrisiko* (Konjunkturschwankungen, politische Veränderungen, Marktstellung, Insolvenzgefahr) ist keinem Betrieb zurechenbar und somit per Definition kein Kostenfaktor (siehe Kostenbegriff, S. 7). Das allgemeine Unternehmensrisiko ist durch den Gewinn abgegolten.

Einzelrisiken (Brand, Ausschussproduktion, Produktfehler etc.) können im konkreten Fall zu enormen Aufwendungen führen. Solche sporadisch auftretenden Aufwendungen gehen zwar in die Gewinn- und Verlustrechnung der Finanzbuchhaltung ein, nicht aber in die Kostenrechnung.

Um sich vor derartigen Wagnissen zu schützen, können Versicherungen abgeschlossen werden oder es kann Vorsorge getroffen werden, indem *kalkulatorische Wagnisse* als *Selbstversicherung* in Form von Zuschlägen in die Gemeinkostensätze einkalkuliert werden.

Kalkulatorische Einzelwagnisse:

- Ausschusswagnis (Arbeits-, Materialfehler),
- Anlagenwagnis (Beschädigung von Gütern des Anlagevermögens durch Unfälle, unsachgemäße Behandlung - aber auch Wertverluste durch Veralterung),
- Beständewagnis (Schwund, Diebstahl, Feuer, Preisverfall),
- Entwicklungswagnis (Kosten erfolgloser Forschungs- und Entwicklungsarbeit),
- Gewährleistungswagnis (Verpflichtung zur Nachbesserung; Reparaturkosten aus Garantieverpflichtungen; Gutschrift auf Grund von Kundenreklamationen),
- Vertriebswagnis (Uneinbringlichkeit von Forderungen; Verluste aus Wechselkursschwankungen).

Grundlage für die Bewertung und Verrechnung kalkulatorischer Wagnisse sind die durchschnittlich während eines vorausgegangenen längeren Zeitabschnitts (fünf bis zehn Jahre) tatsächlich eingetretenen Wagnisverluste oder auch Branchenwerte.

Kalkulatorische Zusatzkosten

Den kalkulatorischen Zusatzkosten steht kein Aufwand in der Gewinn- und Verlustrechnung der Finanzbuchhaltung gegenüber.

Kalkulatorischer Unternehmerlohn

Einzelunternehmer und geschäftsführende Gesellschafter in Personengesellschaften (oHG, KG) können sich für ihre *leitende Tätigkeit* innerhalb der Unternehmung kein Gehalt zahlen, da sie nicht ihre eigenen Angestellten sein können. Sie haben nur die Möglichkeit, zur erfolgsneutralen Gewinnentnahme. Damit würde aber der dispositive Produktionsfaktor „leitende Tätigkeit" in Einzelunternehmen und Personengesellschaften nicht als Kostenfaktor in die Preiskalkulation für die Kostenträger eingehen. Dies würde zu falschen Ergebnissen führen, da die leitende Tätigkeit des Unternehmers dem Betriebszweck dient und somit Kostencharakter hat.

Zur Korrektur der Kostenrechnung wird deshalb ein fiktiver kalkulatorischer Unternehmerlohn eingesetzt, dessen Höhe sich an dem Gehalt einschließlich der Sozialleistungen orientiert, das man einem angestellten Geschäftsführer (Manager) mit entsprechender Qualifikation und Verantwortung zahlen müsste.

Der kalkulatorische Unternehmerlohn wird in Form von *Kostenstellengemeinkosten* verrechnet.

Kalkulatorische Miete

Auch kalkulatorische Miete zählt zu den Zusatzkosten:

Stellt ein Unternehmer private Räume für die betriebliche Nutzung zur Verfügung, so entstehen der Unternehmung keine Aufwendungen. Da die Nutzung der Räume aber dem Betriebszweck dient, muss der entsprechende Mietwert als Kostenfaktor in die Preiskalkulation eingehen.

Kalkulatorische Mietkosten werden in der Höhe angesetzt, wie man sie für mietweise überlassene Räume bezahlen müsste (ortsübliche Durchschnittsmiete).

> *Kalkulatorische Raumkosten* = *anteilige kalk. Miete + kalk. Abschreibung auf Raumausstattung + Heizung + Beleuchtung + Reinigungskosten*   F

3.1.6 Abgleich zwischen Kostenrechnung und Gewinn- und Verlustrechnung

Da ein Großteil der betrieblichen Vorgänge sowohl von der Finanzbuchhaltung (Bilanz sowie Gewinn- und Verlustrechnung) als auch von der Betriebsbuchhaltung (Kostenrechnung) – wenn auch mit anderer Zielsetzung – erfasst werden, ist ein Abgleich der beiden Systeme erforderlich. Diese Abstimmung erfolgt im Rahmen der *sachlichen Abgrenzung* der Erfolgsrechnung.

Sachliche Abgrenzung

Die sachliche Abgrenzungsrechnung kann entweder buchhalterisch auf Konten durchgeführt werden oder in Form einer statistischen Gegenüberstellung von Gewinn- und Verlustrechnung (Rechnungskreis I) einerseits und Betriebsergebnisrechnung (Rechnungskreis II) andererseits erfolgen.

In der Praxis kommt meist die einfachere und übersichtlichere Form der *statistischen Gegenüberstellung* für die Abgrenzung zwischen beiden Rechnungskreisen (*tabellarische Abgrenzung)* zur Anwendung.

Folgende Arbeitsschritte sind zur Durchführung der sachlichen Abgrenzung erforderlich:

1. Erfassen sämtlicher Aufwands- und Ertragspositionen in der Gewinn und Verlustrechnung (GuV) des Rechnungskreises I → *Gesamtergebnis*
2. Erstellen einer Liste der kalkulatorischen Bewertungsabweichungen
3. Verrechnung der Positionen der GuV mit den festgestellten kalkulatorischen Bewertungsabweichungen → *Betriebsergebnis*
4. Abstimmen des Betriebsergebnisses mit dem Gesamtergebnis der GuV durch *Abgrenzungsrechnung* → *Abgrenzungsergebnis*

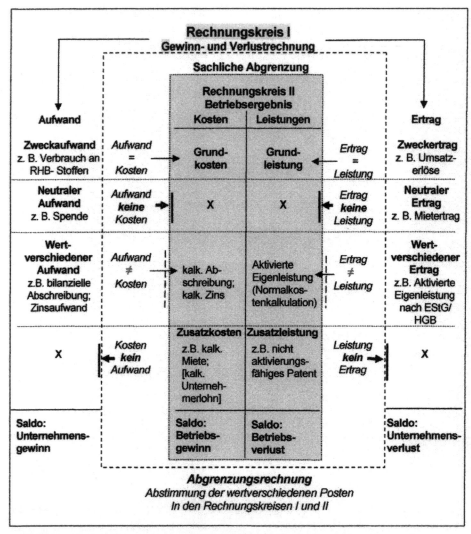

Abbildung 23: Von der Gewinn- und Verlustrechnung zur Betriebsergebnisrechnung

BEISPIEL

Der Metallofix GmbH, eine Zulieferer der Maschinenbauindustrie, liegen für den *Monat September* folgende Angaben über Erträge und Aufwendungen aus der GuV vor:

Konto-Nr.	Kontenbezeichnung	Betrag in Tsd. EUR
5000	Umsatzerlöse	332
5200	Bestandsmehrung an FE/UE	21
5460	Erträge aus dem Abgang von Vermögensgegenständen	4
5495	Erträge aus dem Zahlungseingang auf abgeschriebene Forderungen	6
5710	Zinserträge	2
5800	Einmaliger Zuschuss der Regierung zur Eingliederung von Aussiedlern	5
60	Materialaufwand (Rohstoffe)	188,7
602/603	Hilfs- und Betriebsstoffe	6
6052	Aufwand für Kraftstrom	4
6165	Reinigungsdienst	2,5
6200	Fertigungslöhne	44,2
6210	Hilfslöhne	7
6300	Gehälter	40
6520	Abschreibungen auf Sachanlagen	20
6700	Miete	4,5
6930	Verluste aus Schadensfällen: Maschinenschaden nach Brand	9
6960	Verluste aus dem Abgang von Vermögensgegenständen	3
70	Betriebliche Steuern	4
7410	Verluste aus Beteiligungen	18
7510	Zinsaufwand	5
7700	Steuern vom Einkommen und Ertrag	2

Die Kosten- und Leistungsrechnung liefert folgende Angaben:

1. Die Bestandsveränderungen werden in der KLR zu Verrechnungspreisen erfasst: 20 Tsd. EUR.
2. Der Materialverbrauch wird unter Ansatz von Verrechnungspreisen mit 183,7 Tsd. EUR bewertet.
3. Die Bewertung der Hilfs- und Betriebsstoffe stimmt mit den Zahlen der Finanzbuchhaltung überein.
4. Bezogener Kraftstrom gem. Rechnung = aufwandsgleiche Kosten.
5. Reinigungsdienst gem. Rechnung = aufwandsgleiche Kosten
6. Die Fertigungslöhne werden in gleicher Höhe verrechnet.
7. 2 Tsd. EUR der in der GuV ausgewiesenen Hilfslöhne entfallen auf den Monat August.
8. Bewertete Gehälter 42 Tsd. EUR.
9. Kalkulatorische Abschreibung 268,8 Tsd. EUR p. a..
10. Tatsächlich gezahlte Miete geht in voller Höhe als Kosten in die KLR ein
11. Die kalkulatorischen Wagnisse belaufen sich auf durchschnittlich 2 Tsd. EUR pro Monat.
12. Kalkulatorische Zinsen 72 Tsd. EUR p.a..
13. Steueraufwendungen der Kontengruppe 77: Körperschaftsteuer.

Arbeitsplan:

a) Erstellen der GuV in Kontenform.

b) Systematische Feststellung der Bewertungsabweichungen.

c) Erstellen der Betriebsergebnisrechnung mit Kennzeichnung der

    – Grundkosten bzw. Grundleistungen mit „= ";

    – Aufwendungen ≠ Kosten bzw. Erträge ≠ Leistungen mit „≠ " .

d) Abgleich von Betriebsergebnis und Gesamtergebnis durch Abgrenzungsrechnung.

e) Analyse der Abweichungen.

LÖSUNG

Aufwand	Tsd. EUR	8020 Gewinn- und Verlustrechnung	Ertrag Tsd. EUR
6000 Aufwand für Rohstoffe	188,7	5000 Umsatzerlöse	332,0
6020/30 Hilfs- und Betriebsstoffe	6,0	5200 Bestandsveränderg.	21,0
6052 Aufwand für Kraftstrom	4,0	5460 Erträge aus Abgang von	
6165 Reinigungsdienst	2,5	Anlagevermögen	4,0
6200 Fertigungslöhne	44,2	5495 Eingang abgeschriebener	
6210 Hilfslöhne	7,0	Forderungen	6,0
6300 Gehälter	40,0	5710 Zinserträge	2,0
6520 Abschreibungen	20,0	5800 Außerordentliche Erträge	5,0
6700 Miete	4,5		
6930 Verluste aus Schadensfällen	9,0		
6960 Verluste aus Abgang von Anlagevermögen	3,0		
7000 Betriebliche Steuern	4,0		
7410 Verluste aus Beteiligungen	18,0		
7510 Zinsaufwand	5,0		
7700 Ertragssteuern	2,0		
Gesamtergebnis (Gewinn)	**12,1**		
	380,0		380,0

Kosten		9200 Betriebsergebnisrechnung	Leistungen	
	Tsd. EUR			Tsd. EUR
≠ 6000 Aufw. f. Rohstoffe	183,7	= 5000 Umsatzerlöse		332,0
= 602/03 Aufw. f. HB-Stoffe	6,0	≠ 5200 Bestandsveränd.		20,0
= 6052 Aufw. f. Kraftstrom	4,0	≠ 5460 Erträge a. abg. AV		0,0
= 6165 Reinigungsdienst	2,5	≠ 5495 Eingang abg. Ford.		0,0
= 6200 Fertigungslöhne	44,2	≠ 5710 Zinserträge		0,0
≠ 6210 Hilfslöhne	5,0	≠ 5800 außerord. Erträge		0,0
≠ 6300 Gehälter	42,0			
≠ 6520 kalk. Abschreibung auf				
Sachanlagen	22,4			
= 6700 Miete	4,5			
≠ 6930 kalk. Wagnisse	2,0			
≠ 6960 Verluste a. Abg. AV	0,0			
≠ 7000 Betriebliche Steuern	4,0			
≠ 7410 Verluste aus Beteiligungen	0,0			
≠ 7510 kalk. Zins	6,0			
≠ 77 Steuern v. Einkommen	0,0			
Betriebsergebnis	**25,7**			
	352,00			352,00

Lösung nächste Seite →

LÖSUNG

Daten für die sachliche Abgrenzung

8020 Gewinn- und Verlustrechnung

Kt.-Nr.	Kurzbezeichnung	Aufwand in EUR	Kt.-Nr.	Kurzbezeichnung	Ertrag in EUR
6000	Aufw. f Rohstoffe	188.700,00	5000	Umsatzerlöse	332.000,00
602/60	HE-Stoffe	6.000,00	5200	Bestandsveränd.	21.000,00
6052	Aufw. f Kraftstrom	4.000,00	5460	Ert. a. Abg AV	4.000,00
6165	Reinigungsdienst	2.500,00	5495	Eingang abg Ford	6.000,00
6200	Fertigungslöhne	44.220,00	5710	Zinserträge	2.000,00
6210	Hilfslöhne	7.000,00	5800	Außerord. Erträge	5.000,00
6300	Gehälter	40.000,00			
6520	Abschreibungen	20.000,00			
670	Mieten	4.500,00			
6930	Schadenfälle	9.000,00			
6960	Verluste a. Abg AV	3.000,00			
7000	Betriebliche Steuern	4.000,00			
7410	Verluste a Beteiligung	18.000,00			
7510	Zinsaufwand	5.000,00			
7700	Steuern v. Einkommen	2.000,00			
	Gewinn	12.100,00			0,00 BE
	Summen	**370.000,00**			**370.000,00**

Betriebsabrechnung

Kosten in EUR	Leistungen in EUR
188.700,00	332.000,00
6.000,00	21.000,00
4.000,00	0,00
2.500,00	6.000,00
44.220,00	2.000,00
5.000,00	5.000,00
42.000,00	0,00
22.400,00	0,00
4.500,00	0,00
2.000,00	
4.000,00	
0,00	
6.000,00	
0,00	
25.700,00 BE	
362.000,00	**362.000,00**

Liste der Bewertungsabweichungen
-- alle Beträge in EUR

A = Aufwand   E = Ertrag
K = Kosten   L = Leistung
A>K → +   E>L → -
A<K → -   E<L → +
A=K → 0   E=L → 0

Konto		Konto	
6000	5.000,00	5000	0,00
602/60	0,00	5200	-1.000,00
6052	0,00	5460	-4.000,00
6165	0,00	5495	-6.000,00
6200	0,00	5710	-2.000,00
6210	2.000,00	5800	-5.000,00
6300	-2.000,00		
6520	-2.400,00		
6700	0,00		
6930	7.000,00		
6960	3.000,00		
7000	0,00		
7410	18.000,00		
7510	-1.000,00		
7700	2.000,00		
	31.600,00		-18.000,00

Abgrenzungsrechnung:

Gesamtergebnis	12.100,00
± Aufwendungen <> Kosten	31.600,00
± Erträge <> Leistungen	-18.000,00
= Betriebsergebnis (BE)	25.700,00

1. Erträge > Leistungen

Konto	Ansatz in		Differenz
	BE	GuV	Tsd EUR
5200	20-	21	= -1
5460	0-	4	= -4
5495	0-	6	= -6
5710	0-	2	= -2
5800	0-	5	= -5
			-18

2. Erträge < Leistungen

Konto	Ansatz in		Differenz
	BE	GuV	Tsd EUR
-	-		

3. Aufwand > Kosten

Konto	Ansatz in		Differenz
	GuV	BE	Tsd EUR
6000	188,7	183,7	= +5
6210	7-	5	= +2
6930	9-	2	= +7
6960	3-	0	= +3
7410	18-	0	= +18
7700	2-	0	= +2
			+37

4. Aufwand < Kosten

Konto	Ansatz in		Differenz
	GuV	BE	Tsd EUR
6300	40-	42	= -2
6520	20-	22,4	= -2,4
7510	5-	6	= -1
			-5,4

Analyse der Abweichungen (siehe Beispiel oben):

Grundsätzlich ist festzustellen, dass der Gewinnausweis der Gewinn- und Verlustrechnung in Höhe von 12.100,00 EUR wesentlich geringer ausfällt als das Betriebsergebnis der KLR mit 25.700,00 EUR. Dies ist insbesondere auf einen Verlust aus Beteiligungen in Höhe von 18.000,00 EUR zurückzuführen. Beteiligungen sind unternehmerische Strategien, die mit der betrieblichen Tätigkeit nichts zu tun haben.

1. Betriebsfremde[1] Aufwendungen und Erträge:

   Zu den *betriebsfremden Aufwendungen* zählen Spenden, Verluste aus dem Abgang von Anlagevermögen, Verluste aus Beteiligungen. Derartige Aufwendungen beruhen auf unternehmerischen Entscheidungen. Die betriebliche Tätigkeit hat hierauf keinerlei Einfluss und trägt hierfür auch keine Verantwortung. Betriebsfremde Aufwendungen gehen nicht in die Kostenrechnung ein.

   Zu den *betriebsfremden Erträgen* zählen Erträge aus dem Abgang von Anlagevermögen, der Eingang abgeschriebener Forderungen, Zinserträge und außerordentliche Erträge. Solche Erträge wurden außerhalb der betrieblichen Tätigkeit erwirtschaftet. Sie steigern zwar den Gewinn, sie gehen aber nicht in die Kosten- und Leistungsrechnung ein.

2. Wertverschiedene Aufwendungen/ Kosten:

   a) Die Rohstoffe werden in der KLR niedriger bewertet als in der GuV.

      Grund hierfür könnte z.B. ein konjunkturell bedingter Preisanstieg (Ölprodukte, sonst. Rohstoffe) oder ein Anstieg des Dollarpreises sein. Liegt die Preisabweichung innerhalb der erfahrungsgemäßen Schwankungsbreite, so kann der Verrechnungspreis für die Kosten beibehalten werden.

      Liegt ein Trend zum höheren Preis vor, so muss der Verrechnungspreis nach Ablauf der Abrechnungsperiode/ Preisfestsetzung entsprechend korrigiert werden.

   b) Von den Hilfslöhnen entfallen 2.000,00 EUR auf den Monat August.

      Periodenfremde Aufwendungen dürfen nicht in die laufende Kostenrechnung für den Monat September eingehen.

   c) Die Gehälter werden mit 42.000,00 EUR um 2.000,00 EUR höher verrechnet als in der GuV ausgewiesen. Dies ist ungewöhnlich, könnte aber z.B. dadurch bedingt sein, dass eine ausgeschriebene Stelle noch nicht besetzt werden konnte.

   d) Der Ansatz der kalkulatorischen Abschreibungen ist höher als die in der GuV ausgewiesenen steuerlichen Abschreibungen. Auch dies ist ungewöhnlich, da die tatsächliche Nutzungsdauer der Anlagegegenstände i. d. R. höher anzusetzen ist als die betriebsgewöhnliche Nutzungsdauer im Steuerrecht. Zudem gibt es im Rahmen der kalkulatorischen Abschreibung über die lineare Abschreibungsmethode hinaus keine degressive Abschreibung und auch keine sonstigen Abschreibungsmöglichkeiten des Steuerrechts (Abschreibung geringwertiger Wirtschaftsgüter).

---

[1] Betriebsfremd aus kostenrechnerischer Sicht. Im Kontenplan der Finanzbuchhaltung erscheinen obige Posten unter 'Sonstige betriebliche Aufwendungen/Erträge (z.B. Gewinne/Verluste aus d. Abgang von Gegenständen des AV) oder unter ‚Aufwendungen für Kommunikation' (z.B. Spenden).

Eine mögliche Erklärung wäre die (im Gegensatz zur AfA des Steuerrechts) fortgeführte kalkulatorische Abschreibung von Anlagegütern, deren Nutzungsdauer bereits abgelaufen ist, die aber weiterhin betrieblich genutzt werden (siehe S. 54). Diese Situation kommt häufig während einer konjunkturellen Abschwungphase vor, wenn anstehende Reinvestitionen aus Liquiditätsgründen zurückgehalten werden.

e) Kalkulatorische Wagnisse werden als Durchschnittswert für die Schadensentwicklung über einen längeren Zeitraum hinweg berechnet. Im konkreten Schadenfall kommt es zwangsläufig zu einer erheblichen Abweichung des in der Finanzbuchhaltung gebuchten Schadens von den verrechneten kalkulatorischen Wagnissen.

f) Den Zinsaufwendungen der GuV in Höhe von 5.000,00 EUR stehen kalkulatorische Zinsen in Höhe von 6.000,00 EUR gegenüber. Der höhere kalkulatorische Ansatz ist darauf zurückzuführen, dass bei der Berechnung der kalkulatorischen Zinsen von der Verzinsung des betriebsnotwendigen Kapitals und nicht nur vom in Anspruch genommenen Fremdkapital ausgegangen wird (siehe ‚Kalkulatorische Abschreibung', S. 52).

3. Wertverschiedene Erträge/ Leistungen:

Der niedrigere Ansatz der Bestandsveränderungen in der KLR ist durch die Verrechnungspreise im RHB-Stoffe- Bereich zu erklären. Liegt eine Abweichung innerhalb des normalen Schwankungsbereichs vor, so werden die bisherigen Verrechnungspreise beibehalten.

3.2 Kostenstellenrechnung

Kostenstellen

Kostenstellen sind betriebliche Zellen, in denen sich durch planmäßige Kombination der Produktionsfaktoren (Werteverzehr) die Wertschöpfung in Form der Leistungserstellung vollzieht.

Zurechnung der Kosten auf Kostenstellen

Im Gegensatz zu den Einzelkosten ist eine direkte Zurechnung der Gemeinkosten auf Kostenträger nicht möglich (siehe S. 14).

Werden in einem Betrieb mehrere Kostenträger bearbeitet, die unterschiedliche Kostenstellen in ungleichem Maße in Anspruch nehmen, so kann eine verursachungsgerechte Zurechnung der angefallenen Gemeinkosten auf den einzelnen Kostenträger nur erfolgen, wenn die vom Kostenträger verursachten Gemeinkosten am Ort ihrer Entstehung identifiziert werden können.

Zu diesem Zweck werden die im Rahmen der Kostenartenrechnung ermittelten Kostenträgergemeinkosten systematisch den Kostenstellen der betrieblichen *Abrechnungsbereiche* zugeordnet.

Jede Kostenstelle dient als Sammelbecken für die Gemeinkosten, die ein Produkt durch Inanspruchnahme der Kostenstelle verursacht hat.

Damit ist die Grundlage geschaffen für eine anteilige Weiterverrechnung der Kosten auf die Kostenträger, die die Kostenstelle durchlaufen.

Der *Kostenstellenrechnung* kommt damit eine wichtige *Brückenfunktion* zwischen der Kostenerfassung durch die *Kostenartenrechnung* und der Berechnung der Selbstkosten für die Produkte im Rahmen der *Kostenträgerrechnung* zu.

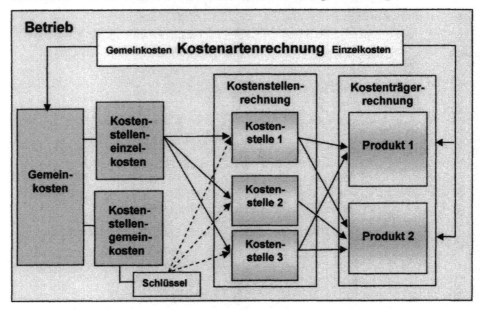

3.2.1 Organisation der Kostenstellenrechnung

Die Zurechnung der Gemeinkosten auf Kostenstellen erfolgt i. d. R. in der tabellarischen Form *eines Betriebsabrechnungsbogens (BAB)*[1].

Für die Festlegung der *Gliederung* und der *Abrechnungssystematik* im Betriebsabrechnungsbogen sind intensive Vorüberlegungen erforderlich, da die notwendige Kontinuität in der Kostenrechnung langfristig gültige Vorgaben verlangt.

Betriebliche Abrechnungsbereiche

Der Aufbau eines Fertigungsbetriebs liefert das Grundgerüst für die Definition der *Abrechnungsbereiche* im Betriebsabrechnungsbogen:

- *Materialbereich*
- *Fertigungsbereich*
- *Verwaltungsbereich*
- *Vertriebsbereich*

---

[1] Die Kostenstellenrechnung in Kontenform gemäß der Kontenklasse 9 des IKR wird hier nicht behandelt.

Gliederung in Kostenstellen

Innerhalb der einzelnen Abrechnungsbereiche erfolgt eine Tiefengliederung in funktions-
abhängige Kostenstellen. Dabei kommen je nach Struktur des Betriebs unterschiedliche
Gliederungskriterien zur Anwendung:

- *Prozessorientierte Gesichtspunkte:* Unterschiedliche Maschinen (Dreh-, Fräs-,
  Schleif-, Räummaschinen etc.) werden in Halle A zur Kostenstelle Zahnradfertigung
  zusammengefasst. Neben der Zahnradfertigung werden in jeweils eigenen Hallen
  die Kostenstellen Motorenbau, Getriebebau, Karosseriefertigung, Endmontage eingerichtet.

- *Funktionale Merkmale:* Die Fertigung gliedert sich nach Aufgabenbereichen in die
  Kostenstellen Dreherei, Fräserei, Schleiferei etc.

- *Verantwortungsbereiche:* Ein Meister ist für die beiden Kostenstellen Härterei und
  Montage verantwortlich.

In Abhängigkeit von Betriebsstruktur und Konzeption der Betriebsabrechnung
können Kostenstellen Wertschöpfungsbereiche unterschiedlicher Größe sein: ein
Betriebsbereich (Montage), eine Abteilung (Dreherei), eine Arbeitsplatzgruppe
(Werkstatt-, Inselfertigung) oder ein Arbeitsplatz (Materialkontrolle).

Jede Kostenstelle ist ein betrieblicher Teilbereich, der kostenrechnerisch selbststän-
dig abgerechnet wird.

Im Vorfeld der Betriebsabrechnung wird ein verbindlicher Kostenstellenplan erarbeitet.

BEISPIEL

Auszug aus einem Kostenstellenplan für einen mittleren Betrieb:

...	.....		
2	**Material**	3	**Fertigung**
21	Leitung Einkauf	31	Motorenbau
211	Einkaufsabteilung	311	Meister 1
2121	– Beschaffung Fertigungsmaterial	312	Meister 2
2122	– Beschaffung sonstiges Material	313	Fertigungsstellen
22	Leitung Lager	3131	– M-FS-M1 1010 ...
221	Warenannahme	3132	– M-FS-M2 1020 ....
222	Prüflabor	32	Getriebebau
223	Werkstofflager	321	Meister 1
2231	– Werkstofflager 1	322	Meister 2
2232	– Werkstofflager 2	323	Fertigungsstellen
223	Lagerverwaltung mit EDV	3231	– G-FS-M1 1010 ...
224	Warenausgabe	3232	– G-FS-M2 1020 ....
			...

4	Verwaltung	5	Vertrieb
41	Geschäftsleitung	51	Verkaufsleitung Inland
42	Rechtsabteilung	52	Verkaufsleitung Ausland
43	Controlling	521	– Export Europa
44	Interne Revision	522	– Export Asien
45	Rechnungswesen	523	– Export Nordamerika
451	– Buchhaltung	524	– Export Südamerika
452	– Betriebsabrechnung/ Kalkulation	53	Marktforschung
453	– Statistik	54	Werbung
46	EDV-Rechenzentrum	55	Kundendienst
47	Personalbüro/ Lohnbüro	56	Verpackung/ Expedition
48	Registratur	561	– Lager Verpackungsmaterial
49	Poststelle	57	Läger Fertigerzeugnisse
		571	FE-Lager 1
		572	FE-Lager 2
			...

Abbildung 24: Kostenstellenplan

3.2.2 Technik der tabellarischen Betriebsabrechnung in Form eines BAB

Die gängige Gliederung für die Betriebsabrechnung sieht Spalten für Kostenstellen und Zeilen für die Verrechnung der Kostenarten-Summen vor.

Gliederung des BAB:

Kostenstelle / Kostenart (Gemeinkosten)	Beträge in EUR (Summen)	Material	Fertigung		Verwaltung	Vertrieb
			Dreherei	Fräserei		
Gehälter	22.000,00	....	....	....	....	....
Hilfslöhne	3.600,00	....	....	....	....	....
Hilfs- und Betriebsstoffe	2.400,00	....	....	....	....	....
...	....	....	....	....	....	....

Abrechnungsbereiche gegliedert nach betrieblicher Funktion

Verrechnung der Gemeinkostensummen auf die Kostenstellen

Das Verfahren der Verrechnung von Kostenträgergemeinkosten auf die Kostenstellen ist davon abhängig, ob es sich um *Kostenstelleneinzelkosten* oder *Kostenstellengemeinkosten* handelt:

- **Kostenstelleneinzelkosten**

  Es erfolgt eine direkte Zurechnung der *Kostenstelleneinzelkosten* auf die Kostenstellen anhand der vorliegenden Belege.

- **Kostenstellengemeinkosten**

  Die Umlage der *Kostenstellengemeinkosten* auf Kostenstellen erfolgt über einen Verrechnungsschlüssel, der die individuellen Gegebenheiten des Betriebs berücksichtigt. Die Zuverlässigkeit der Rechnung ist von einer *realistischen Einschätzung* des Anteils, den die einzelnen Kostenstellen an der Kostensumme der jeweiligen Kostenart haben, abhängig.

BEISPIEL

Die Abteilungen Dreherei, Fräserei und Härterei werden jeweils als separate Kostenstellen geführt.

a) *Kostenstelleneinzelkosten*

  Für jede Abteilung ist ein Meister verantwortlich.

  Die Gehaltssumme für die drei Meister (einschließlich Lohnzusatzkosten) in Höhe von 13.670,00 EUR wird anhand der Gehaltsliste auf die Kostenstellen verteilt:

  Gehaltsliste (Summen)

Meister A (Dreherei) :	4.500,00 €
Meister B (Fräserei):	4.750,00 €
Meister C (Härterei) :	4.420,00 €

b) *Kostenstellengemeinkosten*

  Für eine gemietete Fertigungshalle, in der die genannten Kostenstellen untergebracht sind, fallen Mietkosten in Höhe von 2.600,00 EUR pro Abrechnungsperiode an, die anteilig auf die drei Kostenstellen zu verteilen sind. Als Verrechnungsschlüssel wurde die von den Kostenstellen beanspruchte Fläche in m² festgelegt.

  Schlüsselbasis für die Kostenstellen: Dreherei 250 m², Fräserei 220 m², Härterei 180 m².

LÖSUNG

Betriebsabrechnung (Auszug: Fertigung)

Kostenstelle / Kostenart	Beträge in EUR / Schlüssel	Fertigung			Summe Schlüssel
		Dreherei	Fräserei	Härterei	
KSt-Einzelkosten					
Gehälter der Meister	**13.670,00**	**4.500,00**	**4.750,00**	**4.420,00**	
Schlüsselbasis[1]	*Gehaltsliste*	*Gehaltsliste*	*Gehaltsliste*	*Gehaltsliste*	*. / .*
....	....	....	....	....	
KSt-Gemeinkosten					
Mietkosten	**2.600,00**	**1.000,00**	**880,00**	**720,00**	
Schlüsselbasis[1]	*Fläche in*	*250*	*220*	*180*	*650*
....	....	....	....	....	....

Nebenrechnung zu Mietkosten:

$$\frac{2.600\ \text{€}}{650\ \text{m}^2} \cdot \text{m}^2$$

Verrechnungsschlüssel

Man wird bemüht sein möglichst viele Kostenarten als *Kostenstelleneinzelkosten* den Kostenstellen *direkt* zuzurechnen, da dieses Verrechnungsverfahren die Forderung nach einer *verursachungsgerechten Kostenverrechnung* am ehesten erfüllt.

Soweit eine direkte Verrechnung nicht möglich ist, müssen *Kostenstellengemeinkosten* den Kostenstellen mit Hilfe eines geeigneten Schlüssels *indirekt* zugeordnet werden. Um das Verursachungsprinzip auch bei Schlüsselung der Kosten weitgehend zu verwirklichen, wird man sich um Verrechnungsschlüssel bemühen, die sich annähernd proportional zu den Kosteneinflussgrößen verhalten. Zu diesem Zweck müssen oft *zusammengesetzte Schlüssel* gewählt werden, die mehrere Kosteneinflussgrößen berücksichtigen.

---

[1] Anstatt ‚Schlüsselbasis' wird in Folge die übliche Kurzform ‚Schlüssel' verwendet.

BEISPIEL

Für Maschinen im Fertigungsbereich wäre die Maschinenlaufzeit zur pauschalen Verrechnung der Stromkosten kein geeigneter Maßstab. Um den Verbrauch an Kraftstrom für die einzelnen Kostenstellen zu ermitteln, genügt es nicht, die Summe der Laufzeiten aller Maschinen festzustellen, da die diversen Maschinen, von der Drehbank bis hin zum CNC-Bearbeitungszentrum, auf Grund ihrer unterschiedlichen technischen Auslegung eine unterschiedliche Stromaufnahme haben.

Man wird für die Verrechnung der Stromkosten in diesem Fall einen zusammengesetzten Schlüssel wählen, der sowohl die Maschinenlaufzeit als auch die Stromaufnahme berücksichtigt:

Kostenart	Schlüsselgröße
Kraftstrom	Laufzeit · installierte Leistung in kWh

Grundsätze für die Wahl von Kostenverrechnungsschlüsseln:

- Der Verrechnungsschlüssel muss so gewählt werden, dass die Verteilung der Kostensummen auf die Kostenstellen *verursachungsabhängig* erfolgt.

- Willkürliche Verrechnungsschlüssel dürfen nicht zum Einsatz kommen, da sie die Kalkulation verfälschen. Unter Umständen kann durch eine *Anpassung der Tiefengliederung eines Abrechnungsbereichs* die Basis für eine verursachungsgerechte Kostenverrechnung verbessert werden.

- Ein gewählter Kostenverrechnungsschlüssel sollte *langfristig beibehalten* werden, weil sonst eine Vergleichbarkeit der innerbetrieblichen Periodenkosten nicht mehr gegeben ist.

- Um einen *Branchenvergleich* zu ermöglichen, sollte man sich an *üblichen Verrechnungsschlüsseln* bei vergleichbaren Betrieben orientieren.

- Bei allen Maßnahmen zur Verfeinerung der Kostenrechnung muss stets das *Prinzip der Wirtschaftlichkeit* beachtet werden, das einer Verkomplizierung des Rechnungssystems ohne spürbaren Nutzeffekt entgegensteht.

Mögliche Schlüssel als Verrechnungsgrundlage für einzelne Kostenarten:

I. Kostenstelleneinzelkosten

Kostenart	Verrechnungsgrundlage
Gehälter für der Kostenstelle zugeordnetes Personal (Kostenstellenleiter, Meister etc.)	Gehaltsliste
Hilfslöhne	Arbeitsnachweis
Hilfs- und Betriebsstoffe	Buchungsbeleg Lagerbuchhaltung
Fremdreparaturen etc.	Eingangsrechnungen

Abbildung 25: Verrechnungsschlüssel für Kostenstelleneinzelkosten

II. Kostenstellengemeinkosten

Kostenart	Verrechnungsschlüssel
Heizungskosten	Heizkörperzahl; Wärmezähler an Heizkörper
Mietkosten	Nutzfläche in m^2
Lichtstromkosten	Beleuchtungskörperzahl · Leistung
Reparaturkosten	geleistete Reparaturstunden
Kraftstromkosten	kWh · Laufzeit
Arbeitsvorbereitungskosten	Umsatzwert der Arbeitsaufträge
Grundsteuer	Einheitswert der Gebäudestelle
Sozialkosten	Lohn- und Gehaltskostensumme
Kalkulatorische Abschreibungen	bei Anlagenbuchhaltung direkt, sonst geschätzt nach technischer Abnutzung
Kalkulatorischer Unternehmer-lohn	Personal nach Köpfen, bei kapitalintensiven Betrieben nach investiertem Kapital
Kalkulatorische Wagnisse	Durchschnitt der eingetretenen Wagnisverluste der letzten Jahre (Erfahrungswerte)
Kalkulatorische Zinsen	investiertes betriebsnotwendiges Kapital
Betriebliche Steuern etc.	z.B. Grundsteuer: nach Fläche je Kostenstelle – oder auf Verwaltung

Abbildung 26: Verrechnungsschlüssel für Kostenstellengemeinkosten

3.2.3 Durchführung der Kostenstellenrechnung

Je nach Organisation des Betriebsabrechnungsbogens unterscheidet man die *Einstufige Kostenstellenrechnung*, die sich auf eine Verteilung der Kosten auf die *Hauptkostenstellen* Material, Fertigung, Verwaltung und Vertrieb beschränkt, und die *Mehrstufige Kostenstellenrechnung*, die über die Hauptkostenstellen hinaus *Vorkostenstellen* einrichtet.

Vorkostenstellen geben ihre Leistung nicht direkt an den Kostenträger ab, sondern an Hauptkostenstellen, die ihre Dienste in Anspruch nehmen.

3.2.3.1 Einstufige Kostenstellenrechnung

Die Betriebsabrechnung wird in folgenden Arbeitsschritten vorbereitet:

1. Festlegung der für die Betriebsabrechnung relevanten Kostenstellen.
2. Definition der Verrechnungsschüssel und Festlegung der Schlüsselbasen für die Umlage einer jeden Gemeinkostenart auf die Kostenstellen.
3. Übernahme der Gemeinkostenarten mit ihren Summen aus der Kostenarten-rechnung.

Dieser Systematik folgend wird im Betriebsabrechnungsbogen die Verteilung der *primären Gemeinkosten* auf die Kostenstellen durchgeführt (siehe Grundsätze der Kostenerfassung, S. 43).

BEISPIEL

Die Kostenartenrechnung der Metallofix GmbH liefert für den Monat September Kostensummen (siehe S. 63), die jeweils über einen definierten Schlüssel auf die Kostenstellen Material, Fertigung, Verwaltung und Vertrieb umzulegen sind.

1. *Kostenartenrechnung*

Kosten aus der **Betriebsergebnisrechnung (Konto 9200)** für Monat September ..		
		Tsd. EUR
6000	*Aufw. f. Rohstoffe*	*183,7*
602/603	HB-Stoffe	6,0
6052	Aufw. f. Kraftstrom	4,0
6165	Reinigungsdienst	2,5
6200	*Fertigungslöhne*	*44,2*
6210	Hilfslöhne	5,0
6300	Gehälter	42,0
[6520]*	kalk. Abschreibung auf Sachanlagen	22,4
[6700]*	kalk. Miete	4,5
[6930]*	kalk. Wagnisse	2,0
6960	*Verluste aus dem Abgang von Anlagevermögen*	*0,0*
7000	Betriebliche Steuern	4,0
7410	*Verluste aus Beteiligungen*	*0,0*
[7510]*	kalk. Zins	6,0
77	*Steuern v. Einkommen*	*0,0*
* [ ] Korrespondierende Konten der GuV → Aufwand ≠ Kosten		

Hinweis:

Bei der Auswertung obiger Tabelle ist folgendes zu beachten:

1. Aufwendungen für Rohstoffe sowie Fertigungslöhne sind Kostenträgereinzelkosten, die in die Betriebsabrechnung nicht unmittelbar eingehen.

2. Aufwendungen der Gewinn- und Verlustrechnung, die nicht Kostencharakter haben, da sie betriebsfremd sind, erscheinen in der Betriebsergebnisrechnung mit dem Wert Null.

Weder Kostenträgereinzelkosten (1) noch betriebsfremde Aufwendungen (2) gehen als Primärkosten in die Kostenstellenrechnung ein.

2. *Verrechnungsschlüssel* für die zu verteilenden primären Gemeinkosten (*Schlüsselbasen* für die einzelnen Kostenstellen):

Kostenart (Gemeinkosten) / Kostenstelle	Zurechnungsgrundlage/ Verrechnungsschlüssel	Hauptkostenstellen				Schlüssel-
		Material	Fertigung	Verwaltung	Vertrieb	
HB-Stoffe	Entnahme in kg	60	810	6	24	*900*
Kraftstrom	kWh · Laufzeit	1.000	42.445	950	50	*44445*
Hilfslöhne	Stundenabrechnung	30	150	10	10	*200*
Gehälter	Gehaltsliste in €	5.200,00	16.800,00	13.700,00	6.300,00	*42000*
Reinigungsdienst	Fläche in m²	530 m²	1.390 m²	330 m²	250 m²	*2500*
Kalk. Abschreibung	lt. Anlagenbuchhaltung in €	2.100,00	16.600,00	2.200,00	1.500,00	*22400*
Kalk. Miete	Fläche in m²	530 m²	1.390 m²	330 m²	250 m²	*2500*
Kalk. Wagnisse	Erfahrungsschlüssel	1	6	1	2	*10*
Betriebl. Steuern	auf Verwaltung in €	0	0	4.000,00	0	*4000*
Kalk. Zins	6 % p. a. nach Anteil am betriebsnotwendigen Kapital in Tsd. €	100	830	150	120	*1200*

LÖSUNG

Nebenrechnungen:

[Berechnung der Kostenbeträge auf Grund der Basisschlüssel]

HB-Stoffe
6000 : 900 = 6,666[1]

·	60 =	400,00
·	810 =	5400,00
·	6 =	40,00
·	24 =	160,00
		6000,00

Hilfslöhne
5000 : 200 = 25

·	30 =	750,00
·	150 =	3750,00
·	10 =	250,00
·	10 =	250,00
		5000,00

Kalk. Miete
4500 : 2500 = 1,8

·	530 =	954,00
·	1390 =	2502,00
·	330 =	594,00
·	250 =	450,00
		4500,00

Kalk. Zins
6000 : 1200 = 5

·	100 =	500,00
·	830 =	4.150,00
·	150 =	750,00
·	120 =	600,00
		6000,00

Kraftstrom
4000 : 44445 = 0,0899[1]

·	1000 =	90,00
·	42445 =	3820,00
·	950 =	85,50
·	50 =	4,50
		4000,00

Reinigungsdienst
2500 : 2500 = 1

·	530 =	530,00
·	1390 =	1390,00
·	330 =	330,00
·	250 =	250,00
		2500,00

Kalk. Wagnisse
2000 : 10 = 200

·	1 =	200,00
·	6 =	1200,00
·	1 =	200,00
·	2 =	400,00
		2000,00

(Gehälter, kalk. Abschreibung und Betriebssteuer müssen nicht berechnet werden, da Daten vorliegen)

---

[1] Rechnung auf mehrere Nachkommastellen, um Rundungsfehler zu vermeiden!

Lösung nächste Seite →

Musterlösung   Betriebsabrechnung
. Einstufiger BAB

Datenblatt

Kostenarten	Gesamt-kosten EUR	Verteilungsschlüssel	Einheiten	Hauptkostenstellen				Schlüssel Summen
				Material	Fertigung	Verwaltung	Vertrieb	
Kostenstelleneinzelkosten:			[... Bei großen Zahlen in TSD]					
Hilfs- und Betriebsst.	8.000,00		MES in kg	60	910	6	24	1000
Kraftstrom	4.000,00		kWh	1000	42445	950	50	44445
Hilfslöhne	5.000,00		Stundenabrechnung	30	150	10	10	200
Gehälter K.Stellenleiter	42.000,00		Gehaltsliste in €	5200	16800	13700	6300	42000
Kostenstellengemeinkosten:								
Reinigungsaerat	2.500,00		Fläche in qm	530	1390	330	250	2500
Kalk. Abschreibung	22.400,00		lt. Anlagendatei in €	2100	16600	2200	1500	22400
Mietkosten	4.500,00		Fläche in qm	530	1390	330	250	2500
Kalk. Wagnisse	2.000,00		Erfahrungsschlüssel	1	6	2	1	10
Betriebssteuern	4.000,00		Verrechn. a. Verwaltg	0	0	4000	0	4000
Kalk. Zins	6.000,00		6 % p.a. betr. Kapital	100	630	150	120	1200
	0,00			0	0	0	0	0
	0,00			0	0	0	0	0
	0,00			0	0	0	0	0
	98.400,00							

Arbeitsblatt   Betriebsabrechnung

	Hauptkostenstellen			
	Material	Fertigung	Verwaltung	Vertrieb
	400,00	5.400,00	40,00	160,00
	90,00	3.820,00	85,50	4,50
	750,00	3.750,00	250,00	250,00
	5.200,00	16.800,00	13.700,00	6.300,00
	530,00	1.390,00	330,00	250,00
	2.100,00	16.600,00	2.200,00	1.500,00
	954,00	2.502,00	594,00	450,00
	200,00	1.200,00	200,00	400,00
	0,00	0,00	4.000,00	4.000,00
	500,00	4.150,00	750,00	600,00
	0,00	0,00	0,00	0,00
	0,00	0,00	0,00	0,00
	0,00	0,00	0,00	0,00
	10.724,00	**55.612,00**	**18.149,50**	**13.914,50**

Summe: 98.400,00

3.2.3.2 Mehrstufige Kostenstellenrechnung

Neben den Gemeinkosten, die der Kostenträger durch Beanspruchung einer Kostenstelle verursacht (Primärkosten), treten zusätzliche Gemeinkosten auf, die dem Betriebszweck dienen ohne vom Kostenträger direkt verursacht worden zu sein.

Derartige, durch *innerbetriebliche Leistungen* verursachte Gemeinkosten (Sekundärkosten), werden dem *Vorkostenbereich* zugeordnet.

Der Vorkostenbereich wiederum wird gegliedert in den *allgemeinen Kostenbereich*, der *allen* anderen Kostenstellen dient, und in *spezielle Hilfskostenstellen*, die ihre Dienste gezielt an *einzelne Hauptkostenstellen* abgeben.

Allgemeiner Kostenbereich

Leistungen der Kostenstellen des allgemeinen Bereichs fließen an sämtliche Kostenstellen innerhalb des Unternehmens.

Ursachen für Gemeinkosten des allgemeinen Bereichs können sein:

- *Gesetzliche Bestimmungen*: Betriebsrat gem. Betriebsverfassungsgesetz
- *Sicherheitsauflagen*: Werkfeuerwehr; Betriebsarzt
- *Tarifverträge und Vereinbarungen mit dem Betriebsrat*: Werkskantine
- *Versorgungsaufgaben*: Heizung etc.

Sonstige Kostenstellen des allgemeinen Kostenbereichs, gegliedert nach Aufgabenbereichen:

- *Grundstücke und Gebäude*: Grundstücksverwaltung, Werkschutz, Baukolonne
- *Energieversorgung*: Strom-, Gas-, Wasser-, Druckluft-, Dampfversorgung
- *Transportdienste*: Fuhrpark, innerbetrieblicher Transport
- *Sozialeinrichtungen*: Sportanlagen, Erholungseinrichtungen etc.

Spezielle Hilfskostenstellen der Fertigung

Dienste der Hilfskostenstellen der Fertigung fließen an die Hauptkostenstellen der Fertigung, damit diese ihre Aufgabe der Leistungserstellung durch Be- und Verarbeitung des Produkts erfüllen können:

Technische Betriebsleitung, Arbeitsvorbereitung, Konstruktionsabteilungen, Lohnbüros, Werkzeugmacherei, Schleiferei, Reparatur, Qualitätssicherung etc.

3.2.3.2.1 Erweiterter Kostenstellenplan

Der Kostenstellenplan der einstufigen Kostenstellenrechnung mit den Hauptkostenstellen Material, Fertigung, Verwaltung und Vertrieb wird um die Vorkostenstellen des *allgemeinen Bereichs* und die *Fertigungshilfsstellen* zum mehrstufigen Betriebsabrechnungsbogen erweitert.

Gliederung eines mehrstufigen BAB:

Betriebsabrechnungsbogen (BAB)									
			Hauptkostenstellen						
Kostenstelle / Kostenart (Gemeinkosten)	Beträge in EUR	Allg. Bereich		Material	Fertigung			Verwaltung	Vertrieb
							Hilfsstelle		
		Heizung	Kantine		Dreherei	Fräserei	Schleiferei		
Gehälter	....	....	....	....	....	....	...	....	....
Hilfslöhne	....	....	....	....	....	....	...	....	....
:	....	....	....	....	....	....	...	...	...
Summen	Σ	Σ	Σ	Σ	Σ	Σ	Σ	Σ	Σ
Vorkostenstellen									

BEISPIEL

Eine Umstrukturierung innerhalb der Metallofix GmbH im Hinblick auf eine bevorstehende Erweiterung der Tätigkeit führt zu einer Änderung der Gliederung des BAB:

Heizungskosten, die bisher im Rahmen der Verwaltungskosten abgerechnet wurden, werden nunmehr einer eigenen Kostenstelle „Heizung" zugeordnet: Die Kostenstelle *Verwaltung* wird durch diese Maßnahme um 1.800,00 EUR pro Abrechnungszeitraum entlastet.

Durch relativ geringe Investitionen konnte auf einer wenig genutzten Fläche die lange geforderte *Kantine* in Form einer Imbissstube eingerichtet werden. Hier entstehen zusätzliche Gemeinkosten in Höhe von 2.100,00 EUR pro Abrechnungszeitraum.

Die bisherige ‚Fertigung' wird räumlich in die Werkstätten *Dreherei, Fräserei* und *Schleiferei* aufgeteilt. Durch die straffere Organisation in Werkstätten verbunden mit kürzeren Wegen bei stufenweiser Bearbeitung der Werkstücke wird pro Abrechnungsperiode eine Einsparung in Höhe von 112,00 EUR erzielt. Die Kosten der Fertigung verteilen sich nach Reorganisation des Fertigungsbereichs wie folgt: Dreherei 19.500,00 EUR, Fräserei 34.500,00 EUR und Schleiferei 1.500,00 EUR.

Es ist der BAB für Monat September unter Berücksichtigung der Umstrukturierung erneut zu erstellen.

LÖSUNG

Abgleichung mit der bisherigen Betriebsabrechnung:
Primärkosten bisher, siehe S. 78:

Einstufiger Betriebsabrechnungsbogen (BAB)

Kostenstelle / Kostenart	Beträge in EUR	Hauptkostenstellen			
		Material	Fertigung	Verwaltung	Vertrieb
Primärkosten	....	....	....	....	....
Summen	98.400,00	10.724,00	55.612,00	18.149,50	13.914,50

	bisher	neu	Differenz
Kantine (neu):	0,00	2.100,00	2.100,00 EUR
Fertigung, Gesamtkosten	55.612,00		
Dreherei		19.500,00	
Fräserei		34.500,00	
Schleiferei		1.500,00	- 112,00 EUR
Verwaltung:	18.149,50	16.349,50	- 1.800,00 EUR
Heizung (neu):	0,00	1.800,00	1.800,00 EUR
Summe der Primärkosten bisher			**98.400,00 EUR**
Summe der Primärkosten neu			**100.388,00 EUR**

Mehrstufiger Betriebsabrechnungsbogen (BAB)

Kostenstelle / Kostenart	Beträge in EUR	Allg. Bereich		Hauptkostenstellen					
				Material	Fertigung			Verwaltung	Vertrieb
		Heizung	Kantine		Dreherei	Fräserei	Hilfsstelle Schleiferei		
Primärkosten	....	....	....	....	....	....	...	...	....
Summen	100.388,00	1.800,00	2.100,00	10.724,00	19.500,00	34.500,00	1.500,00	16.349,50	13.914,50

3.2.3.2.2 Kostenumlage bei mehrstufiger Kostenstellenrechnung

Da der *Vorkostenbereich* den ursprünglichen betrieblichen Abrechnungsbereichen dient, müssen die Kostensummen einer jeden Vorkostenstelle, die sog. *Sekundärkosten*, mit Hilfe geeigneter *Schlüssel* auf die Hauptkostenstellen umgelegt werden, die ihre Leistung in Anspruch nehmen.

Kostenstellen	Verrechnungsschlüssel
Allg. Kostenbereich	
Gebäudeverwaltung	m², ggf. gewichtet nach Wertigkeit (Keller-, Büro-, Betriebsräume)
Fuhrpark	km lt. Fahrtenbuch im Auftrag der Kostenstelle x
Energieversorgung	tatsächlicher Verbrauch lt. Zähler oder installierte Anschlüsse
Kantine	Personal (Kopfzahl)
Betriebsarzt	Personal (Kopfzahl), gewichtet nach Intensität der Betreuung (z. B. Fertigung/ Verwaltung = 2/ 1)
Betriebsrat	Personal (Kopfzahl)
Reinigungsdienst	Bodenflächen in m², ggf. gewichtet nach Arbeitsaufwand oder abgerechnete Stunden
Poststelle	Umfang der aus- und eingehenden Post
etc.	
Fertigungshilfsstellen	
Technische Leitung	Kopfzahl oder Fertigungslohnkosten oder Erfahrungswerte
Arbeitsvorbereitung	Fertigungslohnkosten oder Fertigungsstunden
Lehrlingswerkstatt	Anzahl Facharbeiter
Reparaturwerkstätten	abgerechnete Stunden
Schleiferei	Abgerechnete Stunden oder Erfahrungswerte
etc.	

Abbildung 27: Verrechnungsschlüssel für die Umlage innerbetrieblicher Leistungen

Bei mehrstufiger Kostenstellenrechnung werden die Gemeinkostensummen der Vorkostenstellen in *zwei Stufen* auf die *Hauptkostenstellen* umgelegt:

1. Die Kostensummen des *allgemeinen Bereichs* werden über einen geeigneten Schlüssel auf alle anderen *Abrechnungsbereiche* umgelegt.
2. Die Kostensummen der *Fertigungshilfsstellen* werden mittels eines geeigneten Schlüssels auf die *Fertigungshauptstellen* umgelegt.

Nach Kostenumlage verbleiben zur *Weiterverrechnung auf Kostenträger* nur noch Kostensummen auf den *Hauptkostenstellen Material, Fertigung, Verwaltung und Vertrieb*. Diese Kostenstellen werden deshalb auch *Endkostenstellen* genannt.

Umlageverfahren

Folgende Umlageverfahren kommen zur Anwendung:

- Blockumlageverfahren: Umlage der Kosten des *allgemeinen Kostenbereichs* im Ganzen (im Block) auf die Hauptkostenstellen *Material, Fertigung, Verwaltung und Vertrieb*
- Stufenumlageverfahren: Umlage der Kostensummen des *allgemeinen Kostenbereichs* und der Kostensummen der Hilfskostenstellen der Fertigung in zwei Stufen.
- Gegenseitige Verrechnung innerbetrieblicher Leistungen: Einzelne Kostenstellen tauschen gegenseitig Leistungen aus.

Aus Gründen der *Wirtschaftlichkeit der Kostenrechnung* kommt zumeist das Stufenverfahren zum Einsatz, da mit Hilfe übersichtlicher und einfacher Rechenoperationen ein Genauigkeitsgrad erzielt wird, der den Ansprüchen an die Kostenrechnung im Hinblick auf die spätere Kalkulation i. d. R. voll genügt.

Stufenverfahren

Beim Stufenverfahren werden die Kostensummen des *allgemeinen Kostenbereichs* in einer ersten Stufe mittels eines Schlüssels auf *alle folgenden Kostenstellen (Haupt- und Hilfskostenstellen)* umgelegt.

Die Kosten der Hilfskostenstellen der Fertigung werden in einer zweiten Umlagestufe mittels eines Schlüssels auf die Hauptkostenstellen der Fertigung weiter verrechnet.

BEISPIEL

Die Metallofix GmbH rechnet für Monat September folgende Gemeinkosten ab (analog zu Beispiel S. 80):

Abrechnungsbereiche							
Allg. Bereich		**Material**	**Fertigung**		**Fertigungs-hilfsstelle**	**Verwaltung**	**Vertrieb**
Heizung	Kantine		Dreherei	Fräserei	Schleiferei		
Σ 1.800,00	2.100,00	10.724,00	19.500,00	34.500,00	1.500,00	16.349,50	13.914,50

Für die Umlage der Sekundärkosten nach dem *Stufenverfahren* werden folgende Schlüssel angegeben:

Abrechnungsbereiche								Schlüssel	
Allg. Bereich		**Material**	**Fertigung**			**Verwaltung**	**Vertrieb**		
Heizung	Kantine		Dreherei	Fräserei	Schleiferei			Grundlage	Summe
	4	4	8	9	1	11	8	installierte Heizkörper	45
		2	8	10	2	6	4	nach Köpfen	32
			4	1				anteilig (Erfahrungswerte)	5

☐ = Vorkostenbereich

LÖSUNG

Betriebsabrechnungsbogen (BAB)

Kostenstelle / Kostenart	Beträge in EUR	Allg. Bereich Heizung	Allg. Bereich Kantine	Material	Fertigung Dreherei	Fertigung Fräserei	Fertigung Hilfsstelle Schleiferei	Verwaltung	Vertrieb
Primärkosten	....	...	....	...	....	....	...	...	....
Summen	100.388,00	1.800,00	2.100,00	10.724,00	19.500,00	34.500,00	1.500,00	16.349,50	13.914,50
Sekundärkosten									
Umlage Allg. Bereich	Schlüssel Heizung		4	4	8	9	1	11	8
	In EUR		160,00	160,00	320,00	360,00	40,00	440,00	320,00
Zwischensumme		x	2.260,00	10.884,00	19.820,00	34.860,00	1.540,00	16.789,50	14.234,50
	Schlüssel Kantine			2	8	10	2	6	4
	In EUR			141,25	565,00	706,25	141,25	423,75	282,50
Zwischensumme		x	x	11.025,25	20.385,00	35.566,25	1.681,25	17.213,25	14.517,00
Umlage F-Hilfsstelle	Schlüssel Hilfsstelle				4	1			
	In EUR				1345,00	336,25			
	Summe	x	x	11.025,25	21.730,00	35.902,50	x	17.213,25	14.517,00
Vorkostenstellen									
Summe Endkostenstellen				100.388,00					

Die Stufenumlagemethode unterstellt, dass jede Kostenstelle des Vorkostenbereichs Leistungen nur an nachgeordnete Kostenstellen abgibt ohne Leistungen von nachgeordneten Kostenstellen zu empfangen.

Es ist bereits bei den Vorarbeiten zur Gliederung des BAB darauf zu achten, dass diese Prämisse weitestgehend Gültigkeit hat.

Bei Kostenumlage im Stufenverfahren werden:

- die Kostensummen des allgemeinen Bereichs mit Hilfe eines Schlüssels auf alle folgenden Kostenstellen umgelegt.
- die Kostensummen der Fertigungshilfsstellen mit Hilfe eines Schlüssels auf die Fertigungshauptstellen umgelegt.

3.2.4 Ermittlung der Gemeinkostenzuschlagssätze

Es wurde bereits darauf hingewiesen, dass die Kostenstellenrechung nicht Selbstzweck ist.

Ziel der Kostenstellenrechnung ist die Zurechnung der auf Endkostenstellen (=Hauptkostenstellen) gesammelten Gemeinkosten auf die Kostenträger.

Zu diesem Zweck muss eine Zurechnungsgrundlage gefunden werden, die eine Proportionalität zwischen Gemeinkostenverbrauch und Inanspruchnahme der entsprechenden Kostenstelle herstellt.

Für Mehrproduktunternehmen bietet sich die Methode der *differenzierten Zuschlagskalkulation*[1] an, die Gemeinkostenzuschlagssätze in Prozent einer *gewählten Zuschlagsbasis* verrechnet.

Als Zuschlagsbasis für den *Fertigungs-* und den *Materialbereich* sind die jeweiligen *Einzelkosten* (Fertigungslöhne und Fertigungsmaterial) geeignet.

Für die Gemeinkosten der Endkostenstellen *Verwaltung* und *Vertrieb* haben sich die *Herstellkosten* (= Summe aus Material und Fertigungskosten) als brauchbare Zuschlagsbasis erwiesen.

Schema für die differenzierte Zuschlagskalkulation:

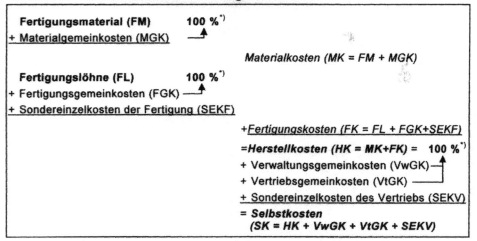

*) 100 % = Zuschlagsbasis

Die Einbeziehung der Einzelkosten in das Abrechnungsschema des BAB ermöglicht die Berechnung von Zuschlagssätzen, die später in die Selbstkostenkalkulation der Kostenträgerrechnung eingehen.

---

[1] Überblick über weitere Kalkulationsmethoden unter ‚Kostenträgerrechnung', S. 100 f.

BEISPIEL

siehe Beispiel, S. 83

Betriebsabrechnungsbogen (BAB)

Kosten-stelle / Kosten-art	Beträge in EUR	Allg. Bereich		Material	Fertigung		Hilfs-stelle	Verwal-tung	Vertrieb
					Hauptkostenstellen = Endkostenstellen				
		Heizung	Kantine		Dreherei	Fräserei	Schlei-ferei		
:				:	:	:		:	:
Gemeinkostensummen der Endkostenstellen		x	x	11.025,25	21.730,00	35.902,50	x	17.213,25	14.517,00
Zuschlagsgrundlage für die Kalkulation				Einzelkosten				Herstellkosten	
				FM	FL	FL			
				183.754,16	17.384,00	26.792,91	⌐HK▶	296.588,82	296.588,82
Gesamtkosten				194.779,41	39.114,00	62.695,41	Σ⌐		

Die Gemeinkostenzuschlagssätze für die Kostenträgerrechnung ergeben sich aus den Gemeinkostensummen des BAB in Relation zur entsprechenden *Zuschlagsgrundlage*:

$$
\text{F} \quad
\begin{aligned}
&\text{Materialgemeinkosten-}\\
&\text{Zuschlagssatz (MGK-ZS)} = \frac{MGK \cdot 100}{FM}\% \qquad
\begin{aligned}&\text{Fertigungsgemeinkosten-}\\&\text{Zuschlagssatz (FGK-ZS)}\end{aligned} = \frac{FGK \cdot 100}{FL}\%\\[2ex]
&\text{Verwaltungsgemeinkosten-}\\
&\text{Zuschlagssatz (VwGK-ZS)} = \frac{VwGK \cdot 100}{HK}\% \qquad
\begin{aligned}&\text{Vertriebsgemeinkosten-}\\&\text{Zuschlagssatz (VtGK-ZS)}\end{aligned} = \frac{VtGK \cdot 100}{HK}\%
\end{aligned}
$$

3.2.4.1 Mehrstufiger Betriebsabrechnungsbogen mit Berechnung von Gemeinkostenzuschlagssätzen

BEISPIEL

Angewandt auf Beispiel S. 86 ergeben sich folgende Gemeinkostenzuschlagssätze:

Betriebsabrechnungsbogen (BAB)								
				Hauptkostenstellen				
Kostenstelle / Kostenart	Beträge in EUR	Allg. Bereich	Material	Fertigung		Hilfsstelle	Verwaltung	Vertrieb
		Heizung / Kantine		Dreherei	Fräserei	Schleiferei		
:		:	:	:	:	:	:	:
Gemeinkostensummen der Endkostenstellen		x x	11.025,25	21.730,00	35.902,50	x	17.213,25	14.517,00
Zuschlagsgrundlage für die Kalkulation			Einzelkosten				Herstellkosten	
			FM	FL	FL			
			183.754,16	17.384,00	26.792,91	⌐HK►	296.588,82	296.588,82
Zuschlagssätze für die Kalkulation			6 %	125 %	134 %		5,8 %	4,89 %
Gesamtkosten			194.779,41	39.114,00	62.695,41 Σ⌐			

Nebenrechnungen:

$$MGK\text{-}ZS = \frac{11.025,25 \cdot 100}{183.754,16} = 6\,\%$$

$$FGK\text{-}ZS\ (D) = \frac{21.730,00 \cdot 100}{17.384,00} = 125\,\% \qquad FGK\text{-}ZS\ (F) = \frac{35.902,50 \cdot 100}{26.792,91} = 134\,\%$$

$$VwGK\text{-}ZS = \frac{17.213,25 \cdot 100}{296.588,82,00} = 5,80\,\% \qquad VtGK\text{-}ZS = \frac{14.517,00 \cdot 100}{296.588,82,00} = 4,89\,\%$$

Berechnung der Herstellkosten:

Fertigungsmaterial	183.754,16	
+ Materialgemeinkosten 6 %	11.025,25	
Materialkosten		194.779,41
Fertigungslöhne (Dreherei)	17.384,00	
+ Fertigungsgemeinkosten (Dreherei) 125 %	21.730,00	
Fertigungslöhne (Fräserei)	26.792,91	
+ Fertigungsgemeinkosten (Fräserei) 134 %	35.902,50	
Fertigungskosten		101.809,41
Herstellkosten =		296.588,82
(=Zuschlagsgrundlage für VwGK-ZS und VtGK-ZS)		

Berechnung der Selbstkosten der Abrechnungsperiode:

Herstellkosten	296.588,82
+ Verwaltungsgemeinkosten 5,8 %	17.213,25
+ Vertriebsgemeinkosten 4,89 %	14.517,00
+ Sondereinzelkosten des Vertriebs	0,00
= Selbstkosten der AP	328.319,07

Lösung nächste Seite →

LÖSUNG

	Heizung	Kantine	Material	Dreherei	Fräserei	Hilfsstelle Schleiferei	Verwaltung	Vertrieb	Kosten- summen/ Schlüssel- summen
Summen 1 Ist-Gemeinkosten	1.800,00	2.100,00	10.774,00	19.500,00	34.500,00	1.590,00	16.349,50	13.914,50	1.800,00
Kostenumlage Umlage Heizung	0,00								45
Schlüssel		160,00	160,00	320,00	360,00	40,00	440,00	320,00	100.388,00
zwischensumme									17
Umlage Kantine		2.260,00	10.884,00	19.820,00	34.860,00	1.530,00	16.789,50	14.234,50	2.260,00
Schlüssel			141,25	565,00	706,25	181,25	421,75	282,50	10
zwischensumme									100.388,00
Umlage Hilfsstelle Schleiferei			11.025,25	20.385,00	35.566,25	1.681,25	17.213,25	14.517,00	1.681,25
Schlüssel				1.345,80	336,25	x			5
Summen 2 Ist-Gemeinkosten	100.388,00		11.025,25	21.730,00	35.902,50		17.213,25	14.517,00	100.388,00

Bestandsverand.:
BVUE 0,00
BVFE 0,00

Zuschlagsgrundlage:
FM
FL I Dreherei
FL II Fräserei
HKU

Ist-Zuschlagssätze in % *):

	Material 183.754,16	Dreherei 17.384,16	Fräserei 26.792,91	Verwaltung 296.508,02	Vertrieb 296.508,02
	6,00	125,00	134,00	5,80	4,89

$$\text{MGK-ZS in \%} = \frac{11.025,25 \cdot 100}{183.754,16} = 6,00$$

$$\text{FGK-ZS (1) in \%} = \frac{21.730,00 \cdot 100}{17.384,00} = 125,00$$

$$\text{FGK-ZS (2) in \%} = \frac{35.902,50 \cdot 100}{26.792,91} = 134,00$$

$$\text{VwGK-ZS in \%} = \frac{17.213,25 \cdot 100}{296.508,02} = 5,80$$

$$\text{VtGK-ZS in \%} = \frac{14.517,00 \cdot 100}{296.508,02} = 4,89$$

Nebenrechnungen:

Berechnung der HKU

FM	183.754,16
+ MGK	11.025,25
+ FGK I	17.384,00
+ FGK	21.730,00
FL II	26.792,91
+ FGK	35.902,50
+ SEKF	0,00
+ BVUE	0,00
± BVFE	0,00
= HKU	296.508,82

*) Zur weiteren Bearbeitung des Zahlenmaterials im BAB II muss mit den genauen Zahlen auf mehrere Stellen nach dem Komma gearbeitet werden, da sonst der Rundungsfehler zu groß wird !!

3.2.4.2 Kalkulation der Gemeinkostenzuschlagssätze unter Berücksichtigung von Bestandsveränderungen

Zuschlagsgrundlage für die Verwaltungs- und Vertriebsgemeinkosten sind nach dem bisherigen Kalkulationsschema die Herstellkosten sämtlicher während der Abrechnungsperiode hergestellten Erzeugnisse. Die *Herstellkosten der Abrechnungsperiode* sind aber keine geeignete Zuschlagsgrundlage für die Verwaltungs- und Vertriebsgemeinkosten. Vielmehr sollten Verwaltungs- und Vertriebsgemeinkosten verursachungsgemäß den *Herstellkosten der umgesetzten Erzeugnisse* zugeordnet werden.

Die Differenz zwischen den Herstellkosten der Abrechnungsperiode (HKA) und den Herstellkosten des Umsatzes (HKU) ist mit der Änderung des Lagerbestands an Erzeugnissen zu erklären.

Wurden mehr Erzeugnisse hergestellt als verkauft werden konnten, so liegen die HKA über den HKU. Die bewertete Bestandsmehrung kennzeichnet einen Lagerzugang.

Wurden weniger Erzeugnisse hergestellt als verkauft werden konnten, so liegen die HKA unter den HKU. Es mussten Erzeugnisse dem Lager entnommen werden, um den über die Produktion hinausgehenden Bedarf für den Umsatz decken zu können.

Bei der Ermittlung der Bestandsveränderungen ist zudem zwischen Bestandsveränderungen an *unfertigen Erzeugnissen* und Bestandsveränderungen an *fertig gestellten Erzeugnissen* zu unterscheiden.

Unfertige Erzeugnisse (UE)

a) Bestandsmehrung an UE

Unfertige Erzeugnisse sind bis zu ihrer Fertigstellung im Fertigungsprozess gebunden. Die von ihnen bereits verursachten Kosten können jedoch noch nicht durch Leistungen (Umsätze) ausgeglichen werden, da unfertige Erzeugnisse nicht umsatzfähig sind.

Nachdem den gebuchten Kosten eine materielle Leistung in Form der Wertschöpfung gegenüber steht, ist eine Korrekturbuchung erforderlich, um das Betriebsergebnis korrekt auszuweisen.

Eine solche Korrektur erfolgt durch eine *zeitliche Abgrenzung*. Die Kosten werden abrechnungstechnisch durch Abzug in der Kalkulation auf die *spätere Abrechnungsperiode* der Fertigstellung verschoben.

→ *Bestandsmehrungen an unfertigen Erzeugnissen sind von den HKA abzuziehen.*

b) Bestandsminderungen an UE

Unfertige Erzeugnisse, die bereits in einer *vorhergehenden Abrechnungsperiode* Kosten verursacht hatten, wurden während der letzten Abrechnungsperiode fertig gestellt. Aus den unfertigen Erzeugnissen sind Fertigerzeugnisse = umsatzfähige Leistungen geworden.

Nun kommen die gesamten vom Kostenträger verursachten Kosten, einschließlich der in der Vorperiode durch Abgrenzung neutralisierten Kosten, zum Tragen.

→ *Bestandsminderungen an unfertigen Erzeugnissen sind zu den HKA zu addieren.*

Die bisherige Kalkulation der Herstellkosten der Abrechnungsperiode (HKA) wird durch die
Berücksichtigung der Bestandsveränderungen an unfertigen Erzeugnissen erweitert:

Herstellkosten der Abrechnungsperiode	**HKA**
Bestandsveränderungen an unfertigen Erzeugnissen:	**± BVUE**
+ *Bestandsminderungen an unfertigen Erzeugnissen*	
− *Bestandsmehrungen* an unfertigen Erzeugnissen	
= **Herstellkosten der fertig gestellten Erzeugnisse**	**= HKFE**

F

Fertigerzeugnisse (FE)

a) *Bestandsmehrung an FE*

Fertigerzeugnisse wurden auf Lager produziert. Den gebuchten Kosten steht eine
Leistung gegenüber (Bestandsmehrung), die in der Buchhaltung bislang unberücksichtigt ist.

Um einen korrekten Ausweis des Erfolgs in der Periodenabrechnung zu gewährleisten, muss bis zur Realisierung der Leistung über den Absatz (Erlös) eine Korrektur der gebuchten Kosten erfolgen.

Die von der Bestandsmehrung verursachten Kosten werden bis zur Buchung des
Absatzes (Entnahme aus dem Lager) neutralisiert, indem man sie von den Herstellkosten der fertig gestellten Erzeugnisse (HKFE) abzieht *(Kosten im späteren Abrechnungszeitraum des Absatzes)*.

→ *Bestandsmehrungen an Fertigerzeugnissen sind von den HKFE abzuziehen.*

b) *Bestandsminderungen an FE*

Während der laufenden Abrechnungsperiode wurden Fertigerzeugnisse verkauft,
die in einem *früheren Abrechnungszeitraum* hergestellt worden waren.

Die mit dem Umsatz verbundenen Erlöse (=Realisierung der Leistungen) rechtferti-
gen eine Verrechnung der in der Vorperiode entstandenen Kosten.

In der Vorperiode zurückgestellte Kosten gehen in die Kalkulation ein.

→ *Bestandsminderungen an Fertigerzeugnissen sind zu den HKFE zu addieren.*

Die bisherige Kalkulation der Herstellkosten (HKFE) wird durch die Berücksichtigung der
Bestandsveränderungen an Fertigerzeugnissen erweitert:

Herstellkosten der fertig gestellten Erzeugnisse	**HKFE**
Bestandsveränderungen an fertig gestellten Erzeugnissen:	**± BVFE**
+ *Bestandsminderungen an fertig gestellten Erzeugnissen*	
− *Bestandsmehrungen an fertig gestellten Erzeugnissen*	
= **Herstellkosten des Umsatzes**	**= HKU**

F

Unter Berücksichtigung der Bestandsveränderungen ergibt sich folgendes Kalkulationsschema für die Berechnung der Verwaltungs- und Vertriebsgemeinkosten-Zuschlagssätze:

Herstellkosten der AP (HKA = MK+FK)
± Bestandsveränderungen an unfertigen Erzeugnissen
   + *Bestandsminderungen*
   – *Bestandsmehrungen*
= **Herstellkosten der fertig gestellten Erzeugnisse (HKFE)**
   ± Bestandsveränderungen an fertig gestellten Erzeugnissen
     + *Bestandsminderungen*
     – *Bestandsmehrungen*
= **Herstellkosten des Umsatzes (HKU)**   *100 %*
     + Verwaltungsgemeinkosten VwGK ⎤
     + Vertriebsgemeinkosten VtGK ⎦
     + Sondereinzelkosten des Vertriebs (SEKV)
= **Selbstkosten der AP**

Abbildung 28: Kalkulation der Verwaltungs- und Vertriebsgemeinkosten-Zuschlagssätze unter Berücksichtigung von Bestandsveränderungen

Basis für die Berechnung der Verwaltungs- und Vertriebsgemeinkosten sind die Herstellkosten des Umsatzes (HKU).

Ermittlung der Bestandsveränderungen an Erzeugnissen in der betrieblichen Praxis

Ermittlung der Bestandsveränderungen an Fertigerzeugnissen

Die Ermittlung der *Bestandsveränderungen an Fertigerzeugnissen (BVFE)* über die *Inventur* ist unproblematisch. Für das Kostenträgerblatt muss die mengenmäßig erfasste Bestandsveränderung an Fertigerzeugnissen mit den von den Erzeugnissen verursachten (Normal-) Kosten bewertet werden.

BEISPIEL

Lagerbewegungen, Abteilung Zerspanung, Artikel: Motorkolben:

Artikel: Motorkolben		Nr. 197439	
Lager: M 25		Fläche: F 9	
Datum	*Zugang*	*Abgang*	*Bestand*
01.10.20..			0
02.10.20..	161		161
04.10.20..		140	21
05.10.20..	152		173
07.10.20..		155	18
09.10.20..	150		168
etc.	...	...	...
30.10.20..	...	...	50

Alle Lagerbewegungen werden laufend von der Lagerbuchhaltung erfasst und automatisch saldiert.

Um die Bestandsveränderungen an fertig gestellten Erzeugnissen (BVFE) zu ermitteln, werden die der Betriebsbuchführung gemeldeten Stückzahlen oder Mengen mit den Verrechnungspreisen, hier z. B. 18,00 EUR, multipliziert:

BEISPIEL

Ermittlung der bewerteten BVFE für Artikel Nr. 197439:

	Anfangsbestand	*0 Stück*	
−	*Endbestand*	*50 Stück*	
=	*Bestandsmehrung*	*50 Stück*	· *18,00 EUR/ Stück = 900,00 EUR*

a) Ermittlung der Bestandsveränderungen an unfertigen Erzeugnissen

Bestandsveränderungen an unfertigen Erzeugnissen (BVUE) können dagegen nicht per Inventur ermittelt werden, da sich die unfertigen Erzeugnisse mit unterschiedlichem Bearbeitungsgrad in den verschiedenen Kostenstellen befinden. Sowohl Inventurerfassung als auch Bewertung würden einen nicht zu rechtfertigenden Aufwand erfordern.

Das Kalkulationsschema bietet eine *rechnerische Methode*, um die Bestandsveränderungen an unfertigen Erzeugnissen zu ermitteln.

Sind die Herstellkosten der Abrechnungsperiode (HKA) und auch die Herstellkosten der fertig gestellten Erzeugnisse (HKFE) bekannt, so können die BVUE als Differenz berechnet werden:

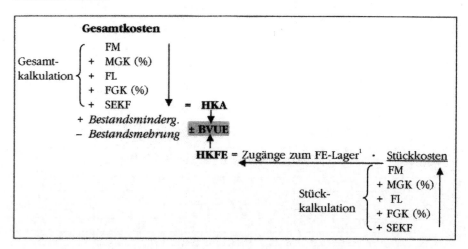

Abbildung 29: Schema für die Berechnung der BVUE

---

[1] siehe Lagerbewegungen, Spalte ‚Zugang', S. 91

BEISPIEL

Für die Produktgruppe „*Zahnräder*" steht zur Berechnung der Bestandsveränderungen an unfertigen Erzeugnissen (BVUE) folgendes Zahlenmaterial zur Verfügung.

Einzelkosten, gesamte Produktion:

Fertigungsmaterial, Verbrauch	102.500,00 EUR
Fertigungslöhne I lt. Lohnliste	11.190,00 EUR
Fertigungslöhne II lt. Lohnliste	20.041,00 EUR
Sondereinzelkosten der Fertigung	160,00 EUR

Einzelkosten je Stück:

Fertigungsmaterial	7,321 EUR
Fertigungslöhne I	0,799 EUR
Fertigungslöhne II	1,431 EUR
Sondereinzelkosten der Fertigung	0,00 EUR

Gemeinkostenzuschlagssätze[1]:

Materialgemeinkosten	6 %
Fertigungsgemeinkosten I	120 %
Fertigungsgemeinkosten II	130 %
Lagerzugang zum FE-Lager lt. Lagerdatei	13.915 Stück

LÖSUNG

Berechnung der Herstellkosten der Abrechnungsperiode (HKA):

FM (gesamt)	102.500,00
+ MGK 6 %	6.150,00
+ FL I (gesamt)	11.190,00
+ FGK I 120 %	13.428,00
+ FL II (gesamt)	20.041,00
+ FGKII 130 %	26.053,30
+ SEKF (gesamt)	160,00
HKA (gesamt)	179.522,30

Berechnung der Herstellkosten der fertig gestellten Erzeugnisse (HKFE):

FM (Stück)	7,321
+ MGK 6 %	0,439
+ FL I (Stück)	0,799
+ FGK I 120 %	0,959
+ FL II (Stück)	1,431
+ FGK II 130 %	1,861
+ SEKF (Stück)	0,011
HK (Stück)	12,821

Lagerzugang zum FE-Lager lt. Lagerdatei 13.915 Stück

→ **HKFE** = 13.915 · 12,821 = 178.404,21 EUR

Berechnung der Bestandsveränderungen an unfertigen Erzeugnissen (BVUE):

HKA	179.522,30	gerundet →	179.500 EUR[1] ↓
BVUE	→ Bestandsmehrung		- 1.100 EUR
HKFE	178.404,21	gerundet →	178.400 EUR[1] ↑

Für die Zahnräder ergibt sich eine Bestandsmehrung an unfertigen Erzeugnissen im Wert von 1.100,00 EUR. Die über eine entsprechende Wertschöpfung generierten Kosten, die zu einer Bestandsmehrung an unfertigen Erzeugnissen geführt haben, müssen bis zum Zeitpunkt der Fertigstellung durch Abzug in der Kalkulation neutralisiert werden.

---

[1] Erfahrungswerte, Normalwerte

3.2.4.3 Mehrstufiger BAB unter Berücksichtigung von Bestandsveränderungen

BEISPIEL

Nach erfolgreichen Verhandlungen mit einem Großabnehmer konnte die Metallofix GmbH einen Vertrag über die Herstellung und Lieferung von Zahnrädern und Kurbelwellen in größeren Serien abschließen. Vertragsbeginn: 01. Oktober.

Der neue Auftrag ersetzt weitestgehend die bisherige Produktion und behebt die bislang unbefriedigende Auslastung des Betriebsbereichs Dreherei.

Die Auslieferung von Teilmengen soll auf Abruf erfolgen. Eine kontinuierliche Auslastung der vorhandenen Kapazitäten ist auf absehbare Zeit gesichert.

Zum 31. Oktober wird erstmals eine Betriebsabrechnung nach Umstellung auf die Fertigung für den neuen Auftraggeber erstellt.

Die Zahlen der Kostenartenrechnung sind über die Betriebsabrechnung für die Abrechnungsperiode Oktober auszuwerten. Insbesondere sollen ein Vergleich der Entwicklung einzelner Kostenarten und ein Vergleich der Zuschlagssätze für die letzten beiden Abrechnungsperioden Oktober und Vormonat September interpretiert werden.

Die Betriebsbuchhaltung stellt folgendes Zahlenmaterial für den Monat Oktober zur Verfügung:

1. Kostenartenrechnung

Kosten aus der **Betriebsergebnisrechnung** (Konto 9200)		Oktober	Vergleichszahlen September
		EUR	**Tsd. EUR**
6000	Aufwendungen für Rohstoffe [1]	209.674,00	183,7
602/603	HB-Stoffe	7.440,00	6,0
6052	Aufwendungen f. Kraftstrom	7.749,70	4,0
6140	Ausgangsfrachten [2]	450,00	
6165	Reinigungsdienst	3.250,00	2,5
6200	Fertigungslöhne [3]: Summe	58.056,64	44,2
	- Dreherei	30.040,44	
	- Fräserei	28.016,20	
6210	Hilfslöhne	6.240,00	5,0
6300	Gehälter	45.000,00	42,0
[6520]*	Kalk. Abschreibung auf Sachanlagen	25.630,00	22,4
[6700]*	Kalk. Miete	4.500,00	4,5
6720	Lizenzgebühren [4]	360,00	
[6930]*	Kalk. Wagnisse	3.500,00	2,0
6960	Verluste a. Abg. AV	0,00	0,0
7000	Betriebliche Steuern	5.000,00	4,0
7410	Verluste aus Beteiligungen	0,00	0,0
[7510]*	Kalk. Zins	8.160,00	6,0
77	Steuern v. Einkommen	0,00	0,0
div.	Sonst. Gemeinkosten	2.070,00	0,0

* [ ] Korrespondierende Konten der GuV; Aufwand ≠ Kosten

    Hinweise zu Einzelkosten:
      [1] *Fertigungsmaterial*, Basis für die Kalkulation der Materialgemeinkosten
      [2] *Ausgangsfrachten: Sondereinzelkosten des Vertriebs*
      [3] *Fertigungslöhne, Basis für die Kalkulation der Fertigungsgemeinkosten*
      [4] *Lizenzgebühren: Sondereinzelkosten der Fertigung*

BEISPIEL (FORTSETZUNG)

2. **Verrechnungsschlüssel** für die zu verteilenden primären Gemeinkosten, Monat Oktober (*Schlüsselbasis* für die einzelnen Kostenstellen):

Kostenstelle / Kostenart	Schlüssel	Hauptkostenstellen							
		Allg. Bereich		Mate-rial	Fertigung		Hilfs-stelle	Ver-wal-tung	Ver-trieb
		Hei-zung	Kan-tine	Drehe-rei	Dreherei	Fräserei	Schlei-ferei		
HB-Stoffe	kg	5	10	55	380	420	30	6	24
Kraftstrom	kWh	150	300	1.000	23.000	26.455	3.000	950	500
Hilfslöhne	Stundenabrechnung	8	12	30	80	90	20	10	10
Gehälter	Gehaltsliste in €	940	2.320	5.200	7.940	8.300	2.500	11.500	6.300
Reinigungsdienst	Fläche in m²	30	160	430	650	660	70	300	200
Kalk. Abschreibung	lt. Anlagendatei	80	120	2100	8610	9600	1500	2120	1500
Kalk. Miete	Fläche in m²	30	160	430	650	660	70	300	200
Kalk. Wagnisse	Erfahrungsschlüssel	0	0	1	3	3	0	1	2
Betriebl. Steuern	auf Verwaltung	0	0	0	0	0	0	5.000	0
Kalk. Zins	6 % p. a. nach Anteil am betriebsnotw. Kapital in Tsd. €	40	70	100	400	430	50	150	120
Sonst. Gemeinkosten	nach Belegen in €	200	210	230	460	510	60	170	230

Umlageschlüssel für die Verteilung der Sekundärkosten der Vorkostenstellen nach dem Stufenverfahren:

Abrechnungsbereiche								Schlüssel	
Allg. Bereich		Material	Fertigung			Verwal-tung	Ver-trieb		
Heizung	Kantine		Dreherei	Fräserei	Schleiferei			Grundlage	Summe
→ 4		4	8	9	1	11	8	installierte Heizkörper	45
	→ 2		8	10	2	6	4	nach Köpfen	32
			4	3 ←				anteilig (Erfahrungs-werte)	7

Weitere Angaben:

Bewertete Bestandsveränderungen der AP:

UE: *Bestandsmehrung 2.500,00 EUR*
FE: *Bestandsmehrung 1.200,00 EUR*

Lösung nächste Seiten →

LÖSUNG

Eingabetabelle | Arbeitsblatt | Betriebsabrechnungsbogen I

Betriebsabrechnungsbogen I

Verteilung der Gemeinkosten auf kostenstellen und Umlage der Vorkostenstellen auf die zugehörigen Hauptkostenstellen

Kostenarten [Ist-Gemeinkosten]	Gesamt EUR	Vorkostenstellen Allgemeiner Bereich Heizung	Kantine	Material	Hauptkostenstellen Dreherei	Fertigung Fräserei	Hilfstelle Schleiferei	Verwaltung	Vertrieb	Schlüssel Summen
Hilfs-u.Betr.-St.	7.440,00	40,00 (5)	80,00 (10)	440,00 (55)	3.040,00 (380)	3.360,00 (420)	240,00 (30)	48,00 (6)	192,00 (24)	930
Kraftstrom	7.749,70	21,00 (150)	42,00 (300)	140,00 (1000)	3.220,00 (23000)	3.703,70 (26455)	420,00 (3000)	133,00 (950)	70,00 (500)	55355
Hilfslöhne	6.240,00	192,00 (6)	280,00 (12)	720,00 (30)	1.920,00 (80)	2.160,00 (90)	480,00 (20)	240,00 (10)	240,00 (10)	260
Gehälter/ KSt.	45.000,00	940,00 (940)	2.320,00 (2320)	5.200,00 (5200)	7.940,00 (7940)	8.300,00 (8300)	2.500,00 (2500)	11.500,00 (11500)	6.300,00 (6300)	4500
Reinigung	3.250,00	39,00 (30)	208,00 (160)	659,00 (490)	845,00 (630)	858,00 (660)	91,00 (70)	390,00 (300)	260,00 (200)	2500
Kalk. Abschr.	25.630,00	80,00 (80)	120,00 (120)	2.100,00 (2100)	8.610,00 (8610)	9.690,00 (9690)	1.500,00 (1500)	2.120,00 (2120)	1.500,00 (1500)	25680
Kalk. Miete	4.500,00	54,00 (30)	288,00 (120)	774,00 (430)	1.170,00 (650)	1.188,00 (660)	126,00 (70)	540,00 (300)	360,00 (200)	2500
Kalk. Wagnisse	3.500,00	0,00 (0)	0,00 (0)	350,00 (1)	1.050,00 (3)	1.050,00 (3)	0,00 (0)	350,00 (1)	700,00 (2)	10
Betriebssteuern	5.000,00	0,00 (0)	0,00 (0)	0,00 (0)	0,00 (0)	0,00 (0)	0,00 (0)	5.000,00 (5000)	0,00 (0)	5000
Kalk. Zins	8.160,00	240,00 (40)	420,00 (70)	600,00 (100)	2.400,00 (400)	2.580,00 (430)	300,00 (50)	900,00 (150)	720,00 (120)	1360
Sonst. GK	2.070,00	200,00 (200)	210,00 (210)	230,00 (230)	460,00 (460)	510,00 (510)	60,00 (60)	170,00 (170)	230,00 (230)	2070
Summe	118.539,70	1.806,00	3.976,00	11.113,00	30.655,00	33.309,70	5.717,00	21.391,00	10.572,00	118.539,70
Summen 1 Ist-Gemeinkosten	**118.539,70**	Heizung 1.806,00	Kantine 3.976,00	Material 11.113,00	Dreherei 30.655,00	Fräserei 33.309,70	Schleiferei 5.717,00	Verwaltung 21.391,00	Vertrieb 10.572,00	kostensummen/

Fortsetzung Lösung
nächste Seite →

	Heizung	Kantine	Material	Dreherei	Fertigung Fräserei	Hilfsstelle Schleiferei	Verwaltung	Vertrieb	Kosten-summen/ Schlüssel
Summen 1 Ist-Gemeinkosten	1.896,00	3.976,00	11.113,00	30.685,00	33.309,70	5.717,00	21.391,00	10.572,00	**118.539,70**
Umlage allg. Bereich: Heizung *Schlüssel*	X	160,53	160,53	321,07	361,20	40,13	449,47	321,07	1.806,00 / *75*
Zwischensumme		4.136,53	11.273,53	30.976,07	33.670,90	5.757,13	21.832,47	10.893,07	**118.539,70**
Kantine *Schlüssel*		X	258,53	1.934,13	1.292,67	258,53	775,60	517,07	4.136,53 / *32*
Zwischensumme			11.532,07	32.910,20	34.963,57	6.015,67	22.608,07	11.410,13	**118.539,70**
Umlage: F-Hilfsstelle Schleiferei *Schlüssel*				3.437,52	2.578,14	X			6.015,67 / *7*
Summen 2 Ist-Gemeinkosten			11.532,07	35.447,72	37.541,71		22.608,07	11.410,13	**118.539,70**

	Material	Fertigung Dreherei	Fräserei	Verwaltung	Vertrieb
Zuschlagsgrundlage:	209.674,00	30.040,44	28.016,20	348.912,14	348.912,14
Ist-Zuschlagssätze in %:	5,50	118,00	134,00	6,48	3,27

Bestandsverand.:
BVUE: -2.500,00
BVFE: -1.200,00

Zuschlagsgrundlage:
FM
FL I Dreherei
FL II Fräserei
HKU

Nebenrechnungen:

Berechnung der HKU

FM 209.674,00
+ MGK 11.532,07
FL I 30.040,44
+ FGK 35.447,72
FL II 28.016,20
+ FGK 37.541,71
+ SEKF 360,00
+ BVUE -2.500,00
+ BVFE -1.200,00
= HKU 348.912,14

$$MGK\text{-}ZS \text{ in } \% = \frac{11.532,07}{209.674,00} \cdot 100 = 5,50$$

$$FGK\text{-}ZS \text{ (1) in } \% = \frac{35.447,72}{30.040,44} \cdot 100 = 118,00$$

$$FGK\text{-}ZS \text{ (2) in } \% = \frac{37.541,71}{28.016,20} \cdot 100 = 134,00$$

$$VwGK\text{-}ZS \text{ in } \% = \frac{22.608,07}{348.912,14} \cdot 100 = 6,48$$

$$VTGK\text{-}ZS \text{ in } \% = \frac{11.410,13}{348.912,14} \cdot 100 = 3,27$$

*) Zur weiteren Bearbeitung des Zahlenmaterials im BAB II muss mit den genauen Zahlen auf mehrere Stellen nach dem Komma gearbeitet werden, da sonst der Rundungsfehler zu groß wird !!

Fortsetzung Lösung nächste Seite →

I. Entwicklung einzelner Kostenarten

(Vergleichszahlen: September S. 76, Oktober S. 94)

Auf Anfrage der Geschäftsleitung gibt die Betriebsbuchhaltung folgende Auskünfte zur Entwicklung einzelner Kostenarten:

Allgemeine Feststellung:

Der generelle Anstieg der Kostensummen in der Abrechnungsperiode Oktober gegenüber der Abrechnungsperiode September ist auf die verbesserte Auftragslage zurückzuführen. Besonders erfreulich ist die nunmehr gute Auslastung des Produktionsbereichs *Drehen*.

Ausgewählte Positionen (in Reihenfolge der Kontierung):

1. *Reinigungsdienst*:

   Durch intensivere Nutzung der vorhandenen Fertigungsanlagen und die Umwidmung bisher wenig genutzter Flächen in einen Kantinenbereich war eine Ausweitung der Reinigungstätigkeit durch personelle Aufstockung erforderlich. Die Periodenkosten für die Reinigung pro qm sind von 1,00 EUR/ m² auf 1,30 EUR/ m² gestiegen.

2. *Kalkulatorische Abschreibung*:

   Da die kalkulatorische Abschreibung den tatsächlichen Werteverzehr mit dem Ziel einer realistischen Kalkulation zu bemessen hat, musste die höhere Auslastung des gegebenen Maschinenparks im Fertigungsbereich zu einer Neuberechnung der kalkulatorischen Abschreibung führen (siehe ‚Kalkulatorische Abschreibung', S. 52).

   Die Summe der kalkulatorischen Abschreibungen stieg im *Fertigungsbereich* einschließlich der neuen Kostenstelle *Schleiferei* von 16.600,00 EUR auf 19.710,00 EUR.

3. *Sonstige Gemeinkosten*:

   Bisher mit den Kostenstellengemeinkosten gebuchte Beträge, für die Rechnungen vorliegen, die den Kostenstellen zugeordnet werden können, werden nunmehr als Kostenstelleneinzelkosten gebucht. Dies wirkt sich positiv auf die Genauigkeit der Kostenverteilung aus ohne einen unverhältnismäßigen Mehraufwand bei der Buchung zu verursachen.

4. *Kostenentwicklung* der neuen *Kostenstelle Kantine*:

   Die im September veranschlagten Gemeinkosten für die Kantine in Höhe von 2.260,00 EUR sind im Oktober auf 4.136,53 EUR angewachsen. In der für den Monat Oktober ermittelten Kostensumme sind mit dem Betriebsrat vereinbarte Zuschüsse zur Begrenzung der Preise für die Speisen enthalten.

5. *Kostenumlage* und *Kostensumme* der neuen Kostenstelle *Schleiferei*:

   Während der Übergangszeit im September wurde ein Teil der Schleifarbeiten noch in der Fräserei durchgeführt. Seit Beginn der Abrechnungsperiode Oktober ist die Schleiferei voll einsatzfähig. Die Basisschlüssel für die Kostenumlage mussten entsprechend angepasst werden.

   Mit Wirkung vom 1. Oktober wurde eine Arbeitskraft aus dem Fertigungsbereich voll für die Schleiferei abgestellt. Dies und die Übernahme aller Schleifarbeiten führte zu der Kostenentwicklung von 1.681,25 EUR im September auf 6.015,67 EUR im Monat Oktober.

LÖSUNG, FORTSETZUNG

II. Gegenüberstellung der Zuschlagssätze für die Monate September und Oktober:

Materialgemeinkosten

$$\text{September:} \quad \text{MGK-ZS} = \frac{11.025,25 \cdot 100}{183.754,16} = 6\,\%$$

$$\text{Oktober:} \quad \text{MGK-ZS} = \frac{11.532,07 \cdot 100}{209.674,00} = 5,50\,\%$$

Fertigungsgemeinkosten (Dreherei)   **Fertigungsgemeinkosten (Fräserei)**

$$\text{Sept.:} \quad \text{FGK-ZS (D)} = \frac{21.730,00 \cdot 100}{17.384,00} = 125,00\,\% \qquad \text{FGK-ZS (F)} = \frac{35.902,50 \cdot 100}{26.792,91} = 134,00\,\%$$

$$\text{Okt.:} \quad \text{FGK-ZS (D)} = \frac{35.447,72 \cdot 100}{30.040,44} = 118,00\,\% \qquad \text{FGK-ZS (F)} = \frac{37.541,71 \cdot 100}{28.016,20} = 134,00\,\%$$

Verwaltungsgemeinkosten   **Vertriebsgemeinkosten**

$$\text{Sept.:} \quad \text{VwGK-ZS} = \frac{17.213,25 \cdot 100}{296.588,82} = 5,80\,\% \qquad \text{VtGK-ZS} = \frac{14.517,00 \cdot 100}{296.588,82} = 4,89\,\%$$

$$\text{Okt.:} \quad \text{VwGK-ZS} = \frac{22.608,07 \cdot 100}{348.912,14} = 6,48\,\% \qquad \text{VtGK-ZS} = \frac{11.410,13 \cdot 100}{348.912,14} = 3,27\,\%$$

Alle Zuschlagssätze bewegen sich im Rahmen des normalen Schwankungsbereichs.

Da sich am Maschinenpark nichts geändert hat, kommt es durch die erfolgte Umstrukturierung in der Fertigung (Einrichten einer eigenen Schleiferei) und durch die Auslagerung der Kostenstelle Heizung aus der bisherigen Verrechnung im Verwaltungsbereich zu Kostenverschiebungen. Zusätzliche Kosten fallen im Zusammenhang mit der neu eingerichteten Kantine an.

Zuschlagssätze im Zeitvergleich:

1. *Materialkosten*:

   Der höhere Materialverbrauch, bedingt durch die bessere Auftragslage im Oktober, führt bei annähernd gleich bleibenden Gemeinkosten (überwiegend fixe Kosten) zu einer Absenkung des MGK-ZS von 6,00 % auf 5,50 %. Dadurch wird ein größerer Spielraum für die Preiskalkulation gewonnen.

2. *Fertigungskosten*:

   a) *Dreherei*: Der Gemeinkostenzuschlagssatz ist entsprechend der erheblich besseren Auslastung der Kapazität im Vergleich zum Vormonat von 125 % auf 118 % gesunken. Die Lohnkosten sind stärker gestiegen als die Gemeinkosten mit ihrem Fixkostenanteil.

   b) *Fräserei*: Die Auslastung der Kostenstelle Fräserei hat sich geringfügig erhöht. Der Gemeinkostenzuschlagssatz ist konstant bei 134 % geblieben.

3. Der *Verwaltungsgemeinkosten-Zuschlagssatz* hat sich von 5,80 % auf 6,48 % erhöht. Das ist durch den Arbeitsaufwand im Zusammenhang mit der Umstrukturierung zu erklären.

4. Der *Vertriebskosten-Zuschlagssatz* ist von 4,89 % auf 3,27 % gesunken. Durch den Vertragsabschluss mit einem Großabnehmer beschränkt sich die Haupttätigkeit des Vertriebsbereichs derzeit auf die Akquisition von Zusatzaufträgen, um verbleibende freie Kapazitäten zu füllen.

3.3 Kostenträgerrechnung

Die *Kostenträgerrechnung* fußt auf den Ergebnissen der Kostenarten- und Kostenstellenrechnung. Aufgabe der Kostenträgerrechnung ist es, Einzel- und Gemeinkosten unter Beachtung des *Verursachungsprinzips* den Produkten zuzurechnen.

Folgende Darstellung soll noch einmal den Weg von der Kostenarten- über die Kostenstellen- zur Kostenträgerrechnung deutlich machen:

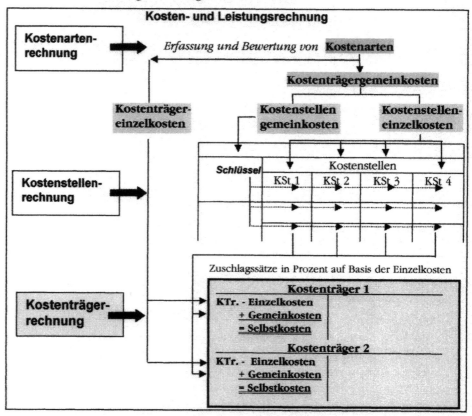

Abbildung 30: Von der Kostenarten- über die Kostenstellen- zur Kostenträgerrechnung

Die Selbstkosten eines jeden Kostenträgers ergeben sich aus der Summe der Einzel- und Gemeinkosten.

Die Kalkulation der Selbstkosten bietet im Zeit- und Branchenvergleich Ansatzpunkte zur Bewertung der *Wirtschaftlichkeit* der Leistungserstellung. Darüber hinaus ermöglicht der Branchenvergleich eine Einschätzung der *Konkurrenzfähigkeit* der eigenen Produkte auf dem Markt.

Die Kostenträgerrechnung erfolgt entweder als *kurzfristige Erfolgsrechnung* für die gesamte Produktion der Abrechnungsperiode (Betriebsergebnisrechnung) oder als *Kostenträgerstückrechnung*, bezogen auf eine Einheit des jeweiligen Produkts.

3.3.1 Betriebsergebnisrechnung als kurzfristige Erfolgsrechnung

Im Gegensatz zum *Jahresabschluss* der Finanzbuchhaltung erstellt die Betriebsbuchhaltung eine kurzfristige Erfolgsrechnung zum Ende einer jeden *Abrechnungsperiode* (i. d. R. ein Monat oder maximal ein Quartal) in Form der *Kostenträgerzeitrechnung* im *Kostenträgerblatt*.

3.3.1.1 Vom Betriebsabrechnungsbogen zum Kostenträgerblatt

Die als Zuschlagsgrundlage für die Kalkulation der Gemeinkosten im BAB enthaltenen Einzelkosten können den Kostenträgern bzw. den Kostenträgergruppen im Kostenträgerblatt mit Hilfe zusätzlicher Informationen aus der Lagerbuchhaltung, der Stücklistenabrechnung etc. direkt zugerechnet werden.

Gemeinkosten werden in Form der differenzierten Zuschlagskalkulation verrechnet.

Die Summe aus Einzel- und Gemeinkosten ergibt die jeweiligen Selbstkosten.

Aus der Differenz zwischen Umsatzerlösen und Selbstkosten lässt sich das Umsatzergebnis ermitteln:

Umsatzerlöse = Leistungen (nach Produktgruppen) − Selbstkosten (nach Produktgruppen) = Umsatzergebnis	*F*

Je nachdem, ob die betrieblichen Leistungen über oder unter den Selbstkosten liegen, ist das Betriebsergebnis ein *Gewinn* oder ein *Verlust*.

BEISPIEL

Nach Umstellung der Fertigung von Zahnrädern und Kurbelwellen zur Belieferung eines Großabnehmers erstellt die Metallofix GmbH zum 31. Oktober ihr erstes Kostenträgerblatt.

Die ermittelten Einzelkosten werden dem Betriebsabrechnungsbogen für die Abrechnungsperiode Oktober, siehe Beispiel S. 94 ff., entnommen.

In Ermangelung von Erfahrungswerten bezüglich der Situation nach der Betriebsumstrukturierung wurden für die Vorkalkulation der Selbstkosten während des Abrechnungszeitraums Oktober Durchschnittswerte der Branche für mittelständische Unternehmen herangezogen.

Es steht folgendes Zahlenmaterial zur Verfügung:

Bisherige Zahlen der Betriebsabrechnung für Monat Oktober:						
	Material	Fertigung		Schleiferei	Verwaltung	Vertrieb
		Dreherei	Fräserei			
FM	209.674,00					
FL I Dreherei		30.040,44		X		
FL II Fräserei			28.016,20			
HKU					X	X
Sondereinzelkosten		360,00				450,00
Normal-Zuschlagssätze (Erfahrungswerte, hier Branchendurchschnittszahlen)						
	6 %	120 %	130 %		5,5 %	5 %

Die Normal-Zuschlagssätze gelten für alle Produktgruppen gleichermaßen, da alle Produkte identische Anlagen der im BAB aufgeführten Kostenstellen beansprucht haben.

Weitere Angaben:

Aufteilung der Einzelkosten auf die Produktgruppen

Kostenstelle	Kostenart	Gesamt	... davon für Produktgruppe	
			A	B
			Zahnräder	Kurbelwellen
Material (gem. Lagerbuchhaltung)	Fertigungsmaterial	209.674,00	102.500,00	107.174,00
Fertigung (gem. Lohnbuchhaltung) - **Dreherei**	Fertigungslöhne	30.040,44	11.190,00	18.850,44
- **Fräserei**	Fertigungslöhne	28.016,20	20.041,00	7.975,20
(Angaben der Betriebsbuchhaltung)	SEKF	360,00	160,00	200,00
Vertrieb (Einzelbelege der Finanzbuchhaltung)	SEKV	450,00	180,00	270,00
Bestands- *veränderungen*	BVUE	– 2.500,00	1.100,00	1.400,00
	BVFE	– 1.200,00	300,00	900,00

Netto-Verkaufserlöse (Oktober)

Erlöse (gem. Finanzbuchhaltung)	... davon für Produktgruppe	
	A	B
	Zahnräder	Kurbelwellen
416.700,00	210.000,00	206.700,00

Es ist das Kostenträgerblatt zu erstellen, mit Berechnung der Selbstkosten, und des Umsatzergebnisses.

Lösung nächste Seite →

LÖSUNG

Erstellung des Kostenträgerblatts:

Kostenträgerblatt für Monat Oktober				
Kosten	Normal-Zuschlags-sätze	Normal-Kosten	Kostenträger	
			A Zahnräder	B Kurbelwellen
Fertigungsmaterial		209.674,00	102.500,00	107.174,00
+ Materialgemeinkosten	6 %	12.580,44	6.150,00	6.430,44
Materialkosten		*222.254,44*	*108.650,00*	*113.604,44*
Fertigungslöhne I		30.040,44	11.190,00	18.850,44
+ Fertigungsgemeinkosten I	120 %	36.048,53	13.428,00	22.620,53
Fertigungslöhne II		28.016,20	20.041,00	7.975,20
+ Fertigungsgemeinkosten II	130 %	36.421,06	26.053,30	10.367,76
+ Sondereinzelk. der Fertigung		360,00	160,00	200,00
Fertigungskosten		*130.886,23*	*70.872,30*	*60.013,93*
= **Herstellkosten der Abrechnungsperiode**		353.140,67	179.522,30	173.618,37
− Bestandsmehrung an unfertigen Erzeugnissen		− 2.500,00	− 1.100,00	− 1.400,00
Herstellkosten der fertig gestellten Erzeugnisse		350.640,67	178.522,30	172.218,37
− Bestandsmehrung an fertig gestellten Erzeugnissen		− 1.200,00	-300,00	-900,00
Herstellkosten des Umsatzes		349.440,67	178.122,30	171.318,37
+ Verwaltungsgemeinkosten	5,5 %	19.219,24	9.796,73	9.422,51
+ Vertriebsgemeinkosten	5 %	17.472,03	8.906,12	8.565,92
+ Sondereinzelkosten des Vertriebs		450,00	180,00	270,00
= **Selbstkosten**		386.581,94	197.005,14	189.576,80
+ Netto-Verkaufserlöse		416.700,00	210.000,00	206.700,00
= **Umsatzergebnis**		30.118,06	12.994,86	17.123,20

Wirtschaftlichkeitsfaktor

Setzt man Erlöse und Selbstkosten in Relation, so erhält man den Wirtschaftlichkeitsfaktor (WF):

$$WF = \frac{Erlöse}{Selbstkosten}$$

F

Eine wirtschaftliche Produktion beginnt bei einem WF > 1 (Schwelle zur Rentabilität).

Der Wirtschaftlichkeitsfaktor der einzelnen Produkte gibt Aufschluss über den Beitrag, den das jeweilige Produkt zum Betriebsergebnis leistet.

Je höher der Wert des Wirtschaftlichkeitsfaktors ist, desto lohnender sind Herstellung und Vertrieb des Produkts.

BEISPIEL

Mit der Berechnung der Wirtschaftlichkeitsfaktoren erfolgt eine Bewertung der Förderungswürdigkeit der beiden Produktgruppen *Zahnräder* und *Kurbelwellen*. Grundlage für die Berechnung sind die Zahlen des Beispiels S. 102 f.

LÖSUNG

Berechnung der Wirtschaftlichkeitsfaktoren für die Kostenträger

A: Zahnräder: $WF = \dfrac{210.000,00}{197.005,14} = 1,07$ B: Kurbelwellen: $WF = \dfrac{206.700,00}{189.576,80} = 1,09$

Ein höherer Wert des Wirtschaftlichkeitsfaktors, in diesem Fall von Produkt B, bedeutet, dass dieses Produkt einen höheren Beitrag zum Betriebsergebnis und somit in der Förderungswürdigkeit höher anzusetzen ist.

3.3.1.2 Kostenträgerblatt mit Normal- und Istkalkulation

Die im Kostenträgerblatt zunächst als *Vorkalkulation* durchgeführte Berechnung der Selbstkosten für *Kostenträgergruppen* auf *Normalkostenbasis* wird nunmehr einer summarischen *Nachkalkulation* auf Grundlage der *Istkosten* gegenübergestellt.

Istkosten der Nachkalkulation sind die in der letzten Abrechnungsperiode tatsächlich angefallenen Kosten, so wie sie dem *aktuellen BAB* zu entnehmen sind.

Über den Vergleich der Normalkosten der Vorkalkulation mit den Istkosten der Nachkalkulation erfolgt eine Kontrolle der *Validität der gesamten Vorkalkulation*.

Analysen der Kostenabweichungen innerhalb einzelner Kostenstellen ermöglichen im Zeitvergleich eine Prüfung der Wirtschaftlichkeit am Ort der Kostenentstehung.

Abweichungen der Ist-Zuschlagssätze von den Normal-Zuschlagssätzen führen zu Kostenüber- bzw. Kostenunterdeckungen:

Normal-Gemeinkosten > Ist-Gemeinkosten = *Kostenüberdeckung*

→ Hinweis auf im Zeitvergleich gestiegene Wirtschaftlichkeit.

Normal-Gemeinkosten < Ist-Gemeinkosten = *Kostenunterdeckung*

→ Hinweis auf im Zeitvergleich gesunkene Wirtschaftlichkeit.

(Ursachen für mögliche Unwirtschaftlichkeiten sind aufzudecken)

BEISPIEL

Kosten-gruppen	BAB Nachkalkulation (Istkosten)			Kostenträgerblatt Vorkalkulation (Normalkosten)				Abgleich von BAB und Kostenträger-Blatt
	Istkosten Lt. BAB	Ist-Zu-schlags-sätze	Normal-Zu-schlags-sätze	Normal-Kosten	Kostenträger			Kosten-unter-/-über-deckung
					A	B		
FM	209.674,00			209.674,00	102.500,00	107.174,00		
MGK	11.532,07	5,5 %	6 %	12.580,44	6.150,00	6.430,44		+ 1.048,37
MK								
FL								
...	...			...				
SK	[383.380,34]			[386.581,94]	[197.005,14]	[189.576,80]		

Istkosten > Normalkosten → (–) = **Kostenunterdeckung**

Istkosten < Normalkosten → (+) = **Kostenüberdeckung**

Es liegt im Materialbereich eine Kostenüberdeckung vor.

Da die tatsächlich festgestellten Kosten unter den zulässigen Normalkosten liegen, besteht Anlass zu der Annahme, dass eine verbesserte Wirtschaftlichkeit gegeben ist.

Abgleich zwischen Ist- und Normalkalkulation

Nach Ermittlung der Selbstkosten in Vor- und Nachkalkulation werden jeweils die erzielten Umsatzerlöse in das Kostenträgerblatt (in der Vorkalkulation nach Kostenträgergruppen gegliedert) einbezogen.

Für Vor- und Nachkalkulation lässt sich das Ergebnis der betrieblichen Tätigkeit wie folgt ermitteln:

a) Vorkalkulation f. KTr-Gruppen → *Erzielte Erlöse[1]* = Normalkostenkalkulation – *Selbstkosten auf Normalkostenbasis* = **Umsatzergebnis** *b) Nachkalkulation (Gesamt)* → *Erzielte Erlöse[1]* = Istkostenkalkulation – *Selbstkosten auf Istkostenbasis* = **Betriebsergebnis**	F

Die Summe aller Kostenüber- und Kostenunterdeckungen der Endkostenstellen entspricht der *Differenz zwischen Betriebsergebnis und Umsatzergebnis*:

Umsatzergebnis + Summe Kostenüberdeckungen/ – Summe Kostenunterdeckungen = **Betriebsergebnis**	F

---

[1] Die Summe der Umsatzerlöse ist ein festes Datum der Finanzbuchhaltung. Sie unterscheidet sich in Vor- und Nachkalkulation nicht.

BEISPIEL

Ergänzend zu den Angaben des Beispiels, S. 101 f., liegen die Ergebnisse der Istkosten-kalkulation des BAB für Monat Oktober vor:

Zahlen des BAB zum 31. Oktober:

	Material	Fertigung	
		Dreherei	Fräserei
Einzelkosten	209.674,00	30.040,44	28.016,20
Gemeinkosten	11.532,07	35.447,72	37.541,71

a) Es sind die Ist-Zuschlagssätze zu berechnen.
b) Das Kostenträgerblatt ist um die Nachkalkulation mit Ist-Kosten zu erweitern.
c) Welche Produktgruppe weist die höhere Wirtschaftlichkeit auf?

LÖSUNG

Bisherige Zahlen der Betriebsabrechnung für Monat Oktober:						
	Material	Fertigung		Schleiferei	Verwaltung	Vertrieb
		Dreherei	Fräserei			
FM	209.674,00					
FL I Dreherei		30.040,44		X		
FL II Fräserei			28.016,20			
HKU					X	X
Sondereinzelkosten		360,00				450,00
BVUE		– 2.500,00				
BVFE		– 1.200,00				
Normal-Zuschlagssätze (Erfahrungswerte, hier Branchendurchschnittszahlen)						
	6 %	120 %	130 %		5,5 %	5 %

a) Berechnung der Ist-Zuschlagssätze

Materialgemeinkosten

$$MGK\text{-}ZS = \frac{11.532,07 \cdot 100}{209.674,00} = 5,50\ \%$$

Fertigungsgemeinkosten
(Dreherei)

$$FGK\text{-}ZS\ (D) = \frac{35.447,72 \cdot 100}{30.040,44} = 118,00\ \%$$

Fertigungsgemeinkosten
(Fräserei)

$$FGK\text{-}ZS\ (F) = \frac{37.541,71 \cdot 100}{28.016,20} = 134,00\ \%$$

$$HKU = 209.674,00 + 11.532,07 + 30.040,44 + 35.447,72 + 28.016,20 + 37.541,71 + 360,00 -$$
$$- 2.500,00 - 1200,00 = 348.912,14\ €$$

Verwaltungsgemeinkosten

$$VwGK\text{-}ZS = \frac{22.608,07 \cdot 100}{348.912,14} = 6,47958\ \%$$

Vertriebsgemeinkosten

$$VtGK\text{-}ZS = \frac{11.410,13 \cdot 100}{348.912,14} = 3,27020\ \%$$

Lösung zu b) und c) nächste Seite →

LÖSUNG

Kostenträgerblatt

Kostengruppen / Kosten	Nachkalkulation Istkosten lt. BAB	Ist-Zuschlagssätze %	Normalsätze %	Normalkosten	Vorkalkulation Kostenträger A Zahnräder	Vorkalkulation Kostenträger B Kurbelwellen	Gesamte Kostenunter/überdeckung
FM	209 674,00			209 674,00	102 500,00	107 174,00	
MGK	11.532,07	6,5	6	12.580,44	6.150,00	6.430,44	1048,37
MK	221.206,07			222.254,44	108.650,00	113.604,44	
FL I	30.040,44			30.040,44	11.190,00	18.850,44	
FGK I	36.447,72	118	120	36.048,53	13.428,00	22.620,53	600,81
FL II	28.016,20			28.016,20	20.041,00	7.975,20	
FGK II	37.541,71	134	130	36.421,06	26.053,30	10.367,76	-1120,65
SEKF	360,00			360,00	160,00	200,00	
FK	131.406,07			130.886,23	70.872,30	60.013,93	
HKA	352.612,14			353.140,67	179.522,30	173.618,37	
± BVLlF	-2.500,00			-2.500,00	-1.100,00	-1.400,00	
HKFE	350.112,14			350.640,67	178.422,30	172.218,37	
± BVFE	-1.200,00			-1.200,00	-300,00	-900,00	
HKU	348.912,14			349.440,67	178.122,30	171.318,37	
VwGK	22.608,07	6,479587	5,5	19.219,24	9.796,73	9.422,51	-3388,83
VtGK	11.410,13	3,270202	5	17.472,03	8.906,12	8.566,92	6061,90
SEKVt	450,00			450,00	180,00	270,00	
SK	383.380,34			386.581,94	197.005,14	189.576,80	
Erlöse	416.700,00			416.700,00	210.000,00	206.700,00	
UE				30.118,06	12.994,86	17.123,20	
Kostenüberdeckung				3.201,60			3.201,60
Betriebsergebnis	33.319,66			33.319,66			

Nebenrechnung:

Umsatzergebnis 30.118,06
+ Σ K-unter-/überdeckung 3.201,60
Betriebsergebnis 33.119,66

Wirtschaftlichkeitsfaktor:

Kostenträger

A: Zahnräder

Erlös: 210.000,00 / SK: 197.005,14 = 1,07 = WF A

B: Kurbelwellen

Erlös: 206.700,00 / SK: 189.576,80 = 1,09 = WF B

Anmerkungen zur Lösung:

- *Bestandsveränderungen:* Am 1.10. wurde die Produktion von Zahnrädern und Kurbelwellen nach den neuen Vertragsbedingungen stark ausgeweitet. Es wird auf Lager produziert, da Lieferung auf Abruf vereinbart ist.

- Die *Wirtschaftlichkeitsfaktoren* machen deutlich, dass unter den gegenwärtigen Rahmenbedingungen die Produktion der Kurbelwellen rentabler ist.

Kennzeichen der Betriebsergebnisrechnung (RK II):

Kostenträgerzeitrechnung = kurzfristige Gesamtkostenrechnung der Abrechnungsperiode.

Formular: **Kostenträgerblatt**

bestehend aus:

a) Vorkalkulation = *Normalkostenkalkulation auf Basis von Erfahrungswerten, aufgeteilt in Produktgruppen*

... *Grundlage für:*

→ Selbstkostenkalkulation

→ Angebotskalkulation

→ Beurteilung der Förderungswürdigkeit von Produktgruppen

b) Nachkalkulation = *Istkostenkalkulation auf Basis des BAB*

... *Grundlage für:*

→ Kontrolle der Validität der Normalkostenkalkulation

→ Überprüfung der Wirtschaftlichkeit der Kostenstellen

3.3.2 Kostenträgerstückrechnung

Primäre Aufgabe der *Kostenträgerstückrechnung* ist die Ermittlung der auf ein *einzelnes Stück* eines Erzeugnisses entfallenden *Selbstkosten*.

Kalkulationsanlässe

In Abhängigkeit vom Bezugszeitpunkt, für den eine Kalkulation erstellt wird, spricht man von:

- *Vorkalkulation:* Mit Hilfe von Erfahrungswerten werden bei *Einzelaufträgen* die *Selbstkosten* als Grundlage für ein *Preisangebot* kalkuliert.

  Ist der am Markt erzielbare Preis durch die Konkurrenzsituation limitiert, so gibt eine Gegenüberstellung der kalkulierten *Selbstkosten* mit dem realisierbaren Marktpreis Aufschluss über eine mögliche *Gewinnspanne*.

- *Nachkalkulation:* Nach Abwicklung eines Auftrags oder nach Verwirklichung eines Projekts erfolgt eine Kontrolle der *Validität der Erfahrungswerte*, die die Vorkalkulation bestimmt hatten. Für signifikante Abweichungen müssen die Ursachen aufgedeckt werden:

  – Liegen Hinweise auf *Unwirtschaftlichkeit* in einzelnen Kostenbereichen vor, müssen entsprechende Gegenmaßnahmen ergriffen werden.

  – Haben sich die Rahmenbedingungen so verändert, dass der bisherige Normal-Zuschlagssatz nicht mehr der Realität entspricht, so erfolgt eine entsprechende Anpassung.

- *Zwischenkalkulation:* Bei Aufträgen, deren Abwicklung sich auf Grund der Größenordnung über einen längeren Zeitraum erstreckt, geben Zwischenkalkulationen Aufschluss darüber, in wieweit die *Kostenvorgaben* der Vorkalkulation eingehalten werden.

Kalkulationsmethoden

Je nachdem, auf welche Weise die Kostenarten auf Kostenträger verrechnet werden, unterscheidet man folgende *Kalkulationsmethoden*:

- **Einfache Divisionskalkulation**

  Voraussetzungen: Es wird nur *ein homogenes Produkt* in hoher Stückzahl gefertigt (Massenfertigung) und *alle Kostenarten* können direkt, *ohne Umweg über Kostenstellen* auf den Kostenträger verrechnet werden.

$$Stückkosten \; k \; = \; \frac{Gesamtkosten \; K}{Produktionsmenge \; x}$$

- **Mehrfache Divisionskalkulation**

  Die einfache Divisionskalkulation bietet mit ihrer pauschalen Ermittlung der Gesamtkosten für eine bestimmte Produktionsmenge keine Möglichkeit, die Kostenentwicklung einzelner Kostenteilbereiche (Kostenstellen) zu analysieren.

Durch mehrfache stufenweise Divisionskalkulation, getrennt nach den Kostenteilbereichen und unter Berücksichtigung der jeweiligen Produktionsmenge, wird die Aussagekraft der Divisionskalkulation gesteigert:

$$\text{Stückkosten } k = \frac{\text{Gesamtkosten Kostenstelle 1}}{\text{Produktionsmenge } x_1} + \frac{\text{Gesamtkosten Kostenstelle 2}}{\text{Produktionsmenge } x_2} + \text{etc.}$$

- **Äquivalenzziffernrechnung:**

Für Betriebe, die *mehrere gleichartige Produkte* herstellen, wobei sich die einzelnen Produktsorten in Materialverbrauch, Größe, Volumen, Bearbeitungszeit oder Betriebsmittelbeanspruchung unterscheiden, kommt die Divisionskalkulation nicht in Frage, da die erforderliche Proportionalität von Kosten und Produktionsmenge nicht mehr gegeben ist. Hier bietet die erweiterte Divisionskalkulation in Form der Äquivalenzziffernrechnung einen brauchbaren Ansatz.

BEISPIEL

Die Zahnmax AG stellt u. a. aus gleichartigen Rohlingen Antriebsritzel mit unterschiedlicher Zahnung her. Stückzahlen im Monat März: Typs R-A 4000, Typ R-B 6000,Typ R-C 3000. Je nach Zahnung fallen unterschiedliche Arbeitszeiten an: R-A 12 Minuten, R-B 10 Minuten und R-C 15 Minuten. Die Gesamtkosten (Selbstkosten) beliefen sich auf 137.700,00 EUR. Es sind die Stückselbstkosten auf Basis von Äquivalenzziffern zu berechnen. Das umsatzstärkste Erzeugnis Typ R-B wird zur ‚Richtsorte' erklärt und mit der Äquivalenzziffer 1 versehen.

LÖSUNG

Den Ritzel-Typen R-A, R-B und R-C sind die entstandenen Kosten im Verhältnis der *Äquivalenzziffern (ÄZ)* zuzurechnen. Äquivalenzziffern: Richtsorte **R-B : 10/10 = 1**; R-A: 12/10 = 1,2; R-C: 15/10 = 1,5

Ritzel-Typ	Produktions-menge (x) in Stück	Äquivalenz-ziffern (ÄZ)	Rechnungs-einheiten (RE) RE = x · ÄZ	Selbstkosten gesamt (SK) SK = sk · x	Stückselbst-kosten (sk)
R-A	4000	1,2	4.800	*43.200,00*	10,80
R-B	6000	1	6.000	*54.000,00*	9,00
R-C	3000	1,5	4.500	*40.500,00*	13,50
			15.300	137.700,00	↑
Verrechnungssatz (VS) = 137.700,00 / 15.300 = 9				· ÄZ =	

Zur Lösung:

1. Ein Erzeugnis wird zum Sortenerzeugnis erklärt und erhält die ÄZ 1; Grundlage für die Entscheidung können sein: Hauptterzeugnis, umsatzstärkstes Erzeugnis, Erzeugnis mit den niedrigsten Kosten etc.
2. Rechnungseinheiten (RE) = Produktionsmenge (x) · Äquivalenzziffer (ÄZ)
3. Verrechnungssatz (VS) = Gesamtkosten (K) / Summe Rechnungseinheiten (RE)
4. Selbstkosten pro Einheit (sk) = Verrechnungssatz (VS) · Äquivalenzziffer (ÄZ)
5. Selbstkosten gesamt je Sorte (SK) = Produktionsmenge (x) · Selbstkosten pro Einheit (sk) *oder*: Selbstkosten gesamt je Sorte (SK) = Rechnungseinheiten (RE) ·Verrechnungssatz (VS)

- *Zuschlagskalkulation*

  Werden *inhomogene[1] Produkte* hergestellt, die die *Kostenstellen in unterschiedlichem Maße beanspruchen*, so ist eine Kalkulation der Selbstkosten nur mit auf Kostenstellen bezogenen Gemeinkostenzuschlagssätzen möglich.

  - *Einstufige Zuschlagskalkulation*:

    Die einstufige Zuschlagskalkulation wird angewandt, wenn der Fertigungsbetrieb als eine *einzige Kostenstelle* definiert ist. Diese Form der Zuschlagskalkulation findet man am ehesten bei *Handwerksbetrieben*.

    Hier wird die Summe der Gemeinkosten mit einem *einzigen Zuschlagssatz* bezogen auf *einen Kostenbereich* zugerechnet.

    Je nachdem, ob arbeits- oder kapitalintensiv gefertigt wird, werden als Zuschlagsbasis die *Fertigungslohnkosten* oder der *Verbrauch an Fertigungsmaterial* gewählt. In der Regel findet man bei Handwerksbetrieben die *Lohnzuschlagskalkulation*.

  - *Differenzierte Zuschlagskalkulation*:

    Eine nach Kostenbereichen differenzierte Zuschlagskalkulation wird gewählt, wenn *inhomogene Produkte verschiedene Kostenstellen in unterschiedlichem Maße beanspruchen*. Dies ist die Regel bei *industrieller Fertigung*.

> Da im Mittelpunkt der Betrachtung dieses Buches der *Industriebetrieb* steht, beschränken sich die folgenden Ausführungen auf die *differenzierte Zuschlagskalkulation*.

3.3.2.1 Selbstkostenkalkulation

Über eine Kumulation sämtlicher durch den betrieblichen Leistungsprozess verursachten Kosten werden die Selbstkosten ermittelt. Die Kalkulation der Selbstkosten ist ursprüngliche und zentrale Aufgabe der *Vollkostenrechnung)*.

Für eine längerfristige unternehmerische Tätigkeit ist diese *Vollkostendeckung* unerlässlich[2]. Liegen die Verkaufserlöse über den Selbstkosten, so führt dies zu *Gewinn*.

Unter dem Gesichtspunkt der Vollkostendeckung stellen die ermittelten **Selbstkosten** die **Preisuntergrenze** für die Annahme eines Auftrags dar.

Die Selbstkostenkalkulation der Kostenträgerstückrechnung folgt dem Schema für die Selbstkostenkalkulation der Betriebsergebnisrechnung (siehe S. 85).

In die Kalkulation der Selbstkosten gehen alle *durch den betrieblichen Leistungsprozess verursachten Kosten[3]* ein:

• Materialkosten	• Verwaltungskosten
• Fertigungskosten	• Vertriebskosten.

---

[1] inhomogen: verschiedenartig, heterogen

[2] Bei nicht ausgelasteter Produktionskapazität kann kurzfristig und im Einzelfall auf Vollkostendeckung verzichtet werden (siehe Kapitel Deckungsbeitragsrechnung, S. 138).

[3] Bestandsveränderungen fallen bei der Kostenträgerstückrechnung per Definition nicht an.
  Der ‚Bestand' bezieht sich immer auf die gesamte Produktion der Abrechnungsperiode.

Schrittweise vorwärts schreitend (progressiv) werden die *Selbstkosten* berechnet, indem Einzelkosten und Gemeinkosten nach den Prinzipien der differenzierten Zuschlagskalkulation aufaddiert werden. Die Gemeinkostenzuschläge werden in Prozent von der jeweiligen Basis berechnet (Vom-Hundert-Rechnung).

Kalkulationsschema für die Selbstkostenkalkulation

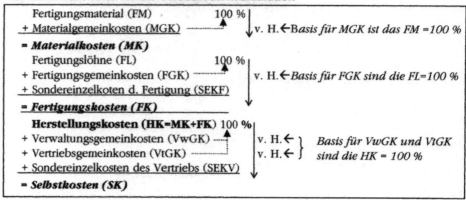

```
    Fertigungsmaterial (FM)              100 %
  + Materialgemeinkosten (MGK)  ............⬆      ⬇ v. H.⬅Basis für MGK ist das FM =100 %

  = Materialkosten (MK)
    Fertigungslöhne (FL)                  100 %
  + Fertigungsgemeinkosten (FGK)  ..........⬆        v. H.⬅Basis für FGK sind die FL=100 %
  + Sondereinzelkoten d. Fertigung (SEKF)          ⬇

  = Fertigungskosten (FK)

    Herstellungskosten (HK=MK+FK)  100 %
  + Verwaltungsgemeinkosten (VwGK)  .......⬆      v. H.⬅ ⎫  Basis für VwGK und VtGK
  + Vertriebsgemeinkosten (VtGK)  .........⦙      v. H.⬅ ⎬  sind die HK = 100 %
  + Sondereinzelkosten des Vertriebs (SEKV)     ⬇      ⎭

  = Selbstkosten (SK)
```

Selbstkosten stellen die *Preisuntergrenze* bei angestrebter *Vollkostendeckung* dar.

BEISPIEL

Für den Auftrag eines Kunden über 7.200 Kurbelwellen werden die Selbstkosten ermittelt:

Angaben der Arbeitsvorbereitung:

Einzelkosten (Stückkosten):

Fertigungsmaterial	14,96 EUR
Fertigungslöhne 1 (Drehen)	2,63 EUR
Fertigungslöhne 2 (Fräsen)	1,11 EUR
Sondereinzelkosten der Fertigung	0,03 EUR

Normal-Zuschlagssätze:

Materialgemeinkosten	6,0 %
Fertigungsgemeinkosten 1 (Drehen)	120,0 %
Fertigungsgemeinkosten 2 (Fräsen)	130,0 %
Verwaltungsgemeinkosten	5,5 %
Vertriebsgemeinkosten	5,0 %

Es sind die Stück-Selbstkosten und die Selbstkosten des Auftrags zu ermitteln.

Lösung nächste Seite →

LÖSUNG

Selbstkostenkalkulation

		%	EUR	EUR
1	Fertigungsmaterial			14,96
2	+ Materialgemeinkosten	6,00	0,90	
3	**Materialkosten**			**15,86**
4	Fertigungslöhne 1			2,63
5	+ Fertigungsgemeinkosten 1	120,00	3,16	
6	Fertigungslöhne 2			1,11
7	+ Fertigungsgemeinkosten 2	130,00	1,44	
8	+ Sondereinzelkosten d. Fertigung			0,03
9	**Fertigungskosten**			**8,37**
10	Herstellungskosten (3+9)			24,23
11	+ Verwaltungsgemeinkosten	5,50	1,33	
12	+ Vertriebsgemeinkosten	5,00	1,21	
13	+ Sondereinzelkosten des Vertriebs			0,00
14	**Selbstkosten**			**26,77**

MK   Progressive Kalkulation

$$14,96 \times 6,00 / 100 = 0,90 \text{ €}$$
$$14,96 \times 106,00 / 100 = 15,86 \text{ €}$$

FL   Progressive Kalkulation

$$2,63 \times 120,00 / 100 = 3,16 \text{ €}$$
$$1,11 \times 130,00 / 100 = 1,44 \text{ €}$$

VwVt Progressive Kalkulation

$$24,23 \times 5,50 / 100 = 1,33 \text{ €}$$
$$24,23 \times 5,00 / 100 = 1,21 \text{ €}$$

Selbstkosten des Auftrags: 26,77 EUR /Einheit · 7.200 Einheiten = 192.744,00 EUR

Bewertung innerbetrieblicher Leistungen

Zu den *innerbetrieblichen Leistungen* zählen hergestellte Maschinen oder Anlagen, die nicht für den Vertrieb sondern für die *eigene betriebliche Nutzung* bestimmt sind.

Während die *Selbstkostenkalkulation* im Rechnungskreis I zum Zweck der *Bilanzierung von ‚zu aktivierenden Eigenleistungen'* handels- und steuergesetzlichen Vorschriften unterliegt (§§ 253 (1) und 255 (2) HGB; § 6 EStG in Verbindung mit Abschn. 33 EStR), sind für die Aktivierung von innerbetrieblichen Leistungen in der *Kosten- und Leistungsrechnung* (Rechnungskreis II) ausschließlich die *Prinzipien der Kostenverursachung* ausschlaggebend.

Alle *durch die Herstellung des Anlageguts verursachten Kosten* führen in der Summe zur Bestimmung des Werts, mit dem das Anlagegut als Vermögensgegenstand anzusetzen ist. Dieser Wertansatz ist Grundlage für die spätere Berechung der *kalkulatorischen Abschreibung* und des *kalkulatorischen Zinses* für das Anlagegut.

Schema zur Feststellung des kalkulatorischen *Wertansatzes* für *innerbetriebliche Leistungen*:

Fertigungsmaterial (FM) + Materialgemeinkosten (MGK)	*Materialkosten*
+ Fertigungslöhne (FL) + Fertigungsgemeinkosten (FGK) + Sondereinzelkosten der Fertigung (SEKF)	+ *Fertigungskosten*
	= *Herstellungskosten* + Verwaltungsgemeinkosten (VwGK)
	= *Kalkulatorischer Wert (Selbstkosten)*

Vertriebskosten kommen- nicht in Betracht, da das Anlagegut nicht für den Vertrieb bestimmt ist!

BEISPIEL

Ein Rollenband für den Transport von Teilfabrikaten in der Werkhalle wurde von der Metallofix GmbH in Eigenleistung hergestellt und in Betrieb genommen.

Es sind folgende Kosten angefallen: FM 8.000,00 EUR; FL insgesamt 2.800,00 EUR. Kosten der Konstruktionspläne 300,00 EUR.

Für die angefallenen Gemeinkosten werden Zuschlagssätze, wie sie für Einzelaufträge berechnet werden, angegeben: MGK 8 %; FGK 125 %; VwGK 6 %; VtGK 7 %.

Es ist die innerbetriebliche Leistung zu bewerten.

Lösung nächste Seite →

LÖSUNG

Kosten- und Leistungsrechnung (KLR)			
	%	**EUR**	**EUR**
FM		8.000,00	
+ MGK	8	640,00	
MK			8.640,00
FL 1		2.800,00	
+ FGK 1	125	3.500,00	
FL 2		0,00	
+ FGK 2	0	0,00	
+ SEKF		300,00	
FK			6.600,00
HK (3+9)			15.240,00
+ VwGK	6		914,40
SK	→ Wertansatz:		16.154,40

3.3.2.2 Maschinenstundensatzrechnung

Fortschreitende Mechanisierung bis hin zur automatischen Fertigung sind mit einem hohen Kapitaleinsatz verbunden. Der Anteil der fixen Kosten (=Gemeinkosten) an den Gesamtkosten wächst mit fortschreitender Kapitalisierung.

Dies gilt in besonderem Maße für den Fertigungsbereich, wo die Fertigungslöhne gegenüber den Fertigungsgemeinkosten immer mehr in den Hintergrund treten.

Allein die Tatsache, dass in der industriellen Fertigung bei Zuschlagskalkulation die Fertigungsgemeinkosten oft mehrere Hundert Prozent über den Fertigungslöhnen liegen, lässt die Fertigungslöhne als Grundlage für die Zurechnung der Fertigungsgemeinkosten auf den Kostenträger fragwürdig erscheinen.

Hinzu kommt, dass innerhalb einer Kostenstelle Maschinen mit sehr unterschiedlicher Kostenstruktur eingesetzt werden. Steht in der Dreherei neben einer NC[1]-Maschine, deren Anschaffungspreis 300.000,00 EUR betrug, eine Drehbank, die mit 30.000,00 EUR in den Büchern steht, so verursacht die Inanspruchnahme der NC-Machine durch einen Kostenträger wesentlich höhere Maschinenkosten als die Inanspruchnahme der Drehbank.

---

[1] NC = Numerisch gesteuerte (numerical control) Werkzeugmaschine, die automatisch die einzelnen Bearbeitungsschritte zur Erstellung eines Werkstücks durchführt.

Ein einheitlicher Fertigungsgemeinkosten-Zuschlagssatz für die Kostenstelle Dreherei in Form eines *Mischsatzes* würde dazu führen, dass dem Kostenträger bei Inanspruchnahme der NC-Maschine zu wenig Gemeinkosten, bei Inanspruchnahme der Drehbank zu viel an Gemeinkosten zugerechnet würden.

Die differenzierte Zuschlagskalkulation genügt unter diesen Voraussetzungen im Bereich der Fertigungskosten nicht dem Anspruch einer verursachungsgerechten Kostenzurechnung.

Ein Ansatz zur Lösung des Problems findet sich in der *Maschinenstundensatzrechnung*.

Die Fertigungsgemeinkosten werden aufgespalten in proportional zur Beanspruchung der einzelnen Maschinen verrechnete Maschinenkosten und Rest-Fertigungsgemeinkosten, die den Maschinen nicht zugerechnet werden können.

Die Maschinenkosten werden dem Kostenträger als *Maschinenstundensätze (MSS)* zugerechnet.

Ansatz für den Maschinenstundensatz:

F
$$MSS = \frac{\sum Maschinenkosten}{\sum Maschinenlaufzeit}$$

Verbleibende, den Maschinen nicht zurechenbare Fertigungsgemeinkosten, werden den Kostenträgern als *Restfertigungsgemeinkosten* weiterhin auf Basis der Fertigungslöhne zugerechnet.

Durch diese Differenzierung wird eine exaktere Zurechnung der Fertigungsgemeinkosten auf den Kostenträger erzielt.

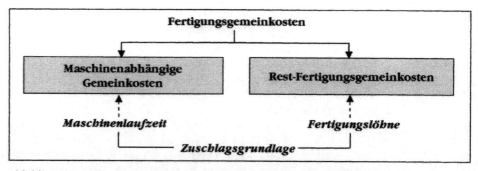

Abbildung 31: Fertigungsgemeinkosten bei Maschinenstundensatzrechnung

Das **Kalkulationsschema** der differenzierten Zuschlagskalkulation ändert sich bei **Maschinenstundensatzrechnung** wie folgt:

Materialbereich
   Fertigungsmaterial
  + Materialgemeinkosten
  = **Materialkosten (MK)**

Fertigungsbereich
   Fertigungslöhne   **100 %**
  + **Rest-Fertigungsgemeinkosten** ⟵
  + Sondereinzelkosten d. Fertigung
  + **Maschinenkosten 1** [Bearbeitungszeit · Maschinenstundensatz]
  + **Maschinenkosten 2** [Bearbeitungszeit · Maschinenstundensatz] etc.
  = **Fertigungskosten (FK)**

  Herstellungskosten (HK = MK + FK)
    + Verwaltungsgemeinkosten
    + Vertriebsgemeinkosten
    + Sondereinzelkosten des Vertriebs
    = **Selbstkosten**

Abbildung 32: Schema der Maschinenstundensatzrechnung

Es wird deutlich, dass das Kalkulationsschema der differenzierten Zuschlagskalkulation nur im Fertigungsbereich eine Erweiterung erfährt.

Die Maschinenstundensatzrechnung findet vornehmlich Anwendung, wenn in einer Kostenstelle ein inhomogener Maschinenpark von ungleichen Kostenträgern in unterschiedlichem Maße beansprucht wird.

Zur Berechnung des Maschinenstundensatzes wird die Summe der *maschinenabhängigen Gemeinkosten* durch die durchschnittliche *Maschinenlaufzeit* dividiert.

Maschinenabhängige Gemeinkosten

Die *Gemeinkosten der Maschine* setzen sich i. d. R. wie folgt zusammen[1]:

- kalkulatorische Abschreibungen (K_A)
- kalkulatorische Zinsen (K_Z)
- Instandhaltungskosten (Reparatur, Wartung, Schmierstoffe) (K_I)   } *überwiegend fixe Kosten*
- Raumkosten (K_R)
- Energiekosten (K_E)
- Werkzeuge (K_W)

Maschinenlaufzeit

Es muss eine realistische Maschinenlaufzeit in Stunden für die Planperiode ermittelt werden.

---

[1] siehe auch Kostenartenrechnung, S. 41 ff.

Die Planperiode kann ein Monat, ein Quartal oder ein Jahr sein. Da sich kalkulatorische Kosten wie kalk. Abschreibung und kalk. Zins primär auf ein Jahr beziehen, wird die Berechnung der *Maschinenlaufzeit zunächst* als *Planbeschäftigung pro anno* gewählt.

BEISPIEL

Planbeschäftigung der Maschine p. a.:

1 Jahr	=	365	Kalendertage
	–	104	Samstage + Sonntage
	–	11	Feiertage
	–	34	Urlaubstage + Krankheitstage
		216	Arbeitstage p.a.
... à 7 Stunden	=	1.512	Maschinenstunden
abzüglich 12,5 %	=	189	Gemeinkostenzeiten
			(Wartung, Umrüstzeit, Störungen etc.) [Erfahrungssatz]
		1323	*Maschinenstunden p. a.*

Ermittlung des Maschinenstundensatzes

BEISPIEL

In der Kostenstelle Dreherei steht neben einer CNC[1]-Maschine eine Drehmaschine, die für die Erledigung von Einzelaufträgen eingesetzt wird.

Zahlenmaterial für die Berechnung der Gemeinkostenarten:

Kosten	CNC-Maschine	Drehmaschine
Anschaffungskosten der Maschine	500.000,00 EUR	100.000,00 EUR
geschätzte Wiederbeschaffungskosten	600.000,00 EUR	125.000,00 EUR
geschätzte (realistische) Nutzungsdauer	6 Jahre	8 Jahre
Kalk. Zinssatz	8 %	8 %
Instandhaltungskosten/Jahr vom Wiederbeschaffungswert	3 %	2 %
Raumbedarf	25 m²	15 m²
Verrechnungssatz Raumbedarf	5,00 EUR/ m² pro Monat	5,00 EUR/ m² pro Monat
Elektrischer Anschlusswert	40 kWh	20 kWh
Stromkosten	0,16 EUR/ kWh	0,16 EUR/ kWh
Planbeschäftigung pro Jahr in Stunden (effektive Laufzeit)	1.323 (s.o.)	850
Werkzeugkosten und Kleinmaterial p. a. (Durchschnittswert)	1.400,00 EUR	500,00 EUR

Es sind die Maschinenkosten pro Jahr und der Maschinenstundensatz (MSS) für beide Maschinen zu berechnen.

---

[1] Maschine mit frei programmierbarer Steuerung, die in CNC-Programmen enthaltene Arbeitsanweisungen automatisch als Batch-Auftrag abarbeitet.

LÖSUNG

CNC-Maschine	Betrag in EUR	Drehmaschine	Betrag in EUR
Kalk. Abschreibung (K_A) siehe S. 52 $K_A = \dfrac{600.000,00}{6} =$	100.000,00	$K_A = \dfrac{125.000,00}{8} =$	15.625,00
Kalk. Zinsen (K_Z) siehe S. 54 $K_Z = \dfrac{600.000,00}{2} \cdot \dfrac{8}{100} =$	24.000,00	$K_Z = \dfrac{125.000,00}{2} \cdot \dfrac{8}{100} =$	5.000,00
Instandhaltungskosten (K_I) siehe S. 50 $K_I = 600.000 \cdot \dfrac{3}{100} =$	18.000,00	$K_I = 125.000,00 \cdot \dfrac{2}{100} =$	2.500,00
Raumkosten (K_R) siehe S. 61 $K_R = 25 \cdot 5,0 \cdot 12 =$	1.500,00	$K_R = 15 \cdot 5,0 \cdot 12 =$	900,00
Energiekosten (K_E) siehe S. 47 $K_E = 1.323 \cdot 40 \cdot 0,16 =$	8.467,20	$K_E = 850 \cdot 20 \cdot 0,16 =$	2.720,00
Werkzeuge u. Kleinmaterial (K_W) K_W pauschal $=$	1.400,00	K_W pauschal $=$	500,00
Maschinenkosten	153.367,20	*Maschinenkosten*	27.245,00
Maschinenstundensatz: $MSS = \dfrac{153.367,20}{1.323} = 115,92$ EUR/ Std.		*Maschinenstundensatz:* $MSS = \dfrac{27.245,00}{850} = 32,05$ EUR/ Std.	

Kostenträgerstückrechnung auf Basis der Maschinenstundensatzrechnung

Durch die Maschinenstundensatzrechnung erfährt die differenzierte Zuschlagskalkulation im Fertigungsbereich eine Verfeinerung, die zu einer exakteren Zurechnung der Gemeinkosten auf die Kostenträger führt.

Die Verrechnung von Maschinenstundensätzen erfolgt in Abhängigkeit von der Beanspruchung der Maschinen durch die Kostenträger. Nur die den Maschinen nicht zurechenbaren Gemeinkosten werden pauschal über einen Rest-Fertigungsgemeinkostensatz abgerechnet.

BEISPIEL

Für einen Auftrag über Drehteile liegen folgende Kalkulationsdaten vor:

Einzelkosten:

Verbrauch von Fertigungsmaterial	1.200,00 EUR
Fertigungslöhne	940,00 EUR
Sondereinzelkosten der Fertigung	150,00 EUR

Gemeinkostenzuschläge:

MGK	6 %
Rest-FGK	95 %
VwGK	5,5 %
VtGK	5 %

Nutzung der Maschinen:

CNC-Maschine:	13 Std.	Maschinenstundensatz:	115,92 EUR
Drehmaschine :	7 Std.	Maschinenstundensatz:	32,05 EUR

Es sind die Selbstkosten zu ermitteln.

LÖSUNG

Selbstkostenkalkulation mit Machinenstundensätzen

				EUR		EUR
1	Fertigungsmaterial	%		1.200,00		
2	+ Materialgemeinkosten	6		72,00		
3	**Materialkosten**					1.272,00
4	Fertigungslöhne	%		940,00		
5	+ *Rest-FGK*	95		893,00		
6	+ Sondereinzelkosten der Fertigung			150,00		
	Maschinen:	**Std.**	**MSS in EUR**			
7	+ CNC-Maschine	13	x 115,92	= 1.506,96		
8	+ Drehmaschine	7	x 32,05	= 224,35		
9	**Fertigungskosten**					3.714,31
10	**Herstellungskosten**	%				4.986,31
11	+ Verwaltungsgemeinkosten	5,5				274,25
12	+ Vertriebsgemeinkosten	5				249,32
13	+ Sondereinzelkosten des Vertriebs					0,00
14	**Selbstkosten**					5.509,88

3.3.2.3 Angebotskalkulation

Auf der Grundlage der *differenzierten Zuschlagskalkulation* wird über die Berechnung der *Selbstkosten* hinaus unter Berücksichtigung eines angemessenen *Gewinns*, der Entlohnung von *Fremdleistungen* (Vertreterprovision) und der Einbeziehung der den Kunden in Aussicht gestellten *Preisnachlässe* (Skonto und Rabatt) der Angebotspreis ermittelt.

Zuschlagsbasen

Die Kalkulation der Selbstkosten (Schema für die differenzierte Zuschlagskalkulation siehe S. 85 ff.) wird wie folgt um kaufmännische Bestandteile erweitert:

Gewinnzuschlag:

Soll ein Gewinn erzielt werden, muss der Preis für ein Produkt über den ermittelten Selbstkosten liegen.

Sofern auf Grund der Marktsituation ein Spielraum für die Preisgestaltung besteht, wird ein angemessener *Gewinnzuschlag* auf Basis der Selbstkosten kalkuliert. Ergebnis ist der *vorläufige Verkaufspreis*.

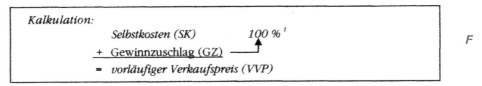

Nach der Ermittlung des vorläufigen Verkaufspreises ändert sich die Betrachtungsweise im Kalkulationsschema. Die weitere Kalkulation berücksichtigt *berechtigte Erwartungen Dritter*. Dies gilt für den Anspruch eines Vertreters auf Verkaufsprovision ebenso wie für das Recht des Kunden, die Konditionen der offerierten Zahlungsbedingungen (Rabatt, Skonto) zu nutzen.

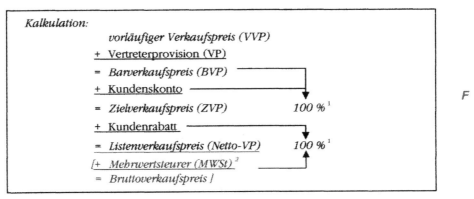

---

[1] 100 % = Zuschlagsbasis
[2] Mehrwertsteuer = durchlaufender Posten

Der Kunde geht vom *Listenverkaufspreis* aus und berechnet:

Kundenrabatt:

Der dem Kunden gebotene Rabatt wird vom Kunden automatisch auf Basis des *Listenpreises* abgezogen (Vorausrabatt). Ergebnis ist der Zielverkaufspreis.

Kundenskonto:

Nach Abzug des Rabatts kann der Kunde bei *fristgemäßer Zahlung*, sofern die Konditionen dies erlauben, Skonto abziehen. Der Kunde wird den Skontobetrag vom Zielverkaufspreis (Basis) abziehen.

Anspruch des Vertreters auf *Provision*:

Vertreterprovision:

Dem Vertreter steht für seine Verkaufsleistung eine Provision zu. Da der Vertreter aber die fristgemäße Zahlung durch den Kunden nicht beeinflussen kann, hat er einen Anspruch auf Provision vom Zielverkaufspreis:

☞
> *Zielverkaufspreis = Angebotspreis – (Voraus-) Rabatt.*

Mehrwertsteuer als durchlaufender Posten:

Die Mehrwertsteuer wird auf den *Zahlungsbetrag* (Basis) geschlagen.

☞
> *Zahlungsbetrag = Listenverkaufspreis – Rabatt, ggf.– Skonto*

Unter Kaufleuten spielt die Mehrwertsteuer in der Kalkulation keine Rolle, da sie ein *durchlaufender Posten* ist.

Es kommen folgende *Kalkulationsverfahren* zur Anwendung:

- *Progressive Angebotskalkulation*
- *Retrograde Angebotskalkulation*
- *Differenzkalkulation*

Progressive Angebotskalkulation

Die Progressive Angebotskalkulation ermittelt vorwärts schreitend unter Berücksichtigung der Kostenbestandteile zunächst die Selbstkosten und darüber hinaus in Abhängigkeit von der Vertriebsorganisation und den Zahlungsbedingungen den Angebotspreis.

Es ist zu beachten, dass die *Angebotskalkulation* nur eine Grundlage für eine Festlegung von Angebots- bzw. Verkaufspreisen liefert. *Marktorientierte*, *Strategische* und natürlich auch *psychologische Gesichtspunkte* sind für die endgültige Preisgestaltung mit ausschlaggebend.

Kalkulationsschema für die progressive Angebotskalkulation:

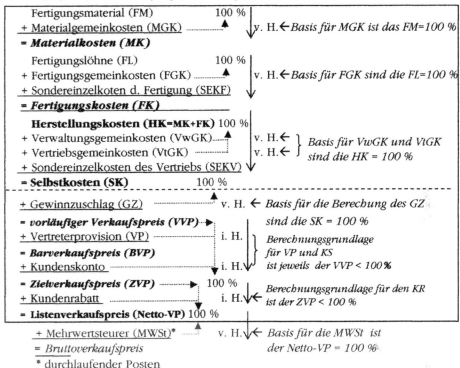

Bei *progressiver Kalkulation* ist zu beachten:

- *Kundenrabatt* wird auf Basis des *Zielverkaufspreises* als *verminderter Grundwert* berechnet → *im-Hundert-Rechnung.*
- Der *vorläufige Verlaufspreis* ist als verminderter Grundwert Grundlage für die Berechnung des *Kundenskonto* und der *Vertreterprovision* → *im-Hundert-Rechnung.*

BEISPIEL

Ein Kunde stellt einen Auftrag über die Fertigung von 7.200 Kurbelwellen in Aussicht und fordert ein Angebot an.

Die Angebotskalkulation wird auf der Grundlage folgender Zahlen erstellt:

Einzelkosten des Auftrags: FM 107.712,00 EUR,
FL 1 (Drehen): 526 Std. à 36,00 EUR/ Std. =   18.936,00 EUR,
FL 2 (Fräsen): 222 Std. à 36,00 EUR/ Std. =   7.992,00 EUR,
SEKF 216,00 EUR

Normal-Zuschlagssätze:
MGK 6 %, FGK 1 (Drehen) 120 %, FGK 2 (Fräsen) 130 %, VwGK 5,5 %, VtGK 5 %.

Kaufmännische Zuschläge:

Gewinnzuschlag	10 %	Kundeskonto	2 %
Vertreterprovision	0 % (Direktverkauf ab Werk)	Kundenrabatt	5 %

Es ist der Angebotspreis zu berechnen.

Angebotskalkulation

		%	EUR	EUR	
1	Fertigungsmaterial FM		107.712,00	100%	
2	+ Materialgemeinkosten MGK	6,00	6.462,72	↑	
3	**Materialkosten MK**			114.174,72	
4	Fertigungslöhne FL		18.936,00	100%	
5	+ Fertigungsgemeinkosten FGK	120,00	22.723,20	↑	
6	Fertigungslöhne FL		7.992,00	100%	
7	+ Fertigungsgemeinkosten FGK	130,00	10.389,60	↑	
8	+ Sondereinzelkoten d. Fertigung SEKF		216,00		
9	**Fertigungskosten FK**			60.256,80	
10	**Herstellungskosten HK (3+9)**			174.431,52	100 %
11	+ Verwaltungsgemeinkosten VwG	5,50		9.593,73	
12	+ Vertriebsgemeinkosten VtGK	5,00		8.721,58	
13	+ Sondereinzelkosten des Vertriebs SEKV			0,00	
14	**Selbstkosten SK**			192.746,83	100 %
15	+ Gewinnzuschlag	10,00		19.274,68	
16	**vorläufiger Verkaufspreis**			212.021,51	
17	+ Vertreterprovision	0,00		0,00	
18	**Barverkaufspreis**			0,00	
19	+ Kundenskonto	2,00		4.326,97	
20	**Zielverkaufspreis**			216.348,48	100 %
21	+ Kundenrabatt	5,00		11.386,76	
22	**Listenverkaufspreis (Nettoverkaufspreis)**			227.735,24	100 %
	+ Mehrwertsteuer (MWSt)*	16,00		36.437,64	
	Bruttoverkaufspreis			264.172,88	
	*) durchlaufender Posten				

In Abhängigkeit von den *Konditionen* kommen als *Angebotspreis* in Frage:

- *Angebotspreis = vorläufiger Verkaufspreis: 212.021,51 EUR rein netto ohne Abzug*
  oder

- *Angebotspreis = Zielverkaufspreis: 216.348,48 EUR. Bei Zahlung innerhalb
  14 Tagen 2 % Skonto.*
  oder

- *Angebotspreis = Listenverkaufspreis: 227.735,24 EUR abzüglich 5 % Kundenrabatt.
  Bei Zahlung innerhalb 14 Tagen 2 % Skonto.*

Retrograde Angebotskalkulation

Häufig ist eine ausschließlich an Kosten orientierte Kalkulation des Angebotspreises nicht möglich. Die *Konkurrenzsituation* zwingt dazu, den *Marktpreis* vergleichbarer Produkte und die marktüblichen Konditionen bei der Kalkulation des eigenen Produkts zu berücksichtigen. In diesem Fall wird ein auf dem Markt realisierbarer Verkaufspreis Ausgangspunkt für eine rückwärts schreitende (retrograde) Kalkulation sein.

Kalkulationsschema für die retrograde Angebotskalkulation:

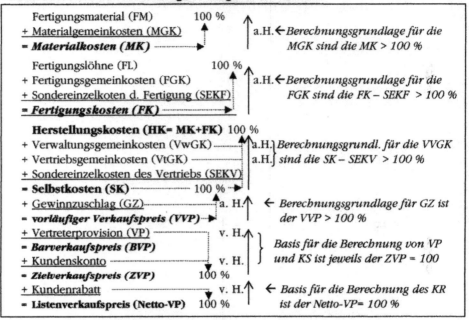

Bei *retrograder Kalkulation* ist zu beachten:

- Bei retrograder Kalkulation kehren sich die Vorzeichen gegenüber der progressiven Kalkulation um. Im Bereich der gesamten Selbstkostenkalkulation kommt die auf-Hundert-Rechnung (Vermehrter Grundwert) zur Anwendung

- *Kundenrabatt* wird auf Basis des *Listenverkaufspreises (=Grundwert)* berechnet → *vom-Hundert-Rechnung.*

- Für *Kundenskonto* und *Vertreterprovision* ist jeweils der Zielverkaufspreis (= Grundwert) Berechnungsgrundlage → *vom-Hundert-Rechnung.*

- Die Berechnung des Gewinnzuschlags erfolgt auf Grundlage des vorläufigen Verkaufspreises als vermehrter Grundwert → *auf-Hundert-Rechnung.*

Es wird ein Angebot über die Lieferung von 7.200 Kurbelwellen erstellt.

Im Hinblick auf die Konditionen der Konkurrenz soll der Angebotpreis (Listenverkaufspreis) 220.000,00 EUR nicht überschreiten.

Nachgebende Preise auf dem Rohstoffmarkt bieten dem Einkäufer eine starke Position bei der Verhandlung der Konditionen. Es soll der Verfügungsbetrag für die Beschaffung des Fertigungsmaterials ermittelt werden.

Einzelkosten des Auftrags: **FM ?**, FL 1 (Drehen) 18.936,00 EUR, FL 2 (Fräsen) 7.992,00 EUR, SEKF 216,00 EUR

Normal-Zuschlagssätze: MGK 6 %, FGK 1 (Drehen) 120 %, FGK 2 (Fräsen) 130 %, VwGK 5,5 %, VtGK 5 %

Kaufmännische Zuschläge:

Gewinnzuschlag	10 %	Kundeskonto	2 %
Vertreterprovision	0 % (Direktverkauf ab Werk)	Kundenrabatt	5 %
Lieferung frei Haus.			

Angebotskalkulation

		%	EUR	EUR	
1	Fertigungsmaterial FM		102.122,63	100%	
2	+ Materialgemeinkosten MGK	6,00	6.127,36		
3	**Materialkosten MK**			108.249,99	
4	Fertigungslöhne FL		18.936,00	100%	
5	+ Fertigungsgemeinkosten FGK	120,00	22.723,20		
6	Fertigungslöhne FL		7.992,00	100%	
7	+ Fertigungsgemeinkosten FGK	130,00	10.389,60		
8	+ Sondereinzelkoten d. Fertigung SEKF		216,00		
9	**Fertigungskosten FK**			60.256,80	
10	**Herstellungskosten HK (3+9)**			168.506,79	100 %
11	+ Verwaltungsgemeinkosten VwG	5,50		9.267,87	
12	+ Vertriebsgemeinkosten VtGK	5,00		8.425,34	
13	+ Sondereinzelkosten des Vertriebs SEKV			0,00	
14	**Selbstkosten SK**			186.200,00	100 %
15	+ Gewinnzuschlag	10,00		18.620,00	
16	**vorläufiger Verkaufspreis**			204.820,00	
17	+ Vertreterprovision	0,00		0,00	
18	**Barverkaufspreis**			204.820,00	
19	+ Kundenskonto	2,00		4.180,00	
20	**Zielverkaufspreis**			209.000,00	100 %
21	+ Kundenrabatt	5,00		11.000,00	
22	**Listenverkaufspreis (Nettoverkaufspreis)**			220.000,00	100 %
	+ Mehrwertsteuer (MWSt)*	16,00		35.200,00	
	Bruttoverkaufspreis			255.200,00	
	*) durchlaufender Posten				

Für die Beschaffung des Fertigungsmaterials stehen 102.122,63 EUR zur Verfügung.

Differenzkalkulation

Als *Preisuntergrenze* bei *Vollkostenrechnung* sind nach Abzug der kaufmännischen Bestandteile der Kalkulation die *Selbstkosten* = Vollkostendeckung anzusetzen. *Gewinn* wird erst mit einer *Überdeckung der Selbstkosten* durch den am Markt erzielten Preis erzielt. Jede Preissenkung geht zu Lasten des Gewinns.

Die Differenzkalkulation ermittelt, welcher Gewinn, absolut und als Gewinnzuschlag auf die Selbstkosten in Prozent, bei gegebenen Selbstkosten und gegebenem Marktpreis realisiert werden kann.

Kalkulationsschema für die Differenzkalkulation

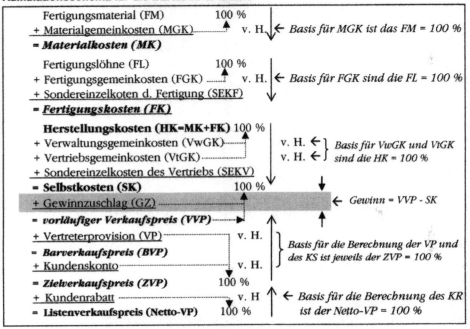

Ein Kunde stellt einen Auftrag zur Fertigung von 7.200 Kurbelwellen in Aussicht.

Im Hinblick auf die Konditionen der Konkurrenz soll der Angebotpreis (Listenverkaufspreis) 220.000,00 EUR nicht überschreiten.

Die kaufmännischen Aufschläge entsprechen den Konditionen des Marktsegments.

Im Materialbereich können auf Grund der derzeit günstigen Bedingungen auf dem Beschaffungsmarkt die Kosten für das benötigte Fertigungsmaterial mit 105.000,00 EUR veranschlagt werden.

Zahlenmaterial für die Kalkulation:

Einzelkosten des Auftrags: FM 105.000,00 EUR, FL 1 (Drehen) 18.936,00 EUR, FL 2 (Fräsen) 7.992,00 EUR, SEKF 216,00 EUR

Normal-Zuschlagssätze: MGK 6 %, FGK 1 (Drehen) 120 %, FGK 2 (Fräsen) 130 %, VwGK 5,5 %, VtGK 5 %.

Kaufmännische Zuschläge:

Gewinnzuschlag	? %	Kundeskonto	2 %
Vertreterprovision	0 % (Direktverkauf ab Werk)	Kundenrabatt	5 %
Lieferung frei Haus.			

Welcher Gewinn kann in Euro und in Prozent von den Selbstkosten erzielt werden?

LÖSUNG

Angebotskalkulation

		%	EUR	EUR	
1	Fertigungsmaterial FM		105.000,00	100%	
2	+ Materialgemeinkosten MGK	6,00	6.300,00	↑	
3	**Materialkosten MK**			111.300,00	
4	Fertigungslöhne FL		18.936,00	100%	
5	+ Fertigungsgemeinkosten FGK	120,00	22.723,20	↑	
6	Fertigungslöhne FL		7.992,00	100%	
7	+ Fertigungsgemeinkosten FGK	130,00	10.389,60	↑	
8	+ Sondereinzelkoten d. Fertigung SEKF		216,00		
9	**Fertigungskosten FK**			60.256,80	
10	**Herstellungskosten HK (3+9)**			171.556,80	100 %
11	+ Verwaltungsgemeinkosten VwG	5,50		9.435,62	↑
12	+ Vertriebsgemeinkosten VtGK	5,00		8.577,84	
13	+ Sondereinzelkosten des Vertriebs SEKV			0,00	
14	**Selbstkosten SK**			189.570,26	100 %
15	+ Gewinnzuschlag	8,04		15.249,74	↑
16	**vorläufiger Verkaufspreis**			204.820,00	
17	+ Vertreterprovision	0,00		0,00	
18	**Barverkaufspreis**			204.820,00	
19	+ Kundenskonto	2,00		4.180,00	
20	**Zielverkaufspreis**			209.000,00	100 %
21	+ Kundenrabatt	5,00		11.000,00	
22	**Listenverkaufspreis (Nettoverkaufspreis)**			220.000,00	100 %
	+ Mehrwertsteurer (MWSt)*	16,00		35.200,00	
	Bruttoverkaufspreis			255.200,00	
	*) durchlaufender Posten				

Der Gewinn beträgt 15.249,74 EUR. Das entspricht einem Gewinnzuschlag von 8,04 %.

Jeder Kostenbestandteil muss auf die Möglichkeit hin untersucht werden, in wieweit durch Rationalisierungsmaßnahmen die Rentabilität des Produkts positiv beeinflusst werden kann:

- Einsparungsmöglichkeiten im Materialbereich:

  Substitution des Fertigungsmaterials, Rationalisierung der Lagerhaltung, Nutzung günstiger Angebote etc.

- Einsparungen im Fertigungsbereich:

  Organisatorische Maßnahmen zur Minderung der Durchlaufzeiten, Optimierung der Kapazitätsauslastung des Maschinenparks etc.

- Rationalisierung in der Verwaltung und im Vertrieb:

  Regelung von Kompetenzen, Überprüfung der Arbeitsablaufpläne, Wahl einer kostengünstigen Vertriebsform etc.

Auch die kaufmännischen Positionen der Angebotskalkulation müssen im Hinblick auf Möglichkeiten zur Preisgestaltung untersucht werden: ggf. Änderung der Konditionen Rabatt und Skonto.

3.4 Kostenvergleich und Kostenanalyse

Voraussetzung für ein effizientes Kostenmanagement ist die detaillierte Kenntnis der Kosten- und Leistungsstrukturen innerhalb des Betriebs und die permanente Beobachtung der Kostenentwicklung im Zeitverlauf.

Ein konsequentes Kostencontrolling mit systematischen *Kostenvergleichen* und *Analysen* der Kostensituation dient der *Wirtschaftlichkeitskontrolle* und liefert gleichzeitig führungsrelevante Informationen, die eine gezielten *Steuerung betrieblicher Abläufe* im Sinne einer *Kostenbeeinflussung* ermöglichen.

Kostenvergleich

Der Kostenvergleich dient der Überwachung des Kostenvolumens und damit der Sicherung der Wirtschaftlichkeit.

Man unterscheidet:

- *Zeitvergleich*: Die Kosten einer Kostenstelle werden mit deren Kosten in einem anderen Zeitabschnitt (Vorperiode) verglichen.

- *Innerbetrieblicher Vergleich*: Periodenkosten einer Kostenstelle werden mit den Kosten gleichartiger Kostenstellen verglichen.

- *Zwischenbetrieblicher Vergleich*: Die in einer Periode angefallenen Kosten werden den Kosten eines vergleichbaren Betriebs oder den Kenn- bzw. Richtzahlen der Branche gegenüber gestellt.

Kostenanalyse

Der Kostenvergleich ist Grundlage für eine anschließende Kostenanalyse:

- ***Abweichung der Istkosten von den Normalkosten***

  Grundlage für die *Vorkalkulation von Aufträgen* sind neben den Einzelkosten die vorgegebenen Normal-Gemeinkostenzuschläge, die auf *Erfahrungswerten* vergangener Abrechnungsperioden beruhen.

  Der Vergleich der *tatsächlich angefallenen Istkosten,* die der Nachkalkulation des *BAB* zu entnehmen sind, mit den Normalkosten der Vorkalkulation ermöglicht eine Analyse von Abweichungen. Dabei sind sowohl *Unterdeckung* als auch *Überdeckung* der kalkulierten und den Kunden berechneten Normalkosten kritisch zu betrachten.

  Stellt sich bei einer Kostenunterdeckung heraus, dass *Unwirtschaftlichkeiten* eines Kostenbereichs Ursache sind, so hat sich der *Kostenstellenleiter* hierfür zu verantworten.

  Zeichnet sich beim *Zeitvergleich* mehrerer Abrechnungsperioden ein Trend zur Unter- oder Überdeckung eines Kostenbereichs ab, so ist eine Korrektur der Normalkostenvorgaben vorzunehmen. Um die *Wirtschaftlichkeitskontrolle*[1] effizient zu gestalten, ist eine differenzierte Prüfung nach *Produktgruppen* und einzelnen *Kostenstellen* erforderlich.

- *Gemeinkostenzuschlagssätze*

Gemeinkostenzuschlagssätze vermitteln Erkenntnisse bezüglich der Kostenstruktur und der Kostenursachen:

- Der *Fertigungsgemeinkosten-Zuschlagssatz* lässt einen Schluss auf die *Kapitalintensität* der Fertigung zu: Bei industrieller Fertigung von Massengütern kann der Fertigungsgemeinkosten-Zuschlagssatz mehrere Hundert Prozent betragen. Bei handwerklich ausgelegter Fertigung oder bei Manufaktur kleiner Serien wird sich der Fertigungsgemeinkosten-Zuschlagssatz i. d. R. unter hundert Prozent bewegen.

- Der *Materialgemeinkosten-Zuschlagssatz* ist ein Spiegelbild der *Materialverwaltung* und der *Materiallogistik*.

  Aus organisatorischer Sicht wird die Größenordnung des *Materialgemeinkosten-Zuschlags* zwangsläufig unterschiedlich ausfallen, je nachdem ob das klassische Lagerbestandsmanagement, die chaotische Lagerhaltung oder die Just-in-time-Zulieferung zur Anwendung kommt. Natürlich ist für ein Benchmark[2] nur der Vergleich mit Betrieben gleicher Organisationsform geeignet.

- Der *Verwaltungskosten-Zuschlagssatz* wirft bei Gegenüberstellung mit den Verwaltungskosten gleichartiger Betriebe ein Licht auf die Effizienz der eigenen Verwaltung. Besonders bei expandierenden Unternehmen oder auch im Fall von Unternehmenszusammenschlüssen besteht die Gefahr, dass sich mit fortschreitender Größe ein „Wasserkopf der Verwaltung" bildet, der durch hohe Kosten bei geringer Effizienz gekennzeichnet ist.

- *Kennzahlen*

Diverse Varianten des *Personalkostengrads (PKG)* können im innerbetrieblichen Zeitvergleich oder aber auch im Branchenvergleich Grundlagen für strategische Entscheidungen der Geschäftsleitung liefern.

Die Basisformel für den Personalkostengrad lautet:

$$PKG \text{ in Prozent} = \frac{Personalkosten \cdot 100}{Gesamtkosten} \qquad F$$

Die Aussagekraft der Kennziffer des Personalkostengrads wird gesteigert, wenn eine Aufspaltung der Personalkosten in Gehalts- und Lohnkosten erfolgt.

---

[1] Nähere Ausführungen zur Kontrolle der Wirtschaftlichkeit im Sinne eines Normal-/ Istkosten-Vergleichs finden sich im Kapitel ‚*Kostenträgerblatt*', S. 104 ff.

[2] Benchmark-Test = Leistungsvergleich zwischen gleichartigen technischen oder organisatorischen Einheiten.

Daraus ergeben sich folgende Varianten des Personalkostengrads, *nach Bedarf* getrennt z. B. für Entwicklung, Arbeitsvorbereitung, Fertigung, Montage:

F
$$PKG\ (Gehälter) = \frac{Gehaltskosten \cdot 100}{Gesamtkosten} \quad \bigg| \quad PKG\ (Löhne) = \frac{Lohnkosten \cdot 100}{Gesamtkosten}$$

Zu den *globalen Betriebskennzahlen* treten *produktbezogene Kennzahlen* hinzu.

Im Fertigungsbereich sind die *Lohnstückkosten* von besonderer Bedeutung:

F
$$Lohnstückkosten\ in\ Prozent = \frac{(Fertigungs\text{-})Lohnkosten\ pro\ Einheit \cdot 100}{Selbstkosten\ pro\ Einheit}$$

Analog können Kennzahlen für die anderen Kostenbereiche definiert werden.

Für die Auswertung aller Kennzahlen der Kostenrechnung gilt, dass die Kostenanalyse ein (wesentlicher) Mosaikstein ist, um strategische Entscheidungen der Geschäftsleitung vorzubereiten. Um die Ergebnisse der Kostenrechnung richtig interpretieren zu können, müssen allerdings zusätzlich Marktdaten, die Besonderheiten der Zielgruppe und nicht zuletzt die Unternehmensphilosophie berücksichtigt werden.

3.5 Zuverlässigkeit der Kosten- und Leistungsrechnung

Eine absolut exakte Kosten- und Leistungsrechnung ist nicht möglich, da systembedingte Ungenauigkeiten und beschäftigungsbedingte Kostenabweichungen unvermeidlich sind.

Systembedingte Ungenauigkeiten

Bereits bei der *Erfassung der Kostenarten* werden *Verrechnungspreise* festgelegt, die auf Erfahrungswerten in den vergangenen Abrechnungsperioden und auf der Einschätzung der Kostenentwicklung fußen. Fehleinschätzungen der Kostenentwicklung führen zu Kostenansätzen, die sich in der Nachkalkulation nicht bestätigen. Ein fehlerhafter Kostenansatz der Kostenartenrechnung führt in der Kostenstellenrechnung und folglich auch in der Kostenträgerrechnung zu ungenauen Ergebnissen.

Im Bereich der *Kostenstellenrechnung* werden Ergebnisse auf Grund der nur indirekten Zurechnung der Gemeinkosten nicht absolut korrekt sein. Diese verrechnungstechnische Ungenauigkeit ist unvermeidbar, da die notwendige *Schlüsselung der Gemeinkosten* nur Näherungswerte liefern kann.

Hinzu kommt, dass der anzustrebenden Genauigkeit der Rechnung durch die Befolgung des *Wirtschaftlichkeitsprinzips* Grenzen gesetzt sind: Es muss eine Abwägung zwischen dem Arbeitsaufwand der Verrechnungsmethode und dem Nutzen einer möglichen Steigerung der Genauigkeit erfolgen.

Beschäftigungsbedingte Ungenauigkeiten

Ein größeres Problem ist die Validität[1] der Ergebnisse der Kostenstellen- und Kostenträgerrechnung bei *Beschäftigungsschwankungen*.

Die für die Kalkulation berechneten *Gemeinkostenzuschlagssätze* haben nur *Gültigkeit* bei
Einhaltung der *geplanten Beschäftigung*, für die sie ermittelt wurden. Dies liegt daran, dass
sich nur die Einzelkosten als variable Kosten mit der Beschäftigung proportional verändern.
Die überwiegend fixen Anteile der Gemeinkosten hingegen bleiben bei veränderter Kapazitätsauslastung unverändert.

Jede auftragsbedingte Abweichung von der Planbeschäftigung führt bei Anwendung der für
Planbeschäftigung ermittelten Zuschlagssätze unweigerlich zu fehlerhaften Ergebnissen, denn
eine zur Kapazitätsauslastung *proportionale* Entwicklung der Gemeinkosten ist nicht gegeben.

BEISPIEL

Im Monat Mai wurden bei Planbeschäftigung 5.000 Einheiten des Produkts A hergestellt. Die
Betriebsbuchhaltung hat für den Abrechnungszeitraum folgende Zahlen ermittelt.

Kalkulation der Materialkosten:

Verbrauch an Fertigungsmaterial: 170.000,00 EUR.

Materialgemeinkosten lt. BAB: 8.750,00 EUR.

Daraus ergibt sich folgender Materialkosten-Zuschlagssatz:

$$MGK\text{-}ZS = \frac{8.750,00\ EUR \cdot 100}{175.000,00\ EUR} = 5,00\,\%$$

Materialkosten einer Produktionseinheit:

Fertigungsmaterial je Einheit (FM):	170.000,00 EUR/ 5000 E =	*34,00 EUR*
+ *Materialgemeinkosten (MGK) 5 %*		*1,70 EUR*
Materialkosten für eine Einheit		*35,70 EUR*

Der Materialkosten-Zuschlagssatz von 5 % wird zur Kalkulationsgrundlage für die Angebotskalkulation im kommenden Quartal.

Im Monat Juni ist die Beschäftigung um 10 % auf 4500 Einheiten gesunken, dafür konnte
im Monat Juli die Planbeschäftigung mit 5500 Einheiten um 10 % überschritten werden.

Die Kalkulation der Materialkosten kann trotz dieser Beschäftigungsschwankungen aus
Gründen der Kontinuität der Kostenrechnung nicht geändert werden.

Um die reale Kostenentwicklung einschätzen zu können, muss berücksichtigt werden,
dass Einzelkosten überwiegend variable Kosten sind, während ein erheblicher Anteil der
Gemeinkosten zu den fixen Kosten zählt.

Zur Vereinfachung der Kontrollrechnung wird unterstellt, dass sich der Materialverbrauch vollständig proportional zur Beschäftigung verhält und dass die Material-
Gemeinkosten im genannten Zeitraum zu hundert Prozent fixe Kosten darstellen.

---

[1] Validität: Zuverlässigkeit (einer Analyse, einer Erkenntnis)

Tatsächliche Kostenentwicklung in Abhängigkeit von Produktionsschwankungen:

a) Monat Juni, Fertigung von *4500 Einheiten*:

   Einzelkosten = variable Kosten: Bewerteter Materialverbrauch
   4500 E · 34,00 EUR /E =   153.000,00 EUR

   Gemeinkosten = fixe Kosten, unverändert 8.750,00 EUR

   Realer MGK-Zuschlagssatz $= \dfrac{8.750,00\ EUR \cdot 100}{153.000,00\ EUR} = 5{,}72\ \%$

   Die Kalkulation der Materialkosten für eine Einheit müsste dem gemäß lauten:

Fertigungsmaterial (Einzelkosten)	*34,00 EUR*
+ *Materialgemeinkosten (MGK) 5,72 %*	*1,94 EUR*
Materialkosten für eine Einheit	*35,94 EUR*

   Da wegen des Normalcharakters der Kosten, und auch aus Gründen der vertraglichen Bindung, mit Materialgemeinkosten von 1,70 EUR/ E kalkuliert werden muss, besteht eine *Kosten-Unterdeckung* von 1,70 EUR – 1,94 EUR = – 0,24 EUR je Einheit.

   Auf die ganze Produktion bezogen:

   Kosten-Unterdeckung = - 0,24 EUR/ E · 4500 E = - *1.080,00 EUR*.

b) Monat Juli, Fertigung von *5500 Einheiten*:

   Einzelkosten = variable Kosten: Bewerteter Materialverbrauch
   5500 E · 34,00 EUR /E =   187.000,00 EUR

   Gemeinkosten = fixe Kosten, unverändert 8.750,00 EUR

   Realer MGK-Zuschlagssatz $= \dfrac{8.750,00\ EUR \cdot 100}{187.000,00\ EUR} = 4{,}68\ \%$

   Die Kalkulation der Materialkosten für eine Einheit müsste also lauten:

Fertigungsmaterial (Einzelkosten)	*34,00 EUR*
+ *Materialgemeinkosten (MGK) 4,68 %*	*1,59 EUR*
Materialkosten für eine Einheit	*35,59 EUR*

   Es besteht eine Kosten-Überdeckung von 1,70 EUR–1,59 EUR = 0,11 EUR je Einheit.

   Auf die ganze Produktion bezogen:

   Kosten-Überdeckung = 0,11 EUR/ E · 5500 E = + *605,00 EUR*.

So lange die Ist-Beschäftigung um die geplante Planbeschäftigung schwankt, gleichen sich Unter- und Überdeckung der Kosten im Zeitverlauf in etwa aus.

Wird ein dauerhafter Trend zu einer von der Planbeschäftigung abweichenden Kapazitätsauslastung im positiven oder im negativen Sinne festgestellt, so ist eine Anpassung der Planbeschäftigung und hiermit verbunden auch eine Anpassung der Zuschlagssätze erforderlich.

Grundsatz für die Kostenrechnung

Das Wirtschaftlichkeitsprinzip verlangt die Wahl von Kalkulationsmethoden, die eine ausreichende Genauigkeit der Kostenrechnung bei möglichst geringem Arbeitsaufwand sicherstellen.

„Nicht so genau und gut wie möglich, sondern so genau und gut wie nötig!"

(REFA, Aufbauseminar Kostenwesen, Kap. 4, S. 39)

4. Deckungsbeitragsrechnung (Direct Costing)

Teilkostenrechnung

Neben dem Problem der Proportionalisierung fixer Kosten bei Anwendung der differenzierten Zuschlagskalkulation ist ein weiterer Schwachpunkt der mittel- und langfristig angelegten Vollkostenrechnung darin zu sehen, dass kaum Indikatoren zur Unterstützung kurzfristiger betrieblicher Entscheidungen abgeleitet werden können.

Auf der Suche nach einem Instrumentarium zur Vorbereitung kurzfristiger, kostenrelevanter Entscheidungen, vornehmlich im Fertigungs- und Absatzbereich, wurden Kostenelemente bezüglich ihrer Eignung für Steuerungsaufgaben untersucht.

Es wurden verschiedene Systeme der *Teilkostenrechnung* entwickelt, die bei der Zurechnung der Kosten auf Kostenstellen/ Kostenträger jeweils auf die Berücksichtigung gewisser Kostenbestandteile verzichten.

Ein Denkansatz konzentrierte sich auf die *Grenzkosten (marginal costs,* siehe S. 28*)*, die als durch die Herstellung einer zusätzlichen Produkteinheit bedingter Kostenzuwachs definiert sind. Bei variablem Verlauf der produktionsabhängigen Kosten sind die Grenzkosten identisch mit den durch den Produktionsvorgang initiierten *variablen = proportionalen Kosten*[1] *(direct costs).*

Aus dieser Erkenntnis erwuchs in den USA das Gedankengebäude des Direct Costing[2], das in Deutschland in Form der *Deckungsbeitragsrechnung* breiten Einsatz findet.

Während im Rahmen der Vollkostenrechnung Selbstkosten ermittelt werden, die über den Umsatzerlös zu decken sind, liegt der Angelpunkt des *Direct Costing* bei den *variablen Kosten*, die dem realisierbaren *Marktpreis* gegenüber gestellt werden.

---

[1] siehe Neuere Kostentheorie, Linearitätsprämisse, S. 31

[2] direct costing = Einfaches Teilkostenrechnungssystem, das in den 30er Jahren in den USA entwickelt wurde. Das direct costing basiert auf einer Spaltung der Kosten (Kostenauflösung) in fixe Kosten und variable Kosten, wobei als Kosteneinflussgröße die Beschäftigung herangezogen wird.

Vergleich der unterschiedlichen Denkansätze

Vollkostenrechnung

Es erfolgt die Berechnung der

Selbstkosten: $K = K_f + K_v$

Teilkostenrechnung

Schwerpunktmäßiger Ansatz sind die

variablen Kosten: $K = K_v$ $[+K_f]$.
Eine zusätzliche Berücksichtigung der fixen
Kosten führt zum Abgleich der Teilkosten-
rechnung mit der Vollkostenrechnung.

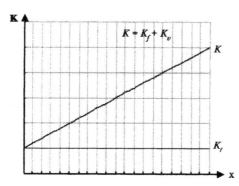 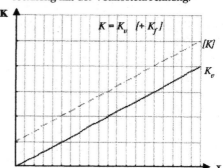

Abbildung 33: Vergleich Vollkostenrechnung - Teilkostenrechnung

Die Einbeziehung der (Umsatz-) Erlöse in die Kostenbetrachtung ergibt in beiden Kalkula-
tionssystemen einen identischen Break-even-Point (= Gewinnschwelle, siehe S. 37):

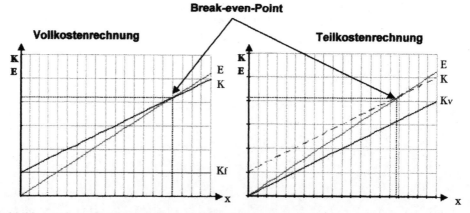

Abbildung 34: Grafische Darstellung des Break-even-Point bei Voll- und Teilkostenrechnung

Deckungsbeitragsrechnung

Der Begriff des *Deckungsbeitrags* wird als *Beitrag zum Gesamterfolg* definiert.

Ausgangspunkt für die Kostenbetrachtung der Deckungsbeitragsrechnung ist der Marktpreis. Die Deckungsbeitragsrechnung ist eine *,Kalkulation vom Markte her'*. Rechnerisch lässt sich der Deckungsbeitrag als Differenz zwischen dem realisierbaren Erlös und den von einem Auftrag verursachten Kosten (Grenzkosten, variable Kosten) ermitteln.

Vollkosten- und Teilkostenrechnung führen zwar nach Abgleichung (Einbeziehung der fixen Kosten in die Teilkostenrechnung) zum gleichen Ergebnis. Der unterschiedliche Ansatz liefert jedoch anders strukturierte Kostendaten, die alternative strategische Entscheidungen in einem anderen Licht erscheinen lassen.

BEISPIEL

Die Betriebsleitung muss über die Annahme eines möglichen Zusatzauftrags über 500 Wellenlager entscheiden. Es liegt eine entsprechende Anfrage eines Kunden vor, der allerdings nur bereit ist, den Auftrag zu erteilen, wenn sein Preislimit von 6.000,00 EUR für den gesamten Auftrag nicht überschritten wird. Auf Grund der gegenwärtigen Beschäftigungssituation steht die für die Erledigung des Auftrags notwendige Kapazität zur Verfügung. Bei knapper Kalkulation ermittelt die Arbeitsvorbereitung Selbstkosten in Höhe von 6.400,00 EUR. Der Anteil der dem Auftrag zurechenbaren fixen Kosten wird auf 20 % geschätzt.

LÖSUNG

a) Vollkostenkalkulation

Erlös	*6.000,00 EUR*
– Selbstkosten	*6.400,00 EUR*
Verlust	*– 400,00 EUR*

Der Auftrag kann auf Grundlage der Vollkostenrechnung zu den Bedingungen des Kunden nicht angenommen werden, da der in Aussicht gestellte Erlös von 6.000,00 EUR nicht einmal die kalkulierten Selbstkosten in Höhe von 6.400,00 EUR deckt. Die Annahme des Auftrags würde zu einem Verlust in Höhe von 400,00 EUR führen.

Die Frage, wie sich Annahme oder Ablehnung des Auftrags auf das *Betriebsergebnis* auswirken, kann mit Hilfe der Vollkostenrechnung nicht beantwortet werden.

Hier bietet die *Deckungsbeitragsrechnung* durch Berücksichtigung der Kostenstruktur wertvolle Entscheidungshilfe.

b) Teilkostenrechnung in Form der Deckungsbeitragsrechnung

   ba) Annahme des Auftrags:

K_f = 20 % von	*6.400,00 EUR*	=	*1.280,00 EUR* [Betriebsbereitschaftskosten]
+ K_v = 80 % von	*6.400,00 EUR*	=	*5.120,00 EUR* [auftragsbedingte Kosten]
Selbstkosten		=	*6.400,00 EUR*

Fortsetzung *ba)*

Auswirkung der *Annahme* des Auftrags auf das Betriebsergebnis:

Erlös	6.000,00 EUR	
− *Selbstkosten*	6.400,00 EUR	
Verlust	*− 400,00 EUR*	*[Ergebnis identisch mit Vollkostenrechnung]*

bb) *Ablehnung des Auftrags:*

K_f	=	1.280,00 EUR	*[Kosten der Betriebsbereitschaft bleiben erhalten]*
+ *Kv*	=	0,00 EUR	*[auftragsbedingte Kosten entstehen nicht]*
Kosten	=	1.280,00 EUR	

Auswirkung der *Ablehnung* des Auftrags auf das Betriebsergebnis:

Erlös	0,00 EUR	*[kein Erlös wegen Ablehnung d. Auftrags]*
− *verbleibende Kosten*	1.280,00 EUR	*[ungeminderte fixe Kosten]*
Verlust	*− 1.280,00 EUR*	

Aus Sicht der Deckungsbeitragsrechnung sollte der Auftrag angenommen werden, da dadurch das Betriebsergebnis verbessert wird:

von 1.280,00 EUR auf − 400,00 EUR → Minderung des Verlusts um 880,00 EUR.

Begründung: *Bei Ablehnung des Auftrags entstehen zwar keine variablen Kosten, allerdings kann auch kein Umsatzerlös erzielt werden.*
Die zurechenbaren fixen Kosten bleiben bei Ablehnung des Auftrags als Kosten der Betriebsbereitschaft voll erhalten.

Ein Erlös, der über den durch den Auftrag verursachten variablen Kosten liegt, steht zur *(Teil-)Deckung der ohnehin anfallenden fixen Kosten* zur Verfügung.

Für die Entscheidung über Annahme oder Ablehnung eines Auftrags bei freien Produktionskapazitäten gilt grundsätzlich, dass eine Teildeckung der fixen Kosten durch den Zusatzauftrag auf jeden Fall besser ist als ein Verzicht auf die (teilweise) Deckung der fixen Kosten.

Voraussetzungen für den Einsatz der Deckungsbeitragsrechnung

- In erster Linie müssen *freie Kapazitäten* die Annahme von Zusatzaufträgen ermöglichen.

- Da die Deckungsbeitragsrechnung eine Kalkulation ‚vom Markte her' ist, muss ein *Marktpreis* als Ausgangspunkt für die Rechenoperation gegeben sein.

  [Die Deckungsbeitragsrechnung kommt somit *nicht* in Frage für:

  - *Vorkalkulation* bei Einzel- oder Sonderaufträgen (kein Marktpreis gegeben)
  - Kalkulation *aktivierungspflichtiger innerbetrieblicher Leistungen* auf Grund gesetzlicher Vorschriften im Rahmen der FiBu (§ 255 HGB, Abschnitt 33 EStR)
  - Preiskalkulation nach den *Leitsätzen für die Preisermittlung auf Grund von Selbstkosten (LSP)* für *öffentliche Aufträge* (Verpflichtung zur Vollkostenkalkulation).

Einsatzbereiche für die Teilkostenrechnung

Die *Teilkostenrechnung* ist eine rein betriebsinterne Kostenrechnung, die für die kurzfristige Planung insbesondere der Produktion, aber auch für die Preiskalkulation wertvolle Entscheidungshilfen liefert, die so aus der Vollkostenrechnung nicht abzuleiten sind.

Einsatzbereiche der Deckungsbeitragsrechnung im Industriebetrieb sind insbesondere:

- Berechnung der *Preisuntergrenze* für Zusatzaufträge bei freien Kapazitäten.
- *Förderungswürdigkeit* von Produkten/ Produktgruppen bei Wahlfreiheit der Produktion.
- *Optimierung der Produktion* bei vorliegendem *Engpass*.
- Entscheidung über *Eigenfertigung* oder *Fremdbezug* (make or buy).

Zielsetzung der Deckungsbeitragsrechnung

Während bei Vollkostenrechnung eine Berechnung des Preises auf Grund von Selbstkosten nach Rentabilitätsgesichtspunkten erfolgt, strebt die Deckungsbeitragsrechnung eine Beurteilung eines möglichen Auftrags bei *vorgegebenem Preis (Marktpreis, Preislimit)* mit Blick auf seine *Auswirkung auf das Betriebsergebnis* an.

4.1 Vorbereitung der Deckungsbeitragsrechnung auf Normalkostenbasis

Zur Vorbereitung der Deckungsbeitragsrechnung muss das erforderliche Zahlenmaterial aus dem bestehenden Kostengefüge der Vollkostenrechnung herausgefiltert werden.

Kostenzerlegung

Voraussetzung für eine Überleitung von der Vollkostenrechnung zur Teilkostenrechnung sind Angaben zur Kostenstruktur.

Zur Aufspaltung in variable und fixe Kostenbestandteile dient eine *Kostenanalyse*[1] oder hilfsweise die *Definition der Eigenschaft einer Kostenart* (Einzelkosten = variable Kosten; Gemeinkosten = fixe Kosten[2]).

Ausgangspunkt für die Kostenzerlegung sind die Normalkosten des Kostenträgerblatts.

a) *Analytische Methode der Kostenzerlegung*

In Abhängigkeit von der Komplexität des Produktionsprozesses und auch des Anspruchs an die Exaktheit der Kostenrechnung werden in mehr oder weniger regelmäßigen Intervallen Kostenanalysen durchgeführt, um für jede einzelne Kostenart den Fixkostenanteil zu ermitteln.

---

[1] Zu den Verfahren der Kostenzerlegung siehe auch S. 35 f.
[2] Es ist zu beachten, dass variable und fixe Kosten i. d. R. Mischkosten sind, siehe S. 21

Die Metallofix GmbH entnimmt der Kostenträgerzeitrechnung des Monats Oktober (siehe Beispiel S. 101 f.) die Kalkulation der Selbstkosten für die Zahnradfertigung. Daraus soll die Grundlage für eine Deckungsbeitragsrechnung in den folgenden Abrechnungsperioden abgeleitet werden.

Die Kostenzerlegung ergibt sich aus einer neuerlich durchgeführten Kostenanalyse:

Daten des BAB II zur Vorbereitung der Deckungsbeitragsrechnung mit Kostenanalyse					
Oktober					
	Zuschl.-	**N o r m a l k o s t e n**			
Kostenart	**satz**	**Kostenträger**	Kostenzerlegung		
Beträge in EUR	**%**	**Zahnräder**	nach Kostenanalyse		
			davon Kf	**% Kf**	**davon Kv**
FM		102.500,00	0,00	*0,00*	102.500,00
MGK	6	6.150,00	6.000,00	*97,56*	150,00
MK		*108.650,00*			
FL I		11.190,00	1.950,00	*17,43*	9.240,00
FGK I	120	13.428,00	10.000,00	*74,47*	3.428,00
FL II		20.041,00	3.880,00	*19,36*	16.161,00
FGK II	130	26.053,30	20.600,00	*79,07*	5.453,30
SEKF		160,00	0,00	*0,00*	160,00
FK		*70.872,30*			
HK		*179.522,30*	42.430,00	*23,635*	137.092,30
–Best.-Mehr. / + Best.-Mind.		-1.400,05	-330,90	*23,635*)*	-1.069,15
HKU		*178.122,25*			
VwGK ⎫					
VtGK ⎬	10,5	**18.702,84**	**17.000,00**	*90,90*	⎫ **1.882,84**
SEKV ⎭		180,00	0,00		⎭
Selbstkosten (SK)		*197.005,09*	*59.099,10*		*137.905,99*
			= 30,00 %		= 70.00 %
*) Bewertung der Bestandsveränderungen zu Herstellkosten.					

Abbildung 35: Kostenzerlegung auf Grundlage des Kostenträgerblatts (BAB II) nach Kostenanalyse

b) Vereinfachte Methode der Kostenzerlegung auf Grund der Eigenschaft der Kostenart

Die Erkenntnis, dass Einzelkosten überwiegend variable Kosten darstellen, während es sich bei den Gemeinkosten um überwiegend fixe Kosten handelt, lässt vor allem bei kleineren und mittelständischen Betrieben ein Kostenzerlegungsverfahren zu, bei dem vereinfachend unterstellt wird:

$$\textit{Einzelkosten} \quad = \quad \textit{variable Kosten}$$
$$\textit{Gemeinkosten} \quad = \quad \textit{fixe Kosten}$$

Für Kostenarten, die bekanntermaßen von der Norm abweichen, wie z.B. die Fertigungslöhne, die zwar als Einzelkosten geführt werden, die aber auf Grund gesetzlicher und vertraglicher Gegebenheiten einen nicht zu vernachlässigenden Fixkostenanteil aufweisen, kann zusätzlich ein Erfahrungswert oder Branchenwert für den Fixkostenanteil angegeben werden.

BEISPIEL

Analog zum Beispiel auf S. 142 erfolgt die Kostenzerlegung für die Zahnradfertigung im Monat Oktober nach der vereinfachten Methode.

Gemeinkosten gehen als fixe Kosten in die Teilkostenrechnung ein.

Einzelkosten werden den variablen Kosten zugerechnet. Ausnahme: 20 % der Fertigungslöhne sind den fixen Kosten zuzurechnen.

Daten des BAB II zur Vorbereitung der Deckungsbeitragsrechnung mit Kostenanalyse					
Oktober					
Kostenart Beträge in EUR	**Zuschl.-satz** %	**Normalkosten** **Kostenträger** Zahnräder	Kostenzerlegung nach Kosteneigenschaft		
			davon Kf	% Kf	davon Kv
FM		102.500,00	0,00	0,00	102.500,00
MGK	6	6.150,00	6.150,00	100,00	0,00
MK		*108.650,00*			
FL I		11.190,00	2.238,00	20,00	8.952,00
FGK I	120	13.428,00	13.428,00	100,00	0,00
FL II		20.041,00	4.008,20	20,00	16.032,80
FGK II	130	26.053,30	26.053,30	100,00	0,00
SEKF		160,00	0,00	0,00	160,00
FK		*70.872,30*			
HK		*179.522,30*	*51.877,50*	*28,90*	*127.644,80*
− Best.-Mehr. / + Best.-Mind.		-1.400,05	-404,58	28,90 [1]	-995,47
HKU		178.122,25			
VwGK ⎫	10,5	18.702,84	18.702,84	100,00	⎫ 180,00
VtGK ⎬					⎬
SEKV		180,00	0,00		⎭
Selbstkosten		*197.005,09*	*70.175,76*		*126.829,33*
			= 35,62 %		= 64,38 %

Abbildung 36: Kostenzerlegung auf Grundlage des Kostenträgerblatts (BAB II) nach Kosteneigenschaft

---

[1] Bewertung der Bestandsveränderungen zu Herstellkosten.

Von der Vollkostenrechnung zur Teilkostenrechnung

Die Zerlegung der Normalkosten in ihre fixen und variablen Bestandteile bietet die Grundlage für die Transformation der Vollkostenrechnung in eine Teilkostenrechnung.

BEISPIEL

Zahlen des Monats Oktober für die Zahnradfertigung *(siehe Beispiel S. 142, analytische Methode)*:

Herstellkosten	179.522,30 EUR	(davon fix:	42.430,00 EUR)
Verwaltungs- u. Vertriebskosten	18.882,84 EUR	[incl. SEKV	180,00 EUR]
		(davon fix:	17.000,00 EUR)

Weitere Angaben:

Umsatzerlös für abgesetzte Menge   210.000,00 EUR
Produzierte Menge   14.002,2[1] Stück   (fertig gestellte und unfertige Erzeugnisse)
Abgesetzte Menge   13.893 Stück

LÖSUNG

---

[1] Fertiggestellte Erzeugnisse werden grundsätzlich in vollen Stückzahlen angegeben; bei unfertigen Erzeugnissen ergibt sich oft rechnerisch eine Kommazahl, was auch den betrieblichen Gegebenheiten entspricht. Um eine hohe Rundungsabweichung zu vermeiden, wird mit der Kommazahl gerechnet.

Anmerkungen zum Lösungsweg:

Vollkostenrechnung

Die Vollkostenrechnung stellt den Gesamtkosten, bestehend aus Herstellkosten sowie Verwaltungs- und Vertriebskosten, auf der Leistungsseite die Umsatzerlöse und ggf. Bestandsveränderungen, bewertet zu Herstellkosten gegenüber. Als Saldo ergibt sich das Gesamtergebnis (Gewinn oder Verlust).

Nebenrechnung:

Bewertung der *Bestandsmehrung zu Herstellkosten*:

Herstellkosten je Stück $hk = \dfrac{179.522,30\ EUR}{14.002,2\ Stück} = 12,8210\ EUR/\ Stück$ *(siehe S. 93)*

Wert der *Bestandsmehrung*:

B-Mehrung = *(14.002,2 – 13.893) Stück · 12,8210 EUR/ Stück* = *1.400,05 EUR* ❶

Teilkostenrechnung

In die *Betriebsergebnisrechnung auf Teilkostenbasis* gehen zunächst nur die *variablen Bestandteile* der Kosten ein. Das gilt auch für die Bewertung des Zugangs zu den Lagerbeständen, der bei Teilkostenrechnung mit dem variablen Anteil der Herstellkosten bewertet wird. Die zusätzliche Berücksichtigung des *Fixkostenblocks* der Abrechnungsperiode führt zur Ermittlung des Betriebsergebnisses auf Teilkostenbasis.

Nebenrechnungen:

var. *Herstellkosten* HKv = *179.522,30 EUR – 42.430,00 EUR = 137.092,30 EUR* ❷

var. *Verwaltungs- u. Vertriebskosten = 18.882,84 EUR – 17.000,00 EUR = 1.882,84 EUR* ❸

Berechnung des variablen Kostenanteils an der *Bestandsmehrung*:

$\dfrac{137.092,30 \cdot 100}{179.522,30}$ *= 76,3651 %* → B.-Mehr.*1.400,00 EUR · 76,3651 %* = *1.069,15 EUR* ❹

Es fällt auf, dass das Betriebsergebnis im Falle einer *Bestandsmehrung* bei Teilkostenrechnung niedriger ausfällt als bei Vollkostenrechnung.

Grund hierfür ist, dass bei Teilkostenrechnung nur der variable Anteil der Herstellkosten der Bestandsveränderung abgegrenzt wird, während bei Vollkostenrechnung die gesamten Herstellkosten der Bestandsveränderung einschließlich des Fixkostenanteils abgegrenzt[1] werden (siehe ,Berechnung von Bestandsveränderungen', S. 89 ff.).

Rechnerischer Ansatz für den Abgleich zwischen Teilkostenrechnung und Vollkostenrechnung:

Die Bestandsveränderungen werden mit Herstellkosten bewertet.

Herstellkosten je Stück hk = 179.522,30 EUR / 14.002,2 Stück = 12,8210 EUR/ Stück (s. o.)

var. *Herstellk. je Stück hkv = 137.092,30 EUR / 14.002,2 Stück = 9,79077 EUR/ Stück*

fixe *Herstellkosten je Stück hkf = 3,03023 EUR/ Stück*

Differenz zwischen Voll- und Teilkostenrechnung:

Fixkostenanteil der Bestandsmehrung:

Kf(BV) = *(14.002,2 – 13.893) Stück · 3,03023 EUR/ Stück ≈ 330,90 EUR* ❺

(siehe ,Kf Best.-Mehr.', Computerausdruck oben)

---

[1] siehe ‚Berechnung von Bestandsveränderungen', S. 89 ff.

Bei einer *Bestandsminderung* liegt das Betriebsergebnis der Teilkostenrechnung analog mit dem Betrag des Fixkostenanteils der Bestandsminderung *über* dem Betriebsergebnis der Vollkostenrechnung.

4.2 Deckungsbeitrag

Die fixen Kosten können als Kosten der Betriebsbereitschaft zumindest kurzfristig nicht beeinflusst werden. Fixe Kosten fallen selbst dann an, wenn der Betrieb nicht produziert. Hingegen entstehen variable Kosten erst mit der Annahme eines Auftrags. Somit besteht ein direkter Zusammenhang zwischen den proportional zur Beschäftigung verlaufenden variablen Kosten und dem Ergebnis der betrieblichen Tätigkeit.

Um die Auswirkung der betrieblichen Tätigkeit auf das Betriebsergebnis beurteilen zu können, werden dem Marktpreis die *variablen Kosten* gegenüber gestellt. Die Differenz nennt man Deckungsbeitrag.

F

Marktpreis
− variable Kosten
= Deckungsbeitrag

Liegt der Marktpreis über den variablen Kosten, so entsteht ein *positiver Deckungsbeitrag*, der das Betriebsergebnis mit jeder produzierten Einheit verbessert.

Betriebliche Tätigkeit ist nur dann sinnvoll, wenn sie eine positive Auswirkung auf das Betriebsergebnis hat.

Der Deckungsbeitrag, den ein Produkt erwirtschaftet, lässt Schlüsse auf die Erfolgswirksamkeit des Produkts zu und bietet somit Hilfestellung *für betriebsstrategische Entscheidungen.*

4.2.1 Auswirkungen betrieblicher Tätigkeit auf das Betriebsergebnis

Voraussetzung für die Vermarktung eines Produkts ist ein voraussichtlich positiver Beitrag des Produkts zum Betriebsergebnis.

Fertigungsprogramm

BEISPIEL

Ein Produkt, für das ein Marktpreis von 60,00 EUR erzielt werden kann, verursacht variable Kosten (Fertigungslöhne, Materialverbrauch ...) in Höhe von 56,00 EUR.

Ist es ratsam, das Produkt im Fertigungsprogramm zu behalten?

LÖSUNG

Da die variablen Stückkosten (k_v) unter dem Marktpreis (p) liegen, trägt jede produzierte Einheit zur Deckung der fixen Kosten bei.

Der Deckungsbeitrag je Einheit (db) wird wie folgt berechnet:

Preis je Einheit (p)	*60,00 EUR*
− *variable Kosten je Einheit (k_v)*	*56,00 EUR*
Deckungsbeitrag je Einheit (db)	*+ 4,00 EUR*

Die Herstellung des Produkts ist sinnvoll, da der *positive Deckungsbeitrag (db)* einer jeden Einheit die Belastung durch fixe Kosten abbaut. Das Betriebsergebnis wird durch jede zusätzlich umgesetzte Einheit um 4,00 EUR verbessert.

Im Falle eines negativen Stückdeckungsbeitrags wäre es ratsam, die Herstellung des Produkts einzustellen, sofern nicht durch einen höheren Preis oder eine Senkung der variablen Stückkosten ein positiver Stückdeckungsbeitrag herbeigeführt werden kann.

> Liegt ein positiver Deckungsbeitrag vor, so trägt jede produzierte Einheit des Produkts zur Verbesserung des Betriebsergebnisses bei.
>
> Liegt ein negativer Deckungsbeitrag vor, so führt die betriebliche Tätigkeit in den Verlust. Auf die Herstellung des Produkts sollte verzichtet werden.

Annahme oder Ablehnung von Aufträgen

Im Hinblick auf die Auswirkungen auf das Betriebsergebnis wird auch die Entscheidung über die Annahme oder Ablehnung von Zusatzaufträgen vom Stückdeckungsbeitrag bestimmt.

Für die Entscheidung darüber, ob ein Zusatzauftrag angenommen werden kann, gilt der Grundsatz, dass mindestens die variablen Kosten durch den vereinbarten Preis gedeckt sein müssen.

> *Variable Kosten = Preisuntergrenze[1]*

4.2.2 Förderungswürdigkeit eines Produkts

Bei einem Vergleich von Produkten mit unterschiedlichem Stückdeckungsbeitrag kann generell gesagt werden, dass das Produkt mit dem höheren Deckungsbeitrag zu einer schnelleren Deckung der gegebenen fixen Kosten führt.

BEISPIEL

Produkt A, für das ein Marktpreis von 80,00 EUR erzielt werden kann, verursacht variable Kosten (Fertigungslöhne, Materialverbrauch ...) in Höhe von 68,00 EUR.

Produkt B mit einem Marktpreis von 90,00 EUR verursacht variable Kosten in Höhe von 79,00 EUR.

Welches der beiden Produkte sollte durch Werbung besonders gefördert werden?

---

[1] Bei Vollkostenrechnung mit ihrer langfristigen Betrachtungsweise sind die Selbstkosten als Preisuntergrenze anzusetzen. Siehe S. 111

LÖSUNG

Produkte				
	A		**B**	
Berechnung des db	p $-k_v$ db	80,00 EUR 68,00 EUR **+ 12,00 EUR**	p $-k_v$ db	90,00 EUR 79,00 EUR **+ 11,00 EUR**

Eine Steigerung des Absatzes von Produkt A führt zu einem höheren Beitrag zur Deckung fixer Kosten als eine gleich hohe Steigerung des Absatzes von Produkt B.

Die Steigerung des Absatzes um beispielsweise 200 Stück bewirkt:

- bei Produkt A einen zusätzlichen Deckungsbeitrag von 12,00 EUR · 200 Stück = 2.400,00 EUR, der zur Deckung der fixen Kosten zur Verfügung steht.

- bei Produkt B einen zusätzlichen Deckungsbeitrag von 11,00 EUR · 200 Stück = 2.200,00 EUR, der zur Deckung der fixen Kosten zur Verfügung steht.

Empfehlung an die Geschäftsleitung:

Auf Grund seines höheren Stückdeckungsbeitrags sollte dem Produkt A der Vorrang eingeräumt werden.

Bei Wahlfreiheit der Produktion werden Aufträge für ein Produkt mit höherem Deckungsbeitrag bevorzugt angenommen.

4.3 Gewinnschwellenanalyse für ein Produkt

Für jedes Produkt lässt sich mit Hilfe der Deckungsbeitragsrechnung die Gewinnschwelle (Break-even-Point) ermitteln.

Neben der Berechnung der Gewinnschwellenmenge und des Gewinnschwellenumsatzes liefert die Deckungsbeitragsrechnung wertvolle Entscheidungshilfe zur Lösung folgender Probleme:

- Auswirkungen von Preisänderungen auf die Gewinnschwelle
- Auswirkungen von Änderungen der Kostenstruktur auf die Gewinnschwelle
- Auswirkungen von Beschäftigungsschwankungen auf die Gewinnsituation
- Möglichkeiten zur Beeinflussung der Gewinn-/Verlustsituation durch absatzfördernde Maßnahmen (Marketing)

4.3.1 Ermittlung der Gewinnschwellenmenge und des Gewinn-schwellenumsatzes

Die Gewinnschwelle (BeP) ist erreicht, sobald die Gesamtkosten, also variable Kosten + zurechenbare fixe Kosten, durch den Umsatzerlös gedeckt sind. Da der Deckungs-beitrag pro Stück (db) zur Deckung der fixen Kosten dient, ist festzustellen, welche Zahl von Produkten einen Gesamtdeckungsbeitrag (DB) in Höhe der fixen Kosten lie-fert (Herleitung der Formel für die Gewinnschwelle siehe S. 37).

$$BeP = \frac{Kf}{db} = \frac{Kf}{p - kv}$$ F

BEISPIEL

Produkt A, für das ein Marktpreis von 60,00 EUR erzielt werden kann, verursacht vari-able Kosten in Höhe von 51,00 EUR.

Die dem Produkt zurechenbaren fixen Kosten werden mit 36.000,00 EUR je Abrech-nungsperiode angegeben.

Welche Stückzahl muss produziert und abgesetzt werden, um die Gewinnschwelle zu erreichen?

LÖSUNG

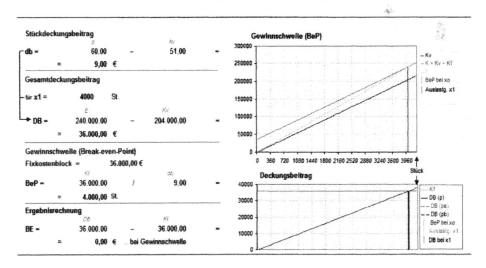

Anmerkungen zur Lösung nächste Seite →

Anmerkungen zur Lösung

Im Datenblatt der Kalkulationstabelle wird der Wert für den *‚Angestrebten Gewinn*‘ auf Null gesetzt, da im Break-even-Point weder Gewinn noch Verlust erzielt wird.

Lösungsweg:

Der Break-even-Point ist dadurch gekennzeichnet, dass hier Vollkostendeckung erreicht wird. Dies ist in obigem Beispiel bei einer Produktionsmenge von 4.000 Stück der Fall.

Bei Erreichen der Gewinnschwelle beträgt das Betriebsergebnis:

Erlöse für 4.000 Stück	*4.000 · 60,00 EUR =*		*240.000,00 EUR*
− *Kosten:* K_f		*36.000,00*	
K_v	*4.000 · 51,00 EUR =*	*204.000,00*	*240.000,00 EUR*
Gewinn/Verlust			*0,00 EUR*

Der Break-even-Umsatz beläuft sich auf 240.000,00 EUR.

4.3.2 Die Gewinnschwelle in Abhängigkeit vom Marktpreis

Grundsätzliche Erwägungen:

Ein niedrigerer Marktpreis für das Produkt führt dazu, dass die Ertragsgerade flacher verläuft (E_1). Um den Break-even-Point (BeP) zu erreichen muss eine größere Produktmenge (M_1) abgesetzt werden.

Umgekehrt genügt eine geringere Absatzmenge (M_2), um den Break-even-Point zu erreichen, wenn sich ein höherer Preis für das Produkt auf dem Markt erzielen lässt. In diesem Fall weist die Ertragsgerade einen steileren Verlauf (E_2) auf.

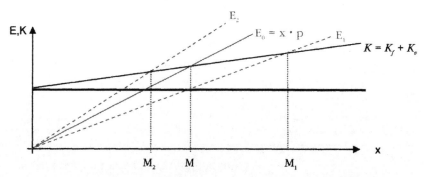

Abbildung 37: Auswirkung von Preisänderungen auf die Gewinnschwelle

Schwankungen des Marktpreises

BEISPIEL

Die Konkurrenzsituation und die konjunkturelle Lage zwingen dazu, den ursprünglichen Preis für Produkt A von 60,00 EUR/ Stück an die Marktsituation anzupassen.

Die variablen Stückkosten bleiben unverändert bei 51,00 EUR.

Der Fixkostenblock wird weiterhin mit 36.000,00 EUR angegeben.

Wie wirken sich Preisänderungen auf Gewinnschwelle und das Betriebsergebnis aus, wenn bei einer technischen Kapazität von 6.000 Produktionseinheiten 5.000 Stück je Abrechnungsperiode produziert werden?

a) Der Preis wird von 60,00 EUR auf 58,00 EUR angepasst.

b) Der Preis kann von 60,00 EUR auf 62,00 EUR angehoben werden.

c) Die Geschäftsleitung möchte wissen, welcher prozentuale Anteil des Erlöses bei veränderten Marktpreisen für das Produkt zur Deckung der fixen Kosten zur Verfügung steht.

d) Welchen Einfluss hätte ein zusätzlicher Auftrag über 200 Stück des Produkts A auf das Betriebsergebnis?

LÖSUNG

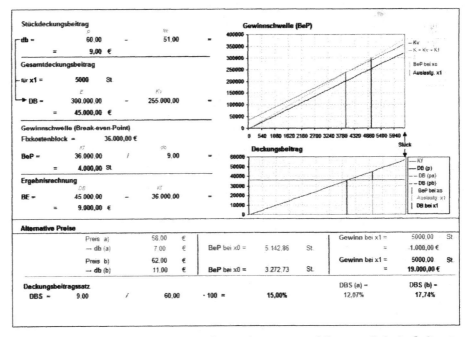

Anmerkungen zur Lösung nächste Seite →

Anmerkungen zur Lösung:

Beim angestrebten Preis von 60,00 EUR/ Stück wird die Gewinnschwelle bei einer Produktion von 4.000 Stück erreicht.

a) Sinkt der Preis von 60,00 EUR auf 58,00 EUR, so verlagert sich der BeP von 4.000 Stück auf 5.143 Stück. Die Gewinnschwelle wird also erst später, durch eine höhere Produktionsleistung erreicht. Das Betriebsergebnis sinkt bei einer Produktionsmenge von 5.000 Stück von ursprünglich 9.000,00 EUR auf – 1.000,00 EUR.

b) Steigt der Preis von 60,00 EUR auf 62,00 EUR, so verlagert sich der BeP von 4.000 Stück auf 3.273 Stück. Die Gewinnschwelle wird früher erreicht. Das Betriebsergebnis steigt bei einer Produktionsmenge von 5.000 Stück von ursprünglich 9.000,00 EUR auf 19.000,00 EUR.

c) Der Deckungsbeitragssatz beträgt bei einem Preis von 60,00 EUR/ Stück 15 %.

Das heißt, dass von jeder produzierten und verkauften Einheit des Produkts 15 % = 9,00 EUR (= db) zur Deckung der fixen Kosten zur Verfügung stehen.
- -
d) Werden z. B. durch einen Zusatzauftrag weitere 200 Stück des Produkts hergestellt und verkauft, so trägt der Zusatzauftrag mit 200 · 60,00 · 15 % = 1.800,00 EUR zur Fixkostendeckung, also zur Verbesserung des Betriebsergebnisses bei.

Bei höherem Marktpreis steigt mit dem Deckungsbeitrag auch der Deckungsbeitragssatz. Analog sinkt der Deckungsbeitragssatz bei niedrigerem Marktpreis.

4.3.3 Kostenstruktur und Gewinnschwelle

Ebenso wie Veränderungen des Marktpreises wirken sich auch Änderungen im Kostengefüge eines Betriebs auf die Gewinnschwelle aus.

Allgemein kann man sagen, steigende Kosten bei unverändertem Marktpreis erfordern eine größere Produktionsmenge, um die Gewinnschwelle zu erreichen.

Allerdings ist die Auswirkung einer Kostenänderung unterschiedlich, je nachdem ob es sich um fixe oder um variable Kosten handelt.

4.3.3.1 Änderung der fixen Kosten

Grundsätzliche Erwägungen:

Eine Maßnahme, die einen Kostensprung[1] der fixen Kosten verursacht, hat zur Folge, dass sich der Fixkostenblock K_f nunmehr auf höherem Niveau bewegt. Dadurch wird der Break-even-Point (BeP) von x_1 nach x_2 verschoben.

---

[1] siehe ‚Sprungfixe Kosten', S. 18

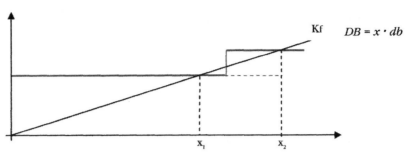

Abbildung 38: Auswirkung einer Änderung des Fixkostenniveaus auf die Gewinn-schwelle

BEISPIEL

Da sich die Nachfrage nach Produkt A über Erwarten positiv entwickelt hat, wird erwogen, die technische Kapazität von derzeit 6.000 Stück auf 10.000 Stück zu erweitern. Ein Absatz von 9.000 Produktionseinheiten je Abrechnungsperiode scheint gesichert.

Die notwendige Investition führt zu zusätzlichen fixen Kosten in Höhe von 10.000 EUR pro Abrechnungsperiode.

Die Angaben zu Preis und variablen Stückkosten bleiben unverändert (siehe Beispiel S.151).

LÖSUNG

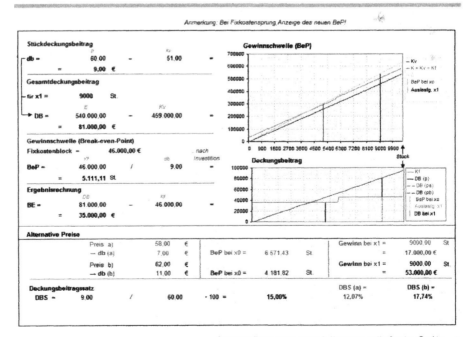

Anmerkungen zur Lösung nächste Seite →

Anmerkungen zur Lösung

Bisherige Gewinnschwelle (siehe Beispiel, S. 149):

$$\frac{Kf}{db} = \frac{36000}{9} = 4.000 \; Stück$$

Gewinnschwelle nach durchgeführter Erweiterungsinvestition:

$$\frac{Kf}{db} = \frac{46000}{9} = 5.111 \; Stück$$

	vor der Erweiterungs- investition	⟶	nach der Erweiterungs- investition
K_f	36.000,00 EUR	+ 10.000,00 EUR [= 27,77 %] =	46.000,00 EUR
Gewinn schwelle	4.000 Stück	+ 1.111 Stück [= 27,77 %] =	5.111 Stück

Eine Änderung des Fixkostenniveaus führt zu einer proportionalen Änderung der Gewinnschwellenmenge.

4.3.3.2 Änderung der variablen Kosten

Grundsätzliche Erwägungen

Eine Steigerung der variablen Stückkosten k_v hat zur Folge, dass die Gerade der variablen Gesamtkosten K_{v1} im Vergleich zur ursprünglichen Geraden K_v nunmehr steiler ansteigt. Dadurch wird der Break-even-Point (BeP) weiter nach rechts verschoben.

Eine größere Zahl von Produkten muss abgesetzt werden, um die Gewinnschwelle zu erreichen.

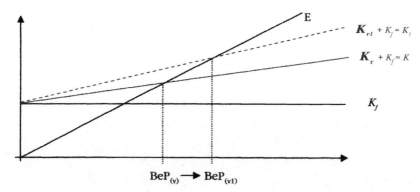

Abbildung 39: Auswirkung einer Änderung der variablen Kosten auf die Gewinnschwelle

Preissteigerungen im Materialbereich sowie neue Lohnabschlüsse führen zu einer Steigerung der variablen Stückkosten des Produkts A von 51,00 EUR auf 55,50 EUR.

Wie wirkt sich dies auf die Gewinnschwellenmenge (bisher 4.000 Stück) aus, wenn der Marktpreis von 60,00 EUR/ Stück und die fixen Kosten in Höhe von 36.000,00 EUR unverändert bleiben?

LÖSUNG

Bisherige Gewinnschwelle:

$$\frac{Kf}{db} = \frac{36000}{60-51} = 4.000 \ Stück$$

Gewinnschwelle nach Steigerung der k_v:

$$\frac{Kf}{db} = \frac{36.000}{60-55,5} = 8.000 \ Stück$$

	vor Steigerung der k_v	$\longrightarrow$	*nach* Steigerung der k_v
p − k_v	60,00 EUR 51,00 EUR	+ 4,50 EUR = 8,82 %	60,00 EUR 55,50 EUR
= db	9,00 EUR	: 2 =	4,50 EUR
Gewinnschwelle	4.000 Stück	· 2 =	8.000 Stück

Eine Steigerung der k_v um 4,50 EUR (8,82 %) führt in diesem Fall zu einer Erhöhung der Gewinnschwellenmenge um 100 %, da der Stückdeckungsbeitrag (db) durch die Steigerung der variablen Stückkosten (k_v) auf die Hälfte des ursprünglichen Wertes reduziert wurde.

Eine Änderung der Höhe der variablen Stückkosten wirkt sich überproportional auf die Gewinnschwellenmenge aus.

4.3.4 Auswirkungen von Beschäftigungsschwankungen auf die Gewinnsituation

Grundsätzliche Erwägungen

Beschäftigungsschwankungen führen zu einer unterschiedlichen Auslastung der vorhandenen Kapazität bei unveränderter Kostensituation.

Bei einem Anstieg der Beschäftigung wird ein höherer Deckungsbeitrag erwirtschaftet, was sich positiv auf das Betriebsergebnis auswirkt. Ein Rückgang der Beschäftigung geht zu Lasten des kumulierten Deckungsbeitrags und mindert somit auch das Betriebsergebnis.

BEISPIEL

Bedingt durch eine verschärfte Konkurrenzsituation geht der Absatz[1] des Produkts A von 9.000 auf 8.500 Stück pro Abrechnungsperiode zurück. Unverändert bleiben der Marktpreis in Höhe von 60,00 EUR/ Stück und die variablen Stückkosten in Höhe von 51,00 EUR.

Die Belastung mit fixen Kosten beträgt 46.000,00 EUR pro Abrechnungsperiode.

a) Wie wirkt sich die Absatzänderung auf das Betriebsergebnis aus?

b) Welcher Absatz[1] und welcher Umsatz[2] wären notwendig, um einen Gewinn von 26.000,00 EUR zu erzielen?

LÖSUNG

a) Es entfällt der Deckungsbeitrag für 9.000 – 8.500 = 500 Einheiten.

$$
\begin{array}{lll}
& p & 60,00\ EUR \\
- & k_v & 51,00\ EUR \\
\hline
& db & 9,00\ EUR \cdot 500 = \underline{4.500,00\ EUR}
\end{array}
$$

Das Betriebsergebnis wird durch den Absatzrückgang von 500 Einheiten um 4.500,00 EUR gemindert.

Ausgehend von der Gewinnsituation im Beispiel auf S. 153 verringert sich der Gewinn auf:

Gewinn bisher	*35.000,00 EUR*
− *Minderung des db*	*4.500,00 EUR*
Gewinn neu	*30.500,00 EUR*

b) Angestrebter Gewinn = 26.000,00 EUR.

Lösung mit Anmerkungen zum Lösungsweg zu b) siehe nächste Seite →

---

[1] Absatz: Die *Menge* der in einer Abrechnungsperiode veräußerten Produkte

[2] Umsatz: Summe der in einer Periode verkauften und mit ihren jeweiligen Verkaufspreisen bewerteten Produkte

LÖSUNG

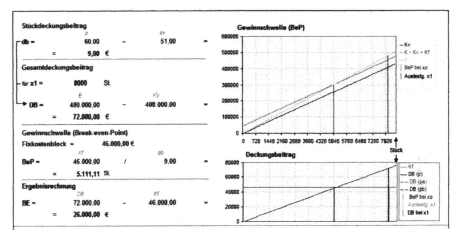

Anmerkungen zur Lösung

Im Datenblatt der Kalkulationstabelle wird der Wert für den ‚Angestrebten Gewinn` gleich 26.000,00 EUR gesetzt.

Notwendiger Absatz:

Der Gesamtdeckungsbeitrag muss so hoch sein, dass sich über die Vollkostendeckung hinaus der geplante Gewinn einstellt. Es muss eine Stückzahl abgesetzt werden, die den erforderlichen Gesamtdeckungsbeitrag generiert.

Berechnung des notwendigen Gesamtdeckungsbeitrags DB für Produkt A:

zur Vollkostendeckung notwendiger DB	=	46.000,00 EUR (siehe oben)
zur Gewinnerzielung notwendiger DB	=	26.000,00 EUR
notwendiger Gesamtdeckungsbeitrag DB	=	72.000,00 EUR

Berechnung des zur Erzielung des notwendigen Gesamtdeckungsbeitrags erforderlichen Absatzes in Stück:

$$\rightarrow \quad \frac{notwendiger\ DB}{db} = \frac{72.000,00}{60-51} = 8.000 \ Stück$$

Berechnung des notwendigen Umsatzes in EUR:

7.000 Stück · 60,00 EUR/Stück = 480.000,00 EUR

Probe:

Erlös	60 · 8.000	=	480.000,00 EUR
− K_v	51 · 8.000	=	408.000,00 EUR
DB			72.000,00 EUR
− K_f			46.000,00 EUR
Gewinn			26.000,00 EUR

4.3.5 Beeinflussung der Gewinn-/Verlustsituation durch den Absatz fördernde Maßnahmen

BEISPIEL

Angesichts freier Kapazitäten wird eine Werbeaktion geplant, um potentielle Interessenten anzuwerben. Die gegenwärtige Auslastung der Fertigung lässt monatlich zusätzliche Aufträge bis zu 2.000 Stück des Produkts A zu.

Bei einem Marktpreis von 60,00 EUR pro Stück sind variable Stückkosten (k_v) in Höhe von 55,50 EUR gegeben. Die beauftragte Werbeagentur veranschlagt die monatlichen Werbekosten auf 2.700,00 EUR.

a) Welche Auswirkung hätte die Werbeaktion bei einer Steigerung der Produktion des Produkts A um 2.000 Einheiten auf das Betriebsergebnis?

b) Ab welcher Absatz- bzw. Umsatzsteigerung wird die Werbeaktion rentabel?

c) Welche Absatz- bzw. Umsatzsteigerung müsste die Werbeaktion bewirken, wenn der Gewinn um 10.800,00 EUR/Monat gesteigert werden soll?

LÖSUNG

a) Die Absatzsteigerung von 2.000 Einheiten führt zu einem zusätzlichen Deckungsbeitrag:

db = p – k_v = 60,00 EUR – 55,50 EUR = 4,50 EUR

DB = db · Stückzahl = 4,50 EUR · 2.000 = 9.000,00 EUR

Mit dem Deckungsbeitrag aus der Absatzsteigerung sind die Kosten der Werbeaktion in Höhe von 2.700,00 EUR zu verrechnen:

Bisheriger Gewinn	*....*
+ *DB*	*9.000,00 EUR*
– *Kosten (Werbung)*	*2.700,00 EUR*
Steigerung des Gewinns	*6.300,00 EUR*

b) Die Werbemaßnahme wird rentabel, wenn der bewirkte zusätzliche Deckungsbeitrag die Kosten der Werbung übersteigt. Um die notwendige Absatzsteigerung zu ermitteln, muss die Grenzmenge berechnet werden, ab der der Deckungsbeitrag aus der Werbemaßnahme höher ist als die Kosten der Werbung:

DB = db · x > Werbekosten

Jede zusätzliche verkaufte Einheit bringt einen Stückdeckungsbeitrag von 4,50 EUR.

Notwendige Absatzsteigerung:

$$\frac{Werbekosten}{db} = \frac{2.700}{4,5} = 600\ Stück$$

Die Absatzsteigerung muss 600 Stück übersteigen.

Notwendige Umsatzsteigerung:

600 · 60,00 EUR > *36.000,00 EUR*

LÖSUNG (FORTSETZUNG)

c) Um eine Steigerung des Gewinns um 10.800,00 EUR zu erzielen, müsste über den zusätzlichen Absatz folgender Deckungsbeitrag erzielt werden:

Werbungskosten	*2.700,00 EUR*
+ *Gewinnsteigerung*	*10.800,00 EUR*
Deckungsbeitrag	*13.500,00 EUR*

Berechnung der *notwendigen Absatzsteigerung:*

$$\frac{DB}{db} = \frac{13.500}{4,5} = 3.000 \text{ Stück}$$

Notwendige Umsatzsteigerung: 3.000 · 60 = 180.000,00 EUR

Probe:

Erlös (zusätzlich)		*180.000,00 EUR*
− *K*$_v$	*3.000 · 55,50 =*	*166.500,00 EUR*
DB		*13.500,00 EUR*
− *Werbekosten*		*2.700,00 EUR*
Gewinn (zusätzlich)		*10.800,00 EUR*

4.4 Deckungsbeitragsrechnung einer Mehr-Produkte-Unternehmung

Bei gleichzeitiger Herstellung mehrerer heterogener Produkte (= Kostenträger) wird die Deckungsbeitragsrechnung zur Klärung folgender Fragen eingesetzt:

- Welchen Beitrag leisteten die verschiedenen Produktgruppen zum Gesamterfolg?

- Welche Produkte des Produktionsprogramms sind besonders förderungswürdig?

- Wie kann das bestmögliche Betriebsergebnis bei Vorliegen eines Engpasses erzielt werden?

- Ist Eigenfertigung oder Fremdbezug („make or buy") von Teilfabrikaten günstiger?

4.4.1 Der Gesamterfolg in Abhängigkeit von Produktgruppen

Stellt ein Betrieb mehrere heterogene Produkte her, so werden zum Zweck der Ermittlung des Betriebsergebnisses die Berechnungen der Deckungsbeiträge für alle Einzelprodukte unter Einbeziehung der fixen Kosten tabellarisch zusammengefasst.

Fixkostendeckungsrechnung

Um den kalkulatorischen Betriebserfolg zu ermitteln, wird das System der Deckungsbeitragsrechnung zu einer *mehrstufigen Fixkostendeckungsrechnung* ausgebaut.

Dabei ist man bemüht, die fixen Kosten so genau wie möglich auf die Produktgruppen und Produkte zuzurechnen.

In Abhängigkeit von der Zurechenbarkeit werden fixe Kosten in Fixkostengruppen[1] unterteilt:

- *Erzeugnisfixe Kosten*: kalkulatorische Abschreibung und kalkulatorischer Zins auf Anlagen, die nur für die Bearbeitung des Produkts zur Verfügung stehen; Verwaltungs- und Vertriebskosten, die eindeutig dem Produkt zugerechnet werden können.

- *Produktgruppen-Fixkosten*: kalkulatorische Kosten der Anlagen und Maschinen, die ausschließlich der Produktgruppe (Zahnradfertigung, Motorenbau, Karosseriebau), nicht aber den einzelnen Erzeugnissen der Produktgruppe zuzurechnen sind.

- *Unternehmensfixe Kosten*: Kosten die weder einzelnen Produkten noch Produktgruppen zurechenbar sind, z. B. Kosten der Zentralverwaltung und des Managements, Betriebsrat, Kantine etc.

BEISPIEL A

Eine Unternehmung stellt drei verschiedene Produkte her.

Die Produkte A1 und A2 gehören der Produktgruppe A an. Hinzu kommt die Produktion des Produkts B.

Nicht alle fixen Kosten der Produktgruppe A können den Einzelprodukten A1 und A2 zugerechnet werden. Die den Einzelprodukten A1 und A2 nicht zurechenbaren Produktgruppenfixkosten werden mit dem Deckungsbeitrag II der Produktgruppe summarisch verrechnet.

Das Zahlenmaterial ist der folgenden Tabelle zu entnehmen:

	Produkte			Summen
	Produktgruppe A		Produkt B	
Alle Beträge in EUR	Produkt A1	Produkt A2		
Erlöse (E)	200.000,00	120.000,00	500.000,00	820.000,00
− variable Gesamtkosten (K_v)	− 160.000,00	− 90.000,00	− 450.000,00	− 700.000,00
Deckungsbeitrag I (DB I)	+ 40.000,00	+ 30.000,00	+ 50.000,00	+ 120.000,00
− den Erzeugnissen zurechenbare erzeugnisfixe Kosten ($K_{f\,zur.}$)	− 10.000,00	− 8.000,00	− 27.000,00	− 45.000,00
Deckungsbeitrag II (DB II)	+ 30.000,00	+ 22.000,00	+ 23.000,00	+ 75.000,00
DB II der Produktgruppe	+ 52.000,00			
− produktgruppenfixe Kosten ($K_{f\,Produktgr.}$)	− 16.000,00		0,00	− 16.000,00
Deckungsbeitrag III (DB III)	+ 36.000,00		+ 23.000,00	+ 59.000,00
− den Erzeugnissen nicht zurechenbare unternehmensfixe Kosten ($K_{f\,n.\,zur.}$)				− 30.000,00
= Betriebsergebnis (BE)			Gewinn	+ 29.000,00

---

[1] Je nach Größe der Unternehmung und Produktionsprogrammbreite kann eine angemessene Tiefengliederung der fixen Kosten getroffen werden.

Wenn alle fixen Kosten mit Ausnahme der unternehmensfixen Kosten den Produkten zugerechnet werden können, entfällt eine gesonderte Verrechnung von Produktgruppen-Fixkosten.

Damit vereinfacht sich das *Schema zur Ermittlung des Betriebsergebnisses* wie folgt (vergleiche Beispiel oben):

BEISPIEL B

Alle Beträge in EUR	Produkte			Summen
	Produktgruppe A		Produkt B	
	Produkt A1	Produkt A2		
E	200.000,00	120.000,00	500.000,00	820.000,00
− K$_v$	− 160.000,00	− 90.000,00	− 450.000,00	− 700.000,00
DB I	+ 40.000,00	+ 30.000,00	+ 50.000,00	+ 120.000,00
− K$_{f\,zur.}$ (erzeugnisfixe Kosten)	− 10.000,00	− 8.000,00	− 27.000,00	− 45.000,00
DB II	+ 30.000,00	+ 22.000,00	+ 23.000,00	+ 75.000,00
− K$_{f\,n.\,zur.}$ (unternehmensfixe Kosten)				− 46.000,00
BE			Gewinn	+ 29.000,00

Während der Deckungsbeitrag I zeigt, welcher Betrag für jedes Produkt zur Deckung der dem Produkt zurechenbaren fixen Kosten zur Verfügung steht, gibt der Deckungsbeitrag II an, in wieweit eine Vollkostendeckung der dem Produkt zurechenbaren Gesamtkosten (variable + fixe Kosten) erreicht wird:

- positiver DB II = Vollkostenüberdeckung (Produkt)
- negativer DB II = Vollkostenunterdeckung (Produkt)

Für die weitere Betrachtung der Deckungsbeitragsrechnung einer Mehr-Produkte-Unternehmung erfolgt nur eine Aufteilung der fixen Kosten in erzeugnisfixe Kosten und in den Erzeugnissen nicht zurechenbare unternehmensfixe Kosten.

Bisher hatte sich die Metallofix GmbH darauf beschränkt, Zahnräder (Produkt A) und Kurbelwellen (Produkt B) für diverse Autohersteller zu produzieren.

Da auf dem Markt erhebliche Nachfrage nach Motorkolben besteht, wird die Überlegung angestellt, ob die Produktion auf ein „drittes Standbein" ausgeweitet werden soll.

Der Markt würde bei vorsichtiger Einschätzung mittelfristig die Abnahme von 10.000 Motorkolben (Produkt C) pro Abrechnungsperiode zu einem Festpreis von 25,00 EUR/ Stück ermöglichen. Die variablen Kosten werden mit 19,20 EUR/ Stück kalkuliert.

Durch teilweise Nutzung freier Kapazitäten des Produktionsbereichs für die Produkte A und B könnten hier dem Produkt A zugerechnete fixe Kosten in Höhe von 9.000,00 EUR und dem Produkt B zugerechnete fixe Kosten in Höhe von 6.000,00 EUR abgebaut und auf Produkt C verlagert werden.

Eine zusätzlich notwendige Investition zur Einführung des Produkts C würde weitere fixe Kosten in Höhe von 30.000,00 EUR pro Abrechnungsperiode verursachen.

Bisherige Zahlen für die Produkte A und B (gerundet):

1. Verteilung der fixen Kosten

- *Erzeugnisfixe Kosten:*

Produktgruppe A (Zahnräder)	58.000,00 EUR
Produktgruppe B (Kurbelwellen)	51.000,00 EUR

- *Unternehmensfixe Kosten:*   <u>6.000,00 EUR</u>

Summe der fixen Kosten	115.000,00 EUR

2. Variable Stückkosten:

Produktgruppe A (Zahnräder)	9,90 EUR
Produktgruppe B (Kurbelwellen)	18,70 EUR

Bei stabiler Marktlage werden die Absatzchancen wie folgt eingeschätzt:

- Produktgruppe A: 13.500 Zahnräder zu einem Durchschnittsnettoerlös von 15,00 EUR/ Stück.

- Produktgruppe B: 7.000 Kurbelwellen zu einem Durchschnittsnettoerlös von 29,00 EUR/ Stück.

- Produktgruppe C: siehe oben

Wie würde sich das Betriebsergebnis durch die Aufnahme der Produktgruppe C, Motorkolben, gegenüber der bisherigen Situation ändern?

LÖSUNG

Vorüberlegungen:

Durch die Investition steigt der Fixkostenblock von 115.000,00 EUR auf 145.000,00 EUR an.

Da die Investition ausschließlich der Produktion der Motorkolben dient, bleiben die nicht zurechenbaren Kosten unverändert bei 6.000,00 EUR.

Auswirkung der Erweiterung der Produktpalette auf das Betriebsergebnis:

a) Berechnung der *Ertragslage* für die Produkte Zahnräder und Kurbelwellen vor Produktionserweiterung:

Periodenrechnung für die Produktgruppen ‚Zahnräder' und ‚Kurbelwellen'			
	Produktgruppen		
Stückzahl	13.500	7.000	**Gesamtprogramm**
	A Zahnräder	**B** Kurbelwellen	
Erlöse – K_v	202.500,00 133.650,00	203.000,00 130.900,00	405.500,00 EUR 264.550,00 EUR
= DB I –K_f (zurechenbar)	**+ 68.850,00** 58.000,00	**+ 72.100,00** 51.000,00	**140.950,00 EUR** 109.000,00 EUR
= DB II	**+ 10.850,00**	**+ 21.100,00**	**+ 31.950,00 EUR**
– K_f (nicht zurechenbar)			6.000,00 EUR
= Gesamtergebnis (Gewinn)			**+ 25.950,00 EUR**

b) Berechnung der *zu erwartenden Ertragslage* für den Fall, dass die Produktgruppe C ‚Motorkolben' in das Produktionsprogramm aufgenommen wird:

Lösung zu b)
siehe nächste Seite →

LÖSUNG

DBR - Ergebnisrechung für mehrere Produkte

DB-Gesamtrechnung

Fixkostenblock: 145.000,00 €

Alle Zahlen in EUR

		Produkt A Stückzahl 13500 Zahnräder	Produkt B 7000 Kurbelwellen	Produkt C 10000 Kolben	Gesamt- programm
Erlöse	E	202.500,00	203.000,00	250.000,00	655.500,00
variable Kosten	Kv	133.650,00	130.900,00	192.000,00	456.550,00
Deckungsbeitrag I	**DB I**	68.850,00	72.100,00	58.000,00	198.950,00
– bisherige zur. Fixkosten	Kf (z)	58.000,00	51.000,00	30.000,00	
Änderung fixer Kosten		-9.000,00	-6.000,00	15.000,00	
– zurechenbare Kf		49.000,00	45.000,00	45.000,00	139.000,00
Deckungsbeitrag II	**DB II**	19.850,00	27.100,00	13.000,00	59.950,00
– nicht zur. Fixkosten	Kf (nz)				6.000,00
				Gewinn	53.950,00

Durch die bessere Auslastung der vorhandenen Kapazitäten sinkt die Belastung der ursprünglichen Produkte ‚Zahnräder' und ‚Kurbelwellen' mit fixen Kosten.

Das neue Produkt ‚Motorkolben' weist einen positiven DB I und darüber hinaus einen positiven DB II aus, womit die Gewinnzone (Rentabilität) erreicht ist.

Die Ausweitung der Produktion bringt eine Verbesserung des Betriebsergebnisses von 25.950 EUR auf 53.950,00 EUR.

Dieses Ergebnis setzt sich wie folgt zusammen:

	DB II (alt)	Minderung Kf	DB II (neu)
Zahnräder	10.850,00	+ 9.000,00	19.850,00
Kurbelwellen	21.100,00	+ 6.000,00	27.100,00
Motorkolben	0,00		+ 13.000,00
- Kf (nz)	6.000,00		6.000,00
Gewinn	25.950,00	+ 28.000,00	53.950,00

4.4.2 Deckungsbeitragssatz

Der Deckungsbeitragssatz (DBS) gibt an, welcher prozentuale Anteil am Erlös zur Deckung der fixen Kosten zur Verfügung steht. Setzt man den Deckungsbeitrag in Relation zum Erlös, so erhält man den Deckungsbeitragssatz.

BEISPIEL

Von Produkt A1 werden 1.000 Stück verkauft. Der Marktpreis beträgt 2.000,00 EUR/ Stück; die variablen Stückkosten werden mit 1.600,00 EUR angegeben.

Berechnen Sie den Deckungsbeitragssatz (DBS) wahlweise auf der Grundlage des Stückdeckungsbeitrags (db) und des Gesamtdeckungsbeitrags (DB).

Stückdeckungsbeitrag A1		Gesamtdeckungsbeitrag A1	
p	2.000,00 EUR	E	200.000,00 EUR
$-\ kv$	1.600,00 EUR	$-\ Kv$	160.000,00 EUR
db	400,00 EUR	DB	40.000,00 EUR
$\dfrac{db \cdot 100}{p} = DBS$	$\dfrac{400 \cdot 100}{2.000} = 20\,\%$	$\dfrac{DB \cdot 100}{E} = DBS$	$\dfrac{40.000 \cdot 100}{200.000} = 20\,\%$

Anwendung

BEISPIEL

Ein Zusatzauftrag über die Fertigung von 150 Stück des Produkts A1 erbringt bei einem Stückpreis von 2.000,00 EUR und einem Deckungsbeitragssatz von 20 % folgenden Gesamtdeckungsbeitrag, der zur weiteren Deckung der fixen Kosten oder aber zur Steigerung des Gewinns zur Verfügung steht:

150 Stück (x) · 2.000,00 EUR (p) · 20 % (DBS) = 60.000,00 EUR (DB)

Die Annahme des Auftrags liefert einen Gesamtdeckungsbeitrag in Höhe von 60.000,00 EUR, der sich in vollem Maße positiv auf das Betriebsergebnis auswirkt (Steigerung des Gewinns bzw. Minderung des Verlustes in Höhe von 60.000,00 EUR).

4.4.3 Optimierung des Fertigungsprogramms bei Wahlfreiheit der Produktion

Besteht in einer Mehr-Produkte-Unternehmung bei gegebener technischer Auslegung die Möglichkeit, wahlweise verschiedene Produktgruppen herzustellen, so hängt die Gestaltung des Produktionsprogramms von der Höhe der Stückdeckungsbeiträge (db) ab.

4.4.3.1 Fertigungsprogramm auf Basis der Stückdeckungsbeiträge

Die Gesamtdeckungsbeiträge der einzelnen Produktgruppen sind für die Erstellung einer Produktrangliste nicht geeignet, da sie keine Auskunft darüber geben, durch welchen Arbeitsaufwand der Gesamtdeckungsbeitrag entstanden ist.

Für die Entscheidung, welchem Produkt man bei alternativen Aufträgen den Vorrang einräumen will, ist ausschlaggebend, welches Produkt bei einer Aufnahme/ Steigerung der Produktion den höchsten Beitrag zur Deckung fixer Kosten leistet. Hierfür ist der Stückdeckungsbeitrag ausschlaggebend.

Im Beispiel auf S. 162 ergeben sich folgende Stückdeckungsbeiträge, die zur Grundlage für die Produktrangliste werden:

Produktrangliste

	Produktgruppen		
	Zahnräder	**Kurbelwellen**	**Motorkolben**
Stückzahl x	13.500	7.000	10.000
= DB I	+ 68.850,00	+ 72.100,00	+ 58.000,00
db = DB I / x	68.850,00 / 13.500 = *5,10 / Stück*	72.100,00 / 7.000 = *10,30 / Stück*	58.000,00 / 10.000 = *5,80 / Stück*
Produkt-rangliste	3	1	2

Stehen Aufträge zur Auswahl, so wird man zunächst versuchen, freie Kapazitäten mit der Produktion des Produkts mit Rangziffer 1 zu füllen. Bei verbleibenden freien Kapazitäten werden auch Produkte mit den folgenden Rangziffern berücksichtigt.

4.4.3.2 Fertigungsprogramm unter Berücksichtigung absetzbarer Mengen

Bei nur begrenzt absetzbaren Produktmengen ist ein Fertigungsprogramm festzulegen, das bei optimaler Auslastung der vorhandenen Kapazität das bestmögliche Betriebsergebnis erwirtschaftet.

Die Produktrangliste gibt an, welche Produkte vorrangig gefertigt werden sollten.

BEISPIEL

	Produktgruppen				
	A	B	C	D	E
Marktpreis/Einheit (p)	40,00 EUR	68,00 EUR	50,00 EUR	75,00 EUR	43,00 EUR
Var. Kosten (k_v)	35,00 EUR	71,00 EUR	46,00 EUR	69,00 EUR	34,00 EUR
db = p − k_v	+ 5,00 EUR	− 3,00 EUR	+ 4,00 EUR	+ 6,00 EUR	+ 9,00 EUR
Produktrangliste	3	−	4	2	1
Arbeitszeit/Einheit	je 30 Minuten				

Produkte mit negativem Stückdeckungsbeitrag (Produktgruppe B) kommen für die Fertigung nicht in Betracht, da ihre Aufnahme in das Fertigungsprogramm das Betriebsergebnis schmälern würde.

Unbegrenzte Aufnahmefähigkeit des Marktes für alle Produkte

Unter der Voraussetzung, dass alle Produktgruppen den gleichen Arbeitsaufwand (siehe oben) erfordern und dass der Markt jede hergestellte Produktmenge voll aufnehmen kann, würde man der Produktgruppe E den absoluten Vorrang einräumen. Die Produktgruppe E weist den höchsten db auf und trägt damit am meisten zum Gewinn bei.

Durch ausschließliche Produktion von Produkten der Produktgruppe E würde in diesem Fall das höchstmögliche Betriebsergebnis erzielt werden.

Der Umfang der Produktion ist *ausschließlich durch die Grenzen der vorhandenen Kapazität* vorgegeben (Kapazitätsengpass !).

BEISPIEL

Liegt die technische Kapazität bei 20.000 Einheiten, und belaufen sich die fixen Kosten auf 70.000,00 EUR so kann folgender maximaler Gewinn erwirtschaftet werden:

DB = Stückzahl · db = 20.000 · 9 =   180.000,00 EUR

− Kf   70.000,00 EUR

= Gewinn   110.000,00 EUR

Begrenzte Aufnahmefähigkeit des Marktes für alle Produkte

Unterstellt man, dass der Markt von jedem Produkt nur eine begrenzte Höchstmenge aufnehmen kann, so werden die zur Wahl stehenden Produkte in Reihenfolge der Werte der Rangliste bis zur vollständigen Auslastung der vorhandenen Kapazität in das Fertigungsprogramm aufgenommen.

	Produktgruppen				
	A	B	C	D	E
db	+ 5,00 EUR	– 3,00 EUR	+ 4,00 EUR	+ 6,00 EUR	+ 9,00 EUR
Produktrangliste	3	–	4	2	1
Maximaler Absatz In Einheiten pro Abrechnungsperiode	5.000	[10.000]	5.000	8.000	4.000
Bearbeitungszeit /Einheit	je 30 Minuten				
Kapazität	10.000 Fertigungsstunden, bei einheitlicher Bearbeitungszeit von 30 Min./ Einheit für alle Produkte = maximal 20.000 Einheiten				

LÖSUNG

Im Rahmen der vorhandenen Kapazität werden die rentabelsten Produktgruppen gemäß ihrer Rangfolge in das Fertigungsprogramm aufgenommen:

Produktrangliste	Produktgruppe	Produktmenge in Einheiten	Restkapazität in Einheiten
1	E	4.000	16.000
2	D	8.000	8.000
3	A	5.000	3.000
4	C	3.000 [von 5.000]	–
	Summe	20.000	

Produktgruppe B erscheint nicht, da hier ein negativer Stückdeckungsbeitrag vorliegt.

Die rangletzte Produktgruppe wird wegen des bestehenden Kapazitätsengpasses nur in dem Maße berücksichtigt, wie Restkapazitäten zur Verfügung stehen.

Berechnung des Gewinns bei optimalem Fertigungsprogramm:

Produktgruppe	Produktmenge in Einheiten	db	DB = Produktmenge · db
E (1)	4.000	9,00 EUR/E	36.000,00 EUR
D (2)	8.000	6,00 EUR/E	48.000,00 EUR
A (3)	5.000	5,00 EUR/E	25.000,00 EUR
C (4)	3.000	4,00 EUR/E	12.000,00 EUR
		DB – K_f	121.000,00 EUR 70.000,00 EUR
		= Gewinn	51.000,00 EUR

4.4.3.3 Fertigungsprogramm bei Vorliegen eines betrieblichen Engpasses

Die Fertigung im Industriebetrieb kann durch das Auftreten betrieblicher Engpässe beeinträchtigt werden.

Betriebliche Engpässe treten für gewöhnlich in folgenden Bereichen auf:

- Maschinenkapazität
- Rohstoffversorgung
- Personalsituation

Bei bestehendem Engpass ist ein Fertigungsprogramm zu erstellen, das Produktgruppen mit höherem Stückdeckungsbeitrag (db) vorrangig bei der Auslastung der begrenzten Kapazität berücksichtigt.

Relativer Deckungsbeitrag

In den seltensten Fällen werden die Anlagen eines Betriebes von unterschiedlichen Produktgruppen in gleichem Maße beansprucht, wie das bisher unterstellt wurde.

In der Regel werden für jede Produktgruppe unterschiedliche Arbeitsgänge notwendig, verbunden mit einem unterschiedlichen Zeitaufwand. Je geringer der Zeitaufwand ist um eine Einheit zu bearbeiten, desto mehr Einheiten können in einer Zeiteinheit (Stunde) bearbeitet werden, desto höher ist auch der Deckungsbeitrag, der pro Zeiteinheit erzielt werden kann.

Der auf eine Zeiteinheit (Minute, Stunde) bezogene Deckungsbeitrag heißt auch *relativer Deckungsbeitrag*.

Berechnung des relativen Deckungsbeitrags, auf eine Stunde bezogen[1]:

$$ db_{rel} = \frac{db \cdot 60}{Fertigungszeit\ in\ Minuten} $$

F

BEISPIEL 1

Unter Berücksichtigung unterschiedlicher Fertigungszeiten ergibt sich eine neue Produktrangliste:

	Produktgruppen			
	A	C	D	E
db	+ 5,00 EUR	+ 4,00 EUR	+ 6,00 EUR	+ 9,00 EUR
Fertigungszeit In Minuten	15	32	45	12
Relativer db pro Stunde	20,00 EUR/Std.	7,50 EUR/Std.	8,00 EUR/Std.	45,00 EUR/Std.
Produktrangliste	2	4	3	1

---

[1] Basis für die Berechnung eines relativen Deckungsbeitrags können auch andere Größen sein. Bekannt ist bereits der Deckungsbeitragssatz auf Basis der Erlöse. Weiteres Beispiel wäre der Materialverbrauch in kg, m, l etc.

Bei einer Gesamtkapazität von 10.000 Stunden und fixen Kosten in Höhe von 70.000,00 EUR wird unter Berücksichtigung des relativen Stückdeckungsbeitrags folgendes optimierte Fertigungsprogramm festgelegt:

(Maximaler Absatz je Produktgruppe in der Abrechnungsperiode: A 5.000 Stück; B 10.000 Stück; C 5.000 Stück; D 8.000 Stück; E 4.000 Stück).

LÖSUNG

Produkt-rangliste	Produkt-gruppe	Produkt-menge in Einheiten	Beanspruchung der Kapazität in Std.	Rest-kapazität in Std.	$\dfrac{db}{Std.}$	$DB = Std. \cdot \dfrac{db}{Std.}$
1	E	4.000	800	9.200	45,00	36.000,00 EUR
2	A	5.000	1.250	7.950	20,00	25.000,00 EUR
3	D	8.000	6.000	1.950	8,00	48.000,00 EUR
4	C	3.656 → [5.000]	1.950		7,50	14.625,00 EUR
						Σ DB 123.625,00 EUR − K$_f$ 70.000,00 EUR
						= Gewinn 53.625,00 EUR

Auch hier steht für die Fertigung der rangletzten Produktgruppe nur die Restkapazität zur Verfügung (Kapazitätsengpass!)

Nebenrechnung:
Berechnung der Fertigungszeiten

$E: \quad 4.000 \cdot \dfrac{12}{60} \quad = \quad 800 \ Std.$

$A: \quad 5\,000 \quad \cdot \dfrac{15}{60} \quad = 1.250 \ Std.$

$D: \quad 8\,000 \quad \cdot \dfrac{45}{60} \quad = 6.000 \ Std.$

$C: \quad ? \quad \cdot \dfrac{45}{60} \quad = 1.950 \ Std.$

→ C: 1.950 : 32 = 3.656,25 = 3.656 Stück

Für betriebliche Engpässe erfolgt hier exemplarisch eine Darstellung des Maschinenengpasses:

Maschinenengpass

<u>**Vorgehensweise:**</u>

1. **Analyse des Maschinenengpasses:**

   a) *Ermittlung der verfügbaren maximalen Kapazität einer jeden Maschine.*

   b) *Berechnung der benötigten Gesamtkapazität auf jeder Maschine.*

   c) *Feststellen der Engpassmaschine durch Vergleich der verfügbaren mit der benötigten Kapazität (liegt bei mehreren Maschinen ein Engpass vor, so geht die weitere Rechnung vom schwächsten Glied der Kette aus).*

2. **Ermittlung der optimalen Maschinenbelegung:**

   a) *Berechnung des relativen Deckungsbeitrags für die Engpassmaschine.*

   b) *Ermittlung der Produktrangfolge auf Basis des relativen Deckungsbeitrags.*

   c) *Festlegung des optimalen Produktionsprogramms.*

   d) *Erstellen des Maschinenbelegungsplans.*

   e) *Berechnung der verbleibenden freien Kapazitäten auf den Maschinen.*

3. **Berechnung des Betriebsergebnisses bei optimiertem Fertigungsprogramm**

BEISPIEL

Bei ausgezeichneter Auftragslage hat die Metallofix GmbH die Möglichkeit, unter den Aufträgen eine Auswahl zu treffen. Weiterhin werden die Produkte Zahnräder, Kurbelwellen und Motorkolben auf den Maschinengruppen der M1 (Dreherei) und M2 (Fräserei) hergestellt.

Es liegen folgende Angaben vor:

Produkt-gruppe	Verkaufspreis pro Stück (p)	variable Kosten/Stück (kv)	Maximal möglicher Absatz in Stück (x) pro Monat	Bearbeitungszeit/Stück. in Minuten auf	
				M1 Dreherei	M 2 Fräserei
A: Zahnräder	15,00 EUR	9,90 EUR	14.500	3,9	4,2
B: Kurbelwellen	29,00 EUR	18,70 EUR	8.000	4,5	3,6
C: Motorkolben	25,00 EUR	19,20 EUR	11.000	3	2,1

Weitere Angaben:

Die maximale Kapazität bei Zweischichtenbetrieb liegt für M1 (Dreherei) bei 2.200 Stunden/ Monat, für M 2 (Fräserei) bei 1.500 Stunden/ Monat.

Die Periodenkosten belaufen sich auf 145.000,00 EUR/ Monat. Es ist das optimale Fertigungsprogramm zu erstellen.

Lösung nächste Seite →

LÖSUNG

Maschinenengpass

Maschinenbelegung

auf M1 Dreherei

Produkt	max. Absatz		Beanspruchung in Stunden			
Zahnräder	14500	·	3,9	/ 60 =	942,5	
Kurbelwellen	8000	·	4,5	/ 60 =	600	
Motorkolben	11000	·	3	/ 60 =	550	

Maximale Kapazität | 2200 | Std. **(1a)**
Benötigte Kapazität | 2092,5 | Std. **(1b)**
Überkapazität | 107,50 | Std.

auf M2 Fräserei

Produkt	max. Absatz		Beanspruchung in Stunden			
Zahnräder	14500	·	4,2	/ 60 =	1015	
Kurbelwellen	8000	·	3,6	/ 60 =	480	
Motorkolben	11000	·	2,1	/ 60 =	385	

Maximale Kapazität | 1500 | Std. **(1a)**
Benötigte Kapazität | 1880 | Std. **(1b)**
Unterkapazität | -380,00 | Std. **(1c)**

Engpass bei M2 – denn es fehlen 380 Std. auf M2;
auf M1 stehen 107,5 Std. mehr als notwendig zur Verfügung.

Berechnung der Produktrangfolge

Produkt	db		Zeitaufwand	**2a** db_{rel}	Rangziffer **2b** des Produkts
A Zahnräder	5,10	/	4,2	= 1,21	3
B Kurbelwellen	10,30	/	3,6	= 2,86111111	1
C Motorkolben	6,80	/	2,1	= 2,76190476	2

Für Produkt A mit der Rangziffer 3 verbleiben auf M2

Von Produkt A kann auf M2 unter Nutzung der Restkapazität folgende Stückzahl produziert werden:

Produkt **2c**					
A —	0	· 0	/ 60 =	0	Std
B Kurbelwellen	8000	· 3,6	/ 60 =	480	Std
C Motorkolben	11000	· 2,1	/ 60 =	385	Std
				865	Std
				635	Std

$$\frac{635 \cdot 60 \text{ Min.}}{4,2 \text{ Min./St.}} = 1500 - \dots = 9071,43 \text{ Stück}$$

gerundet auf zwei Stellen nach dem Komma

Auslastung M1 mit Produkt A in Stunden: = 9071,43 St. · 3,9 Min./St. / 60 = 589,64 Stunden

Fortsetzung
Lösung nächste Seite →

4.4 Deckungsbeitragsrechnung einer Mehr-Produkte-Unternehmung

2d **Maschinenbelegung in Stunden:**

Produkt		M1	M2
Kapazität in Std.		2200	1500
A: Zahnräder	(3)	589,64	635
B: Kurbelwellen	(1)	600	480
C: Motorkolben	(2)	550	385
Summe		1739,64	1500
Freie Kapazität		460,36	0

2e *Die verbleibende freie Kapazität auf M1 kann für Lohnaufträge genutzt werden!*

3 **Berechnung des Betriebsergebnisses**

Produkt		Stückzahl		db		
A: Zahnräder	(3)	9071,43	.	5,10	=	46.264,29 €
B: Kurbelwellen	(1)	8000	.	10,3	=	82.400,00 €
C: Motorkolben	(2)	11000	.	5,8	=	63.800,00 €
					DB	192.464,29 €
					- Kf	145.000,00 €
					BE (Gewinn)	47.464,29 €

4.4.4 Eigenfertigung oder Fremdbezug (Make or Buy)

Oft besteht die Wahlmöglichkeit, Vor-, Zwischenprodukte oder ganze Baugruppen auf den eigenen Anlagen herzustellen oder von Zulieferern zu beziehen.

Die *Entscheidung* für die Eigenfertigung oder für den Fremdbezug (make or buy) ist nicht einfach und eine Fehlentscheidung kann folgenschwer sein.

Eine Entscheidung muss herbeigeführt werden, wenn eine der folgenden Situationen eintritt:

- *Freie Kapazitäten* auf vorhandenen Anlagen ermöglichen eine Eigenfertigung von Teilfabrikaten, die bisher von Zulieferern bezogen wurden.

- Es stehen *Investitionen/ Reinvestitionen* für einen Fertigungsbereich an, die sich bei Fremdbezug erübrigen würden.

- Die Geschäftsleitung steht vor der betriebspolitischen Entscheidung, die *Produktionstiefe* neu zu definieren.

Wird für ein bisher in Eigenfertigung hergestelltes Teilfabrikat eine Entscheidung zu Gunsten des Fremdbezugs getroffen, so spricht man von *„outsourcing"*.

Bei einer Erweiterung der eigenen Produktion um Teilfabrikate, die bisher von Zulieferern bezogen wurden, spricht man von *vertikaler Diversifikation*, die die Produktionstiefe erweitert.

Ist die Fertigung auf eigenen Anlagen ohne weitere Investitionen möglich, und besteht keine Gefahr des Kompetenzverlusts, so wird dem Fremdbezug der Vorrang eingeräumt, wenn der Fremdbezugspreis des Produkts unter den eigenen variablen Kosten der Fertigung liegt.

BEISPIEL

Die 4 Maschinen sind dazu geeignet, ein Bauteil herzustellen, das bisher von einem Zulieferbetrieb bezogen wurde. Es bestehen ausreichend freie Kapazitäten, um die Produktion des Bauteils ohne zusätzliche Investitionen in das Fertigungsprogramm aufzunehmen.

Der vom Zulieferer in Rechnung gestellte Preis beträgt 40,00 EUR/Stück. Bei einer Abnahmemenge von 400 Stück/Monat wird ein Rabatt von 15 % gewährt. (Bei geringerer Stückzahl wird der eingeräumte Mengenrabatt nicht voll gewährt.)

Die Betriebsbuchführung erstellt folgende Kalkulation für eine mögliche Eigenfertigung von 400 Stück/Monat bei voller Nutzung der freien Kapazitäten:

Vollkostenrechnung	Kosten in EUR	davon	
		verrechnete k_f	k_v
Fertigungsmaterial	12,00	0,00	12,00
MGK 20 %	2,40	1,80	0,60
Fertigungslohn	9,00	0,00	9,00
FGK 250 %	22,50	15,00	7,50
Herstellkosten	45,90	16,80	29,10

a) Wäre es grundsätzlich rentabel, bei bestehender Preis-/Kostenrelation die Fertigung der Bauteile zu übernehmen?

b) Wie würde sich die Eigenfertigung auf das Betriebsergebnis auswirken, wenn die vorhandenen freien Kapazitäten dazu ausreichten, 400 Stück herzustellen und der Zulieferer für eine Abnahmemenge von nur noch 200 Stück den Preis auf 36,00 EUR/Stück neu festsetzte?

LÖSUNG

a) Bei Vollkostenrechnung ergeben sich Herstellungskosten, die über dem fremden Preis liegen.

Nach Abzug der (nicht abbaubaren) fixen Kosten, verrechnet auf 400 Einheiten, verbleiben proportionale Stückkosten, die unter dem fremden Preis liegen:

Herstellkosten/Stück	*45,90 EUR*
− *k_f*	*16,80 EUR* (bei 400 Stück/Monat)
k_v	*29,10 EUR*
− *fremder Preis (= Anschaffungskosten)*	*34,00 EUR* = 85 % von 40,00 EUR
Minderkosten bei Eigenfertigung	*− 4,90 EUR*

Da nur die variablen Kosten zusätzlich anfallen, ist die Eigenfertigung rentabel.

b) Kostenvorteil bei Eigenfertigung von 400 Bauteilen

400 Bauteile	*= 400 · 4,90 EUR*	*= 1.960,00 EUR*
− *Steigerung der Bezugskosten von 34,00 auf 36,00 je Stück für 200 Bauteile (Fremdbezug)*	*= 200 · 2,00 EUR*	*= 400,00 EUR*
Verbesserung des Betriebsergebnisses		*1.560,00 EUR*

4.5 Gegenüberstellung von Vollkostenrechnung und Teilkostenrechnung

Mit der Vollkostenrechnung und der Teilkostenrechnung stehen sich zwei Kostenrechnungssysteme gegenüber, die mit ihrem unterschiedlichen Denkansatz bei unterschiedlicher Zielsetzung beide unverzichtbar sind.

Vergleich der beiden Kostenrechnungsverfahren

	Vollkostenrechnung	Teilkostenrechnung in Form der Deckungsbeitragsrechnung
Ausgangspunkt der Rechnung	**Kosten**	**Erlöse**
Rechenschema	*Einzelkosten* + *Gemeinkosten* *Selbstkosten* *Erlöse* − *Selbstkosten* *Gewinn/Verlust*	*Erlöse* − *prop. Kosten* *Deckungsbeitrag* *Deckungsbeitrag* − *fixe Kosten* *Gewinn/Verlust*
Grundlage für absatz- und fertigungspolitische Entscheidungen	**Gesamtkosten (Selbstkosten)**	**Deckungsbeitrag**
Anwendungsgebiete	Berechnung der **Selbstkosten:** − Kostenstellenrechnung (BAB) − Vor- und Nachkalkulation der Kostenträgerrechnung − Kalkulation des Bestands an FE und UE − Bilanzierung der zu aktivierenden Eigenleistungen − Berechnung der Selbstkosten bei öffentlichen Aufträgen nach LSP	***Entscheidungshilfe*** für: − Preisuntergrenze bei freien Kapazitäten − Annahme/Ablehnung eines Auftrags − Sortimentspolitik − Optimierung der Produktion − Entscheidung zu Eigenfertigung oder Fremdbezug

5. Plankostenrechnung

Die Normalkostenrechnung beruht auf Erfahrungswerten, die sich als Mittelwert aus den aufgezeichneten Istkosten vergangener Abrechnungsperioden ergeben.

Das Ausschalten der bei Istkosten auftretenden Kostenschwankungen (Unwirtschaftlichkeiten im Betrieb, konjunkturell oder auftragsbedingte Preisschwankungen etc.) liefert gleichmäßige Vorgabewerte und dient so der Beständigkeit der Kalkulation (siehe Kostendefinition, Normalcharakter der Kosten, S. 7).

Kritik an der Normalkostenrechnung ist dann berechtigt, wenn die auf einer Normalbeschäftigung basierenden Normalkosten undifferenziert auf einen abweichenden Beschäftigungsgrad der Folgeperiode umgerechnet werden, denn einer Änderung der Kapazitätsauslastung folgen nur die variablen Kosten annähernd proportional. Der Block der fixen Gemeinkosten bleibt per Definition unverändert.

Für eine zuverlässige Prognose der zu erwartenden Kosten einer künftigen Leistungserstellung müssen Wege gefunden werden, die eine Proportionalisierung der überwiegend fixen Gemeinkosten vermeiden.

Diese Erkenntnis hat zur Entwicklung verschiedener Methoden der Plankostenrechnung geführt:

1. Starre Plankostenrechnung
2. Flexible Plankostenrechnung auf Vollkostenbasis
3. Flexible Plankostenrechnung auf Teilkostenbasis

5.1 Starre Plankostenrechnung

Die starre Plankostenrechnung berechnet die *Kosten einer Kostenstelle für eine im Voraus festgelegte Planbeschäftigung*.

Am Ende der Abrechnungsperiode werden die tatsächlich angefallenen *Istkosten* festgestellt und mit den *Plankosten* verglichen. Hierbei bleibt eine mögliche Abweichung der Istbeschäftigung von der Planbeschäftigung unberücksichtigt.

Die ungleiche Vergleichsbasis (Istkosten der Istbeschäftigung/Plankosten der Planbeschäftigung) führt auf Grund der unzulässigen Proportionalisierung fixer Kosten immer dann zu fehlerhaften Ergebnissen, wenn Beschäftigungsschwankungen auftreten. Somit bleibt die Anwendbarkeit der starren Plankostenrechnung auf die seltenen Fälle gleich bleibender Beschäftigung beschränkt (z. B. Staatsunternehmen; Verwaltung; Forschung und Entwicklung).

5.2 Flexible Plankostenrechnung auf Vollkostenbasis

Im Gegensatz zur starren Plankostenrechnung sieht die flexible Plankostenrechnung eine *Umrechnung der Plankosten der Planbeschäftigung auf die Istbeschäftigung* vor.

Zu diesem Zweck werden die Kosten der Kostenstelle in fixe und proportionale Bestandteile zerlegt (siehe ,Kostenzerlegung', S. 34 ff.).
Um die bei Istbeschäftigung zulässigen Kosten zu ermitteln, wird berücksichtigt, dass sich nicht alle Kostenbestandteile proportional zur Beschäftigung entwickeln.

Der Vorteil der flexiblen Plankostenrechnung gegenüber der starren Plankostenrechnung ist, dass mit der Umrechnung der geplanten Kosten auf die Istbeschäftigung eine *einheitliche Vergleichsbasis* geschaffen wird.

Kennzeichen der flexiblen Plankostenrechnung auf Vollkostenbasis ist die Berücksichtigung der *variablen* wie auch der *fixen Kosten*.

Über die *Beschäftigung* als *Kosteneinflussgröße* werden die zulässigen *Gesamtkosten* (Vollkostenrechnung) für die jeweilige Istbeschäftigung berechnet.

Die flexible Plankostenrechnung auf Vollkostenbasis ermöglicht eine aussagekräftige Analyse der Abweichungen zwischen

- tatsächlich angefallenen *Istkosten* der Istbeschäftigung,
- zulässigen *Sollkosten* der Istbeschäftigung bei gegebener Kostenstruktur (Relation fixe/ variable Kosten),
- den bei Istbeschäftigung *verrechneten Plankosten (Vorkalkulation)*.

Ein Vergleich der Istkosten mit den vorausberechneten Sollkosten dient der Kontrolle der Wirtschaftlichkeit.

Zu beachten ist, dass eine Kontrolle der Wirtschaftlichkeit für den Betrieb als Ganzes zu wenig aufschlussreich und damit unbrauchbar wäre. Die Plankostenrechnung muss für jede einzelne Kostenstelle getrennt durchgeführt werden. Nur hier können Ursachen für Kostenabweichungen, die ggf. auf Unwirtschaftlichkeiten hinweisen, erkannt werden.

Abweichungen von der (realistischen) Kostenvorgabe müssen je nach Ursache unterteilt werden in:

- Abweichungen, für die der **Kostenstellenleiter verantwortlich** ist:
  Überdurchschnittliche Ausschussproduktion, Planungsfehler, vermeidbarer Leerlauf, sonstige Unwirtschaftlichkeiten.
- Abweichungen, für die der **Kostenstellenleiter nicht verantwortlich** ist:
  Schlechte Auftragslage, gestiegene Rohstoffpreise, Anstieg der Lohnkosten etc.

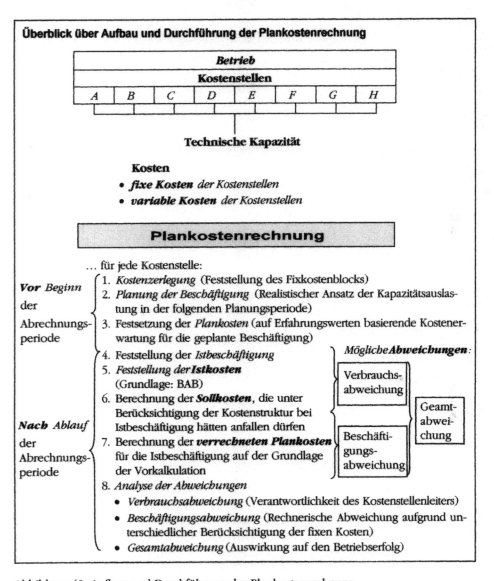

Überblick über Aufbau und Durchführung der Plankostenrechnung

Betrieb							
Kostenstellen							
A	*B*	*C*	*D*	*E*	*F*	*G*	*H*

Technische Kapazität

Kosten
- *fixe Kosten* der Kostenstellen
- *variable Kosten* der Kostenstellen

Plankostenrechnung

... für jede Kostenstelle:

Vor *Beginn* der Abrechnungsperiode
1. *Kostenzerlegung* (Feststellung des Fixkostenblocks)
2. *Planung der Beschäftigung* (Realistischer Ansatz der Kapazitätsauslastung in der folgenden Planungsperiode)
3. Festsetzung der *Plankosten* (auf Erfahrungswerten basierende Kostenerwartung für die geplante Beschäftigung)

Nach *Ablauf* der Abrechnungsperiode
4. Feststellung der *Istbeschäftigung*
5. *Feststellung der* **Istkosten** (Grundlage: BAB)
6. Berechnung der **Sollkosten**, die unter Berücksichtigung der Kostenstruktur bei Istbeschäftigung hätten anfallen dürfen
7. Berechnung der **verrechneten Plankosten** für die Istbeschäftigung auf der Grundlage der Vorkalkulation
8. *Analyse der Abweichungen*
   - *Verbrauchsabweichung* (Verantwortlichkeit des Kostenstellenleiters)
   - *Beschäftigungsabweichung* (Rechnerische Abweichung aufgrund unterschiedlicher Berücksichtigung der fixen Kosten)
   - *Gesamtabweichung* (Auswirkung auf den Betriebserfolg)

Mögliche **Abweichungen**:
- Verbrauchsabweichung
- Beschäftigungsabweichung
- Gesamtabweichung

Abbildung 40: Aufbau und Durchführung der Plankostenrechnung

5.2.1 Kostenbegriffe der flexiblen Plankostenrechnung

Innerhalb der Systematik der Plankostenrechnung müssen folgende Kostenbegriffe gegen einander abgegrenzt werden:

Sollkosten

Die *Sollkosten* (K_s) eines beliebigen Beschäftigungsgrades umfassen die fixen Kosten in voller Höhe und die dem Beschäftigungsgrad entsprechenden variablen Kosten. Sollkosten sind die Gesamtkosten eines Beschäftigungsgrades, die bei wirtschaftlicher Arbeitsweise anfallen sollen (dürfen!).

Plankosten

Plankosten (K_p) sind die *Sollkosten im Punkte der Planbeschäftigung.* Sie werden methodisch durch Kostenanalyse und darauf folgende Planung (der Kostenarten) für jede Kostenstelle bestimmt, wobei ein ordnungsgemäßer Produktionsablauf unterstellt wird.

Verrechnete Plankosten

In der Vorkalkulation werden die Produkte mit *verrechneten Plankosten* (*verr.* K_p) belastet, unabhängig davon, ob die Planbeschäftigung eingehalten werden kann oder nicht.

Dabei wird unterstellt, dass die Kosten einer Produktionseinheit (Stückkosten k), die sich bei Planbeschäftigung ergeben, auch bei jeder anderen Auslastung der Kapazität *unverändert bleiben.*

Verrechnete Plankosten sind die Gesamtkosten eines Beschäftigungsgrades, die auf der Grundlage der Einheitskosten (Stückkosten) bei Planbeschäftigung errechnet werden (kalkulierte Kosten!).

Istkosten

Istkosten (K_i) verkörpern den tatsächlichen Faktorverzehr (zu Istpreisen bewertete Istverbrauchsmenge).

Istkosten sind mitbestimmt von Unwirtschaftlichkeiten innerhalb des Betriebes sowie von unwägbaren Einflüssen aus dem wirtschaftlichen Umfeld.

5.2.2 Vorbereitung der Plankostenrechnung

Die Fristigkeit der Planung ist so zu wählen, dass innerhalb der Planperiode *konstante fixe Kosten* gewährleistet sind. Eine Planperiode umfasst einen Zeitraum von einem Monat, maximal einem Quartal.

Ebenso muss man von *konstanten Preisen für die Kostenarten* ausgehen können. Dies wird durch die Festlegung von Verrechnungspreisen gewährleistet, die willkürlichen Preisbewegungen des Marktes nicht folgen.

Da sich mit dem Beschäftigungsgrad nur der variable Kostenanteil verändert, müssen die Kosten einer Kostenstelle in deren fixe und variable Bestandteile zerlegt werden.

5.2.2.1 Kostenzerlegung

Bedient man sich zur Ermittlung des Fixkostenblocks der rechnerischen Methode der Kostenzerlegung, so werden auch bei Einzelkosten, z. B. bei Fertigungslöhnen, Fixkostenbestandteile sichtbar[1].

BEISPIEL

Die Metallofix GmbH möchte eine effiziente Kostenkontrolle einführen. Mit Hilfe der Plankostenrechnung sollen Kostenabweichungen aufgedeckt und Unwirtschaftlichkeiten beseitigt werden.

Zur Vorbereitung der Kostenplanung für die Abrechnungsperiode (AP) Dezember erfolgt eine rechnerische Kostenzerlegung, um den Fixkostenblock zu ermitteln.

Folgende Normalkosten der Kostenstelle Dreherei liegen für die AP Oktober und November vor:

Kostenstruktur für die Monate Oktober (10) und November (11)	Normalkosten	
Kostenstelle **Dreherei**	bei Beschäftigung x	
	Monat/ Quartal	Monat/ Quartal
Technisch Kapazität 1800	10	11
	x_1	x_2
Kapazitätsnutzung	90% = 1620	95% = 1710
Kostenarten	Gesamtkosten EUR	Gesamtkosten EUR
Fertigungslöhne	30.040,44	31.460,00
Hilfs- und Betriebsstoffe	3.040,00	3.200,00
Kraftstrom	3.220,00	3.370,00
Hilfslöhne	1.920,00	2.000,00
Gehälter Kostenstelle	7.940,00	7.980,00
Reinigungsdienst	845,00	865,00
Kalk. Abschreibung	8.610,00	8.610,00
Kalk. Miete	1.170,00	1.170,00
Kalk. Wagnisse	1.050,00	1.050,00
Betriebssteuern	0,00	0,00
Kalk. Zinsen	2.400,00	2.400,00
Sonst. Gemeinkosten	460,00	470,00
Summe:	60.595,44	62.575,00

---

[1] siehe Mischkosten, S. 21

LÖSUNG

Nebenrechnung, exemplarisch für Hilfs- und Betriebsstoffe
(siehe ‚Kostenzerlegung‘, S. 35 ff.):
$Kv = (3.200,00 - 3.040,00) / (1710 - 1620) = 160 / 90 = 1,7777$ EUR/ Einheit
$Kf = 3.200,00 - 1,7777 \cdot 1710 = 3.200,00 - 3.040,00 = 160,00$ EUR

LÖSUNG (FORTSETZUNG)

Kostenzerlegung für alle Kostenarten (Normalkosten) der Kostenstelle *Dreherei*:

Kostenstruktur	Kostenzerlegung	
Kostenstelle Dreherei	**für Beschäftigung x2 = 1710**	
Kostenarten	**Fixe Kosten**	**Variable Kosten**
	EUR	**EUR**
Fertigungslöhne	4.488,36	26.971,64
Hilfs- und Betriebsstoffe	160,00	3.040,00
Kraftstrom	520,00	2.850,00
Hilfslöhne	480,00	1.520,00
Gehälter Kostenstelle	7.220,00	760,00
Reinigungsdienst	485,00	380,00
Kalk. Abschreibung	8.610,00	0,00
Kalk. Miete	1.170,00	0,00
Kalk. Wagnisse	1.050,00	0,00
Betriebssteuern	0,00	0,00
Kalk. Zinsen	2.400,00	0,00
Sonst. Gemeinkosten	280,00	190,00
Summen:	22.863,36	35.711,64
	62.575,00	

5.2.2.2 Festlegung der Planbeschäftigung

Die Vorausplanung des Umfangs der Produktion für die folgende Planperiode (= Planbeschäftigung) basiert auf:

- Auftragslage (gebuchte und in Aussicht gestellte Aufträge etc.)
- Marktanalysen (Absatzchancen; Konkurrenzsituation etc.)
- betrieblichen Gegebenheiten (Kapazitätsauslastung; Engpässe etc.)

Der Ansatz für die geplante (zu erwartende) Auslastung der vorhandenen Kapazität muss realistisch sein.

5.2.3 Berechnung der Plankosten

Zur Ermittlung der voraussichtlichen Kostenstellenkosten für eine geplante Beschäftigung (= Kapazitätsauslastung), müssen bei unveränderten fixen Kosten die variablen Kosten der Kostenstelle auf die Planbeschäftigung umgerechnet werden.

Zu beachten ist, dass die Umrechnung für jede einzelne Kostenart erfolgen muss, da die Kostenarten unterschiedliche Fixkostenanteile aufweisen.

Dabei wird bei der Hochrechnung der variablen Kosten von einer Vorperiode (z.B. x_2) auf die Planperiode x_p geschlossen:

$$Gesamtkosten\ der\ Planperiode\ K_{(x0)} = Kf + Kv_{(x2)} \cdot \frac{Planbeschäftigung\ x_0}{Beschäftigung\ der\ Vorperiode\ x_2}$$ F

BEISPIEL

Fortsetzung des Beispiels auf S. 181:

Auf Grund der Auftragslage geht die Betriebsleitung der Metallofix GmbH für die Kostenstelle Dreherei von folgenden Zahlen aus:

Bei einer technischen Kapazität von 1800 Maschinenstunden pro Monat will man mit einer geplanten Kapazitätsauslastung von 97 % im Dezember an die Grenzen der möglichen Kapazitätsnutzung gehen.

Planbeschäftigung: 1.800 · 97 % = 1.746 Maschinenstunden

Nach Berechnung der Kostenbestandteile (fixe und variable Kosten) durch rechnerische Kostenzerlegung sind die Plankosten der Kostenstelle Dreherei für die Planperiode Dezember zu ermitteln.

Lösung nächste Seite →

LÖSUNG

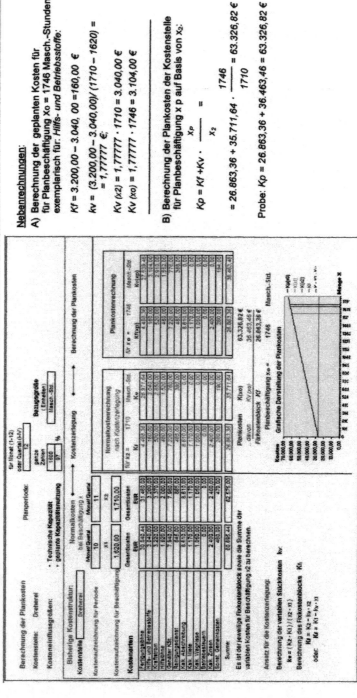

Berechnung der Plankosten

Kostenstelle: Dreherei Planperiode: für Monat (1-12)
oder Quartal (1-IV)

Kosteneinflussgrößen: • Technische Kapazität
• geplante Kapazitätsnutzung

Bezugsgröße (Einheiten): Masc.-Std.

Nebenrechnungen:

A) Berechnung der geplanten Kosten für Planbeschäftigung $X_o = 1746$ Masch.-Stunden exemplarisch für: *Hilfs- und Betriebsstoffe*:

$Kf = 3.200,00 - 3.040,00 = 160,00$ €

$kv = (3.200,00 - 3.040,00)/ (1710 - 1620) = = 1,77777$ €;

$Kv (x2) = 1,77777 \cdot 1710 = 3.040,00$ €

$Kv (xo) = 1,77777 \cdot 1746 = 3.104,00$ €

B) Berechnung der Plankosten der Kostenstelle für Planbeschäftigung x p auf Basis von x_2:

$$Kp = Kf + Kv \cdot \frac{x_P}{x_2} =$$

$$= 26.863,36 + 35.711,64 \cdot \frac{1746}{1710} = 63.326,82 \text{ €}$$

Probe: $Kp = 26.863,36 + 36.463,46 = 63.326,82$ €

5.2.4 Umrechnung der Plankosten auf die Istbeschäftigung

Um die rechnerische Grundlage für eine Analyse der Kostenabweichungen zu schaffen, müssen die Plankosten von der Planbeschäftigung auf die Istbeschäftigung umgerechnet werden.

Dabei sind folgende zwei Fälle zu unterscheiden:

- **Sollkosten** der Istbeschäftigung = Kosten, die bei Istbeschäftigung als angemessen angesehen werden,
- für die Istbeschäftigung **verrechnete Plankosten** = im Rahmen der Vorkalkulation tatsächlich abgerechnete Kosten auf Basis der Plankosten für die Planperiode.

5.2.4.1 Berechnung der Sollkosten der Istbeschäftigung

Weicht die tatsächliche Auslastung der Kapazität (Istbeschäftigung) von der geplanten Beschäftigung ab, so sollen (dürfen!) Gesamtkosten (= Sollkosten) in folgender Höhe anfallen:

$$K_{S(x1)} = K_f + K_{v(x0)} \cdot \frac{\textit{Istbeschäftigung } x_1}{\textit{Planbeschäftigung } x_0}$$ F

BEISPIEL 1

Kostenstelle 5 weist eine wirtschaftliche Kapazität von 1.000 Einheiten pro Monat auf. Der Fixkostenblock beträgt 35.000,00 EUR.
Bei Vollbeschäftigung wurden variable Kosten in Höhe von 70.000,00 EUR ermittelt.
Die variablen Stückkosten belaufen sich auf 70.000,00 /1.000 = 70,00 EUR/ Einheit.

Welche Kosten dürfen bei folgenden Abweichungen von der Vollbeschäftigung anfallen?
a) Die Auslastung der wirtschaftlichen Kapazität sinkt um 20 % auf 800 Einheiten im Monat.
b) Die Auslastung der wirtschaftlichen Kapazität steigt um 5 % auf 1.050 Einheiten im Monat.

LÖSUNG

a) Für eine Produktion von 800 Einheiten pro Monat dürfen folgende Gesamtkosten anfallen:

Ansatz 1: Berechnung der Sollkosten auf Grundlage der variablen Gesamtkosten K_v

$$K_{S(800)} = 35.000,00 + 70.000,00 \cdot \frac{800}{1.000} = 91.000,00 \, EUR$$

Ansatz 2: Berechnung der Sollkosten auf Grundlage der variablen Stückkosten k_v

$$K_{S(1.050)} = 35.000,00 + 70,00 \cdot 800 = 91.000,00 \, EUR$$

b) Für eine Produktion von 1.050 Einheiten pro Monat dürfen folgende Gesamtkosten anfallen:

Ansatz 1: Berechnung der Sollkosten auf Grundlage der variablen Gesamtkosten K_v

$$K_{S(1.050)} = 35.000,00 + 70.000,00 \cdot \frac{1.050}{1.000} = 108.500,00 \; EUR$$

Ansatz 2: Berechnung der Sollkosten auf Grundlage der variablen Stückkosten k_v

$$K_{S(1.050)} = 35.000,00 + 70,00 \cdot 1.050 = 108.500,00 \; EUR$$

Grafische Darstellung des Verlaufs der Sollkosten für Kostenstelle 5:

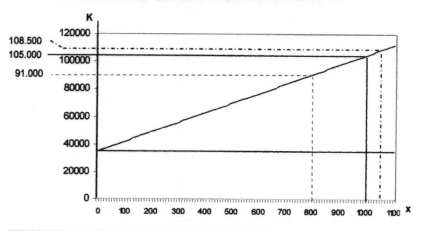

Vereinfachte Berechnung der Sollkosten mit Hilfe der Variatormethode

Nach erfolgter Kostenzerlegung in einen fixen und einen variablen Anteil an den Plankosten kann der Variator (Var.) als Maßstab für die Änderung der Gesamtkosten in Abhängigkeit von einer Abweichung von der Planbeschäftigung ermittelt werden.

Der Variator gibt an, um wie viel Prozent die Sollkosten von den Plankosten abweichen, wenn die Istbeschäftigung von der Planbeschäftigung um 10 % abweicht.

F

$$\textbf{Var.} = \frac{\text{Variable Gesamtkosten der Planbeschäftigung}}{\text{Gesamtkosten der Planbeschäftigung}} \cdot 10$$

Bei einem Wert *Var. = 0* bleiben die Gesamtkosten bei Beschäftigungsänderung unverändert; es handelt sich *vollständig um fixe Kosten.*

Bei einem Wert *Var. = 10* ändern sich die gesamten Kosten bei Beschäftigungsänderung proportional; es handelt sich *in vollem Maße um variable Kosten.*

In allen anderen Fällen, bei denen sich der Variator zwischen 0 und 10 bewegt, ändern sich die Sollkosten der Istbeschäftigung gegenüber den Plankosten bei einer Beschäftigungsabweichung von 10 % um den Prozentsatz mit dem Wert des Variators.

BEISPIEL

Für Kostenstelle 348 wurden Plankosten in Höhe von 500.000,00 EUR ermittelt. Darin sind variable Plankosten in Höhe von 200.000,00 EUR enthalten.

Die Planbeschäftigung von 3.000 Fertigungsstunden wurde um 10 % unterschritten.

a) Berechnen Sie den Variator.

b) Es sind die für die Istbeschäftigung von 2.700 Fertigungsstunden zulässigen Sollkosten zu ermitteln.

c) Welche Sollkosten wären bei einer Überschreitung der Planbeschäftigung um 15 % angemessen?

LÖSUNG

a) Ermittlung des Variators:

$$\text{Var.} = \frac{200.000}{500.000} \cdot 10 = \underline{4} \quad \textit{bei einer Abweichung von 10 \%}$$

b) Berechnung der Sollkosten für eine Beschäftigung von 2.700 Fertigungsstunden:

$$K_{S\,(2.700)} = 500.000 \cdot (100 - 4)\ \% = 480.000,00\ \text{EUR}$$

Probe:

$$K_{S\,(2.700)} = 300.000 + 200.000 \cdot \frac{2.700}{3.000} = 480.000,00\ \text{EUR}$$

c) Berechnung der Sollkosten für eine Beschäftigung von 3.450 Fertigungsstunden:

$$K_{S\,(2.700)} = 500.000 \cdot (100 + 4 \cdot 1{,}5)\ \% = 530.000,00\ \text{EUR}$$

Probe:

$$K_{S\,(3.450)} = 300.000 + 200.000 \cdot \frac{3.450}{3.000} = 530.000,00\ \text{EUR}$$

5.2.4.2 Berechnung der bei Istbeschäftigung verrechneten Plankosten

Plankosten

Plankosten können nur für einen einzigen Beschäftigungsgrad berechnet werden, nämlich für die Planbeschäftigung.

In diesem Punkt errechnen sich die Plankosten als Sollkosten der Planbeschäftigung:

$$K_P = K_f + K_{v\,(x\,0)} = K_{S\,(x\,0)}$$

F

BEISPIEL

Berechnung der Plankosten in Kostenstelle 5 (siehe Beispiel, S. 185) bei einer Planbeschäftigung von 1.000 Einheiten/Monat:

$$K_P = 35.000,00 + 70.000,00 = 105.000,00\ EUR$$

Auf den so berechneten Plankosten basiert die Kalkulation der Planselbstkosten für Kundenaufträge. Kalkulationsgrundlage für die Planselbstkosten in der Vorkalkulation sind die geplanten Stückselbstkosten k_p.

BEISPIEL

Die geplanten Stückselbstkosten k_P betragen für das Beispiel oben:

$$k_P = \frac{105.000}{1.000} = 105,00\ EUR/\ Einheit$$

Plankostenverrechnungssatz

Auch bei einem von der Planbeschäftigung abweichenden Beschäftigungsgrad muss in der *Vorkalkulation* von *Plankosten* ausgegangen werden und nicht etwa von Sollkosten.

BEISPIEL

Werden in Kostenstelle 5 bei unbefriedigender Auftragslage anstatt der geplanten 1.000 Einheiten (Beispiel S. 185) nur 500 Einheiten produziert, so ergeben sich auf der Grundlage einer Sollkosten-Kalkulation:

$$K_{S(500)} = 35.000,00 + 70.000,00 \cdot \frac{500}{1.000} = 70.000,00\ EUR$$

Auf eine Einheit umgelegt führt dies zu Selbstkosten in Höhe von:

$$k_{S(500)} = 70\ 000\ /\ 500 = 140,00\ EUR/Einheit$$

Hingegen betragen die geplanten Stückselbstkosten nur 105,00 EUR/Einheit (siehe Plankosten oben).

Die Sollkosten-Kalkulation führt in obigem Beispiel zu wesentlich höheren Selbstkosten je Verrechnungseinheit als die Plankosten-Kalkulation. Dies ist darauf zurückzuführen, dass die Sollkosten-Kalkulation die fixen Kosten, die sich nunmehr auf eine geringere Zahl von Produkten verteilen, voll dem Produkt zurechnet.

Derartige beschäftigungsbedingte Kostenschwankungen mit entsprechender Auswirkung auf die Preiskalkulation sind nicht brauchbar.

Eine *Fehleinschätzung bezüglich der Auftragslage* darf sich nicht auf die Kalkulation auswirken.

Durch die Kostenplanung mit ihrer Ermittlung der Planbeschäftigung und der Plankosten wird der Maßstab dafür gesetzt, was für die kommende Abrechnungsperiode als normal anzusehen ist.

Es ist bei einer von der Planbeschäftigung abweichenden Beschäftigungssituation deshalb mit verrechneten Plankosten zu kalkulieren. Man unterstellt hierbei, dass sich die Plankosten, bestehend aus einem fixen und einem variablen Kostenanteil, *voll proportional verhalten*.

BEISPIEL

In Kostenstelle 5 (siehe Beispiel S. 185) wird bei veränderter Auftragslage für eine folgende Abrechnungsperiode eine Auslastung der wirtschaftlichen Kapazität von 70 % = 700 Einheiten/Monat geplant. Nachträglich wird für diese Abrechnungsperiode eine Istbeschäftigung von 750 Einheiten/Monat festgestellt.

LÖSUNG

Für die Kalkulation müssen die Plankosten als Sollkosten der Planbeschäftigung ermittelt werden:

$$K_{P(700)} = 35.000,00 + 70.000,00 \cdot \frac{700}{1.000} = 84.000,00 \; EUR \; [\; = K_{S(700)}]$$

Die Plankosten müssen nun auf die von der Planbeschäftigung abweichende Istbeschäftigung verrechnet werden.

Grundlage hierfür ist der *Plankostenverrechnungssatz (PVS):*

$$PVS = \frac{Plankosten}{Planbeschäftigung}$$

F

BEISPIEL

Bei Plankosten in Höhe von 84.000,00 EUR und einer Planbeschäftigung von 700 Einheiten (siehe Beispiel oben) ergibt sich folgender Plankostenverrechnungssatz:

$$PVS = \frac{84.000}{700} = 120,00 \; EUR/ \, Einheit$$

Mit dem *Plankostenverrechnungssatz* werden Aufträge während der Abrechnungsperiode *unabhängig von der tatsächlichen Beschäftigungslage* kalkuliert.

Verrechnete Plankosten

Die *verrechneten Plankosten* für die Abrechnungsperiode ergeben sich aus dem Plankostenverrechnungssatz multipliziert mit der Istbeschäftigung:

$$verr. \, K_p = PVS \cdot Istbeschäftigung$$

F

Werden anstatt der geplanten 700 Einheiten (siehe Beispiel S. 189) nunmehr 750 Einheiten produziert, und beträgt der PVS 120,00 EUR/Einheit, so sind die verrechneten Plankosten folgendermaßen festzustellen:

$$verr.\ K_{P\,(750)} \quad = \quad PVS_{(700)} \cdot Istbeschäftigung$$
$$= \quad 120 \quad \cdot \quad 750 \quad = 90.000,00\ EUR$$

Im Vergleich dazu belaufen sich die Sollkosten der Istbeschäftigung auf:

$$K_{S(750)} = 35.000,00 + 70.000,00 \quad \cdot \frac{750}{1.000} \quad = 87.500,00\ EUR$$

Die Sollkosten müssen in diesem Fall unter den verrechneten Plankosten liegen, weil sich auf Grund der über den Erwartungen liegenden Beschäftigung die fixen Kosten auf eine größere Stückzahl verteilen. Es sollen bzw. *dürfen* nur geringere Kosten anfallen, als dies geplant war.

Probe:

In den verrechneten Plankosten sind folgende *fiktive fixe Kosten* enthalten:

$verr.\ K_{P\,(750)}$	90.000,00 EUR
$-\ K_{v\,(750)} = 70.000 \cdot \dfrac{750}{1.000} =$	52.500,00 EUR
fiktive K_f	37.500,00 EUR

Da der Fixkostenblock 35.000,00 EUR beträgt, ist durch die kalkulatorische Verrechnung der Plankosten eine Überdeckung der fixen Kosten gegeben:

fiktive K_f	37.500,00 EUR
$-$ *tatsächliche* K_f	35.000,00 EUR
Überdeckung der K_f *(zu viel verrechnete fixe Kosten)*	+ 2.500,00 EUR

oder:

fiktive Kosten je Einheit: PVS = 120,00 EUR

PVS	120,00 EUR
$-\ k_v$	70,00 EUR
k_f *(fiktiv)*	50,00 EUR

Positive Beschäftigungsabweichung von 50 Einheiten.

Zu viel verrechnete fixe Kosten (= wertmäßige Beschäftigungsabweichung):

50 Einheiten · 50,00 EUR = + 2.500,00 EUR

Die Überdeckung der fixen Kosten ist identisch mit der Differenz zwischen verrechneten Plankosten und Sollkosten:

$verr.\ K_{P\,(750)}$	90.000,00 EUR
$-\ K_{S\,(750)}$	87.500,00 EUR
Überdeckung der K_f *(zu viel verrechnete fixe Kosten)*	+ 2.500,00 EUR

Liegt die Istbeschäftigung unter der Planbeschäftigung, so kommt es bei einer Verrechnung von Plankostenverrechnungssätzen zu einer Unterdeckung der fixen Kosten.

BEISPIEL

Anstatt der geplanten 700 Einheiten (siehe Beispiel S. 189) werden 600 Einheiten produziert.

Unter Verwendung des Zahlenmaterials des vorhergehenden Beispiels ergeben sich folgende verrechnete Plankosten:

$$\text{verr. } K_{P\,(600)} = 120 \cdot 600 = 72.000,00 \text{ EUR.}$$

Die Sollkosten der Beschäftigung müssten in diesem Fall über den verrechneten Plankosten liegen, da sich die fixen Kosten auf eine geringere Stückzahl als geplant verteilen:

$$K_{S\,(600)} = 35.000 + 70.000 \cdot \frac{600}{1.000} = 77.000,00 \text{ EUR}$$

Probe:

In den verrechneten Plankosten sind folgende fiktive fixe Kosten enthalten:

verr. $K_{P\,(600)}$				72.000,00 EUR
$- \; K_{v\,(600)} =$	70.000 $\cdot$	$\frac{600}{1.000}$	$=$	42.000,00 EUR
fiktive K_f				*30.000,00 EUR*

Bei einem Fixkostenblock von 35.000,00 EUR ergibt sich eine Unterdeckung der fixen Kosten:

fiktive K_f	*30.000,00 EUR*
$-$ *tatsächliche K_f*	*35.000,00 EUR*
Unterdeckung der K_f (zu wenig verrechnete fixe Kosten)	*– 5.000,00 EUR*

Die Unterdeckung der fixen Kosten ist wiederum identisch mit der Differenz zwischen verrechneten Plankosten und Sollkosten:

verr. $K_{P\,(600)}$	*72.000,00 EUR*
$-$ *$K_{S\,(600)}$*	*77.000,00 EUR*
Unterdeckung der K_f (zu wenig verrechnete fixe Kosten)	*– 5.000,00 EUR*

Der Zusammenhang zwischen Sollkosten und verrechneten Plankosten kann grafisch veranschaulicht werden:

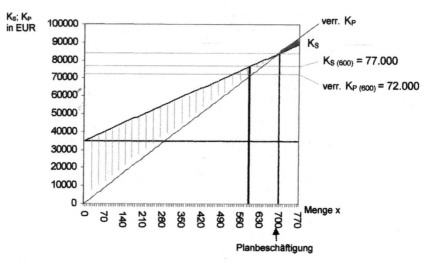

Abbildung 41: Zusammenhang zwischen Sollkosten und verrechneten Plankosten

Eine Unterschreitung der Planbeschäftigung (schraffiertes Feld) ist dadurch gekennzeichnet, dass die verrechneten Plankosten unter den Sollkosten liegen. Dies muss so sein, da in diesem Bereich nicht die vollen fixen Kosten auf das Produkt umgelegt werden können, sondern nur der Teil, der bei Planbeschäftigung auf eine Produkteinheit entfallen würde. Der Abstand zwischen K_S und verrechneten K_P zeigt das Deckungsdefizit bezüglich der fixen Kosten.

Umgekehrt werden bei Überschreitung der Planbeschäftigung (graues Feld) die fixen Kosten auf das Produkt umgelegt, wie dies bei Planbeschäftigung notwendig wäre, obwohl sich die fixen Kosten nunmehr auf eine größere Zahl von Produkten verteilen. Der Abstand zwischen verrechneten K_P und K_S macht die Überdeckung der fixen Kosten deutlich.

5.2.5 Abweichungsanalyse

Eigentliches Ziel der Plankostenrechnung ist die Kontrolle der Wirtschaftlichkeit für einzelne Kostenstellen (oder Kostenarten). Zu diesem Zweck werden die Zielvorgaben (Sollkosten; verrechnete Plankosten) mit den Istkosten verglichen. Abweichungen müssen auf Verursachung und Verantwortlichkeit hin untersucht werden.

5.2.5.1 Beschäftigungsabweichung - Verbrauchsabweichung - Gesamtabweichung

Weicht die Istbeschäftigung von der Planbeschäftigung ab, so führt dies zu einer *rein rechnerischen Differenz* zwischen Sollkosten und verrechneten Plankosten, die sich aus der unterschiedlichen Berücksichtigung der fixen Kosten ergibt.

Die Differenz zwischen Sollkosten und verrechneten Plankosten der Istbeschäftigung nennt man *Beschäftigungsabweichung.* Der *Kostenstellenleiter* ist für diese rein kalkulatorische Differenz *nicht verantwortlich.*

Weichen dagegen die Istkosten von den zulässigen Sollkosten der Istbeschäftigung ab, so ist der Grund hierfür festzustellen. Für den Fall, dass die Istkosten über den Sollkosten liegen, muss geklärt werden, in wieweit in der Kostenstelle unwirtschaftlich gearbeitet wurde.

Die Differenz zwischen Soll- und Istkosten nennt man *Verbrauchsabweichung.* Soweit sie auf *unwirtschaftlicher Arbeitsweise* beruht, ist hierfür der *Kostenstellenleiter verantwortlich.*

Kostenvorgaben, die der Abweichungsanalyse dienen, müssen regelmäßig überprüft und im Hinblick auf veränderte Gegebenheiten (höhere Bewertung des Materialverbrauchs auf Grund gestiegener Rohstoffpreise etc.) korrigiert werden.

Die Summe aus Beschäftigungs- und Verbrauchsabweichung ergibt die Gesamtabweichung.

Für obige Abweichungen können folgende Gleichungen aufgestellt werden:

$$
\begin{array}{lll}
\textit{Beschäftigungsabweichung (BA)} & = \textit{verr. } K_P - K_S & \\
\textit{Verbrauchsabweichung (VA)} & = K_S - K_I & \\
\hline
\textit{Gesamtabweichung (GA)} & = BA + VA & = \textit{verr. } K_P - K_I
\end{array}
$$

F

Grafische Darstellung:

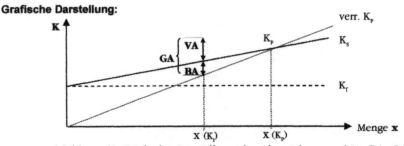

Abbildung 42: Grafische Darstellung der Abweichungen (VA, BA, GA)

Für die Auswertung der errechneten Abweichungen spielt das Vorzeichen die entscheidende Rolle:

Beschäftigungsabweichung

- *positive BA* bedeutet *Überdeckung* der K_f auf Grund einer Fehleinschätzung der zu erwartenden Beschäftigung
- *negative BA* bedeutet *Unterdeckung* der K_f auf Grund einer Fehleinschätzung der zu erwartenden Beschäftigung

Verbrauchsabweichung

- *positive VA* bedeutet, dass die tatsächlich angefallenen Kosten unter den zulässigen Kosten liegen
- *negative VA* bedeutet, dass die tatsächlich angefallenen Kosten die zulässigen Kosten überschreiten → *Unwirtschaftlichkeiten sind zu vermuten*

Gesamtabweichung

- *positive GA* bedeutet eine *Verbesserung des Betriebsergebnisses*: Den Kunden durch die Vorkalkulation in Rechnung gestellte Kosten (verr. K_p) sind höher als die durch Nachkalkulation im BAB ermittelten tatsächlichen Kosten (K_i).
- *negative GA* bedeutet eine *Belastung des Betriebsergebnisses*: Die tatsächlich ermittelten Istkosten des BAB sind höher als die den Kunden berechneten verrechneten Plankosten.

5.2.5.2 Rechnerische Ermittlung der Abweichungen

BEISPIEL

Auf der Grundlage der Kostenplanung für Dezember (Beispiel zur Kostenplanung, S. 181 ff.) hat die Metallofix GmbH in der Kostenstelle Dreherei mit Plankosten kalkuliert.

Dem Datenblatt sind folgende Angaben zu entnehmen:

Für die Kostenstelle Dreherei wurde im Monat Dezember eine Planbeschäftigung von 1746 Maschinenstunden erwartet. Für diese Kapazitätsauslastung wurden Plankosten in Höhe von 63.326,82 EUR ermittelt. Der Fixkostenanteil an den Plankosten wurde mit 26.863,36 EUR angegeben.

Die Nachkalkulation für Dezember ergibt Istkosten in Höhe von 66.000,00 € bei einer Istbeschäftigung von 1.830 Maschinenstunden.

Es ist die Abweichungsanalyse durchzuführen und auszuwerten.

Lösung nächste Seite →

5.2 Flexible Plankostenrechnung auf Vollkostenbasis

LÖSUNG

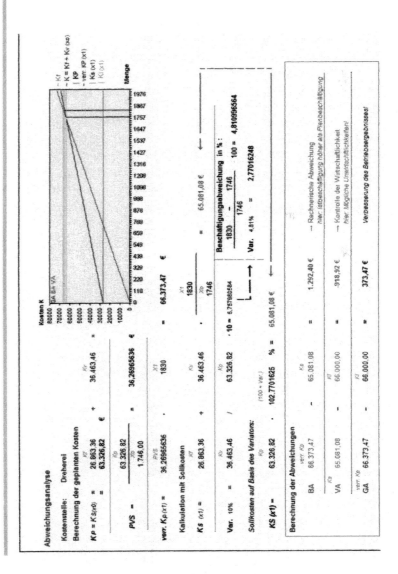

Abweichungsanalyse

Kostenstelle: Dreherei

Berechnung der geplanten Kosten

$$Kp = Kf \; S(x0) = \underset{Kf}{26.863,36} + \underset{Kv}{36.463,46} \; € $$
$$= 63.326,82 \; €$$

$$PVS = \frac{\underset{Kp}{63.326,82}}{\underset{x0}{1.746,00}} = 36,26965636$$

verr. $Kp_{(x1)} = \underset{PVS}{36,26965636} \cdot \underset{x1}{1830} = 66.373,47 \; €$

Kalkulation mit Sollkosten

$Ks_{(x1)} = \underset{Kf}{26.863,36} + \underset{Kv}{36.463,46} \; / \underset{Ko}{63.326,82}$

Var. 10% $\underset{(100 + Var.)}{36.463,46}$

Sollkosten auf Basis des Variators:

$KS_{(x1)} = \underset{Kp}{63.326,82} \cdot \underset{}{102,7701625} \; \% = \underset{Ks}{65.081,08} \; €$

Beschäftigungsabweichung in %:

$\frac{\underset{x1}{1830} - \underset{x0}{1746}}{1746} \cdot 10 = 5,75986584$

Var. 4,81% = 2,77016248

$65.081,08 \; €$

$\frac{1830 - 1746}{1746} \cdot 100 = 4,810995564$

Berechnung der Abweichungen

	verr. Kp		Ks			
BA	66.373,47	−	65.081,08	=	1.292,40 €	→ Rechnerische Abweichung hier istbeschäftigung höher als Planbeschäftigung
VA	65.081,08	−	66.000,00	=	-918,92 €	→ Kontrolle der Wirtschaftlichkeit hier: Mögliche Unwirtschaftlichkeiten!
GA	66.373,47	−	66.000,00	=	373,47 €	Verbesserung des Betriebsergebnisses!

5.2.5.3 Varianten der Kostenabweichungen

Folgende Varianten der Kostenabweichungen sind denkbar:

---

a) Istbeschäftigung > Planbeschäftigung

   1. KI < Ks < verr. Kp   →   BA pos., **VA pos.**, GA pos.

   2. Ks < KI < verr. Kp   →   BA pos., **VA neg.**, GA pos.

   3. Ks < verr. Kp < KI   →   BA pos., **VA neg.**, GA neg.

b) Istbeschäftigung < Planbeschäftigung

   1. KI > Ks > verr. Kp   →   BA neg., **VA neg.**, GA neg.

   2. Ks > KI > verr. Kp   →   BA neg., **VA pos.**, GA neg.

   3. Ks > verr. Kp > KI   →   BA neg., **VA pos.**, GA pos.

BA = rechnerische Abweichung

VA = Indikator für Wirtschaftlichkeit

GA = Beitrag zum Betriebsergebnis

Graphische Darstellung der möglichen Abweichungen →

Graphische Darstellung der Abweichungen

a) Istbeschäftigung > Planbeschäftigung

1. KI < Ks < verr. Kp → BA pos., **VA pos.**, GA pos.

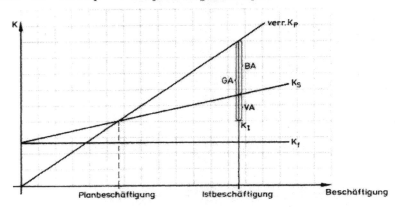

2. Ks < KI < verr. Kp → BA pos., **VA neg.**, GA pos.

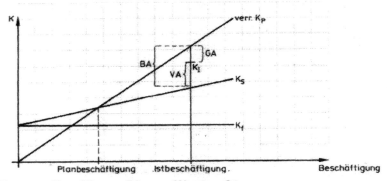

3. Ks < verr. Kp < KI → BA pos., **VA neg.**, GA neg.

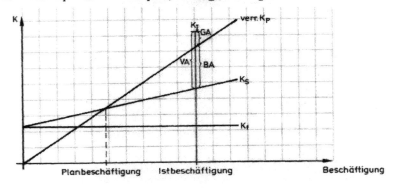

b) Istbeschäftigung < Planbeschäftigung

1. KI > Ks > verr. Kp   →   BA neg., **VA neg.**, GA neg

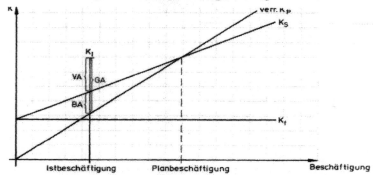

2. Ks > KI > verr. Kp   →   BA neg., **VA pos.**, GA neg.

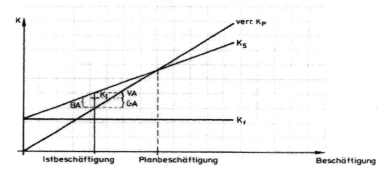

3. Ks > verr. Kp > KI   →   BA neg., **VA pos.**, GA pos.

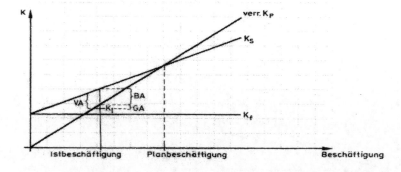

5.3 Flexible Plankostenrechnung auf Teilkostenbasis (Grenzplankostenrechnung)

Die flexible Plankostenrechnung auf Teilkostenbasis stellt eine Weiterentwicklung der flexiblen Plankostenrechnung unter Nutzung der Erkenntnisse der Deckungsbeitragsrechnung dar.

Durch Eliminierung der fixen Kosten aus der Kostenbetrachtung stellt sich das Problem der Proportionalisierung fixer Kosten nicht mehr. Da die fixen Kosten nicht zum Ansatz kommen, entfällt auch die Beschäftigungsabweichung als Maßstab für zu wenig bzw. zu viel auf die Kostenträger verrechnete fixe Kosten.

Auf Teilkostenbasis werden lediglich die variablen Kosten auf die Istbeschäftigung umgerechnet. Die fixen Kosten gehen en bloc in die Gesamtkalkulation ein.

Der flexiblen Plankostenrechnung auf Teilkostenbasis liegt die Konzeption *linearer Kostenverläufe* zugrunde (siehe Linearitätsprämisse, S. 31). Bei linearem Verlauf der variablen Kosten sind die variablen Stückkosten gleich den Grenzkosten. Man spricht deshalb auch von einer *Grenzplankostenrechnung*.

Durch das Ausblenden des Degressionseffekts der fixen Kosten[1] konzentriert sich die Grenzplankostenrechnung auf einen Vergleich der *variablen Istkosten* mit den *variablen Sollkosten*. Der Kostenstellenleiter ist ausschließlich mit Kostenarten befasst, die von der Kostenstelle beeinflusst werden können. Dies motiviert und trägt dazu bei, die Effizienz der *Wirtschaftlichkeitskontrolle* innerhalb der Kostenstelle zu steigern.

Die Grenzplankostenrechnung schafft die Basis für eine kurzfristige Bewältigung dispositiver Aufgaben: Bestimmung der kurzfristigen Preisuntergrenze, Wahl zwischen verschiedenen Maschinentypen, Bestimmung optimaler Seriengrößen etc.[2].

Einsatzgebiet ist vorwiegend die *Kostenstellenrechnung*. Eine Übertragung der ermittelten Planwerte auf die Kostenträgerrechnung ist möglich.

5.3.1 Methode

Für eine *Kostenstelle* werden die in der Vollkostenrechnung ermittelten Kostenbeträge zur Vorbereitung auf die Grenzplankostenrechnung um die fixen Kostenbestandteile bereinigt. Die Abweichungsanalyse konzentriert sich auf einen Soll-/ Ist-Vergleich der *variablen Kosten*, die innerhalb der Kostenstelle beeinflussbar, und entsprechend zu verantworten sind.

---

[1] siehe ‚Fixe Kosten', Auflagendegression, S. 32
[2] siehe auch Deckungsbeitragsrechnung, S. 137 ff.

Vorgehensweise:

1. Definition der *Planbeschäftigung* und methodische Ermittlung der *Plankosten* (Vollkosten, i.d.R. Mischkosten) für jede Kostenart.

2. *Eliminierung des Fixkostenanteils* durch analytische Methode, ggf. Einsatz des Variators.

3. Ermittlung der jeweiligen *variablen Sollkosten* der Istbeschäftigung:

$$var.\ Ks(x1) = (KP(x0) - Kf) \cdot \frac{x1}{x0}$$

4. Ermittlung der jeweiligen *variablen Istkosten*:

$$var.\ KI = KI\ (Vollkosten) - Kf$$

5. Berechnung der *Verbrauchsabweichung* für jede Kostenart

6. *Analyse* der Verbrauchsabweichung analog zum Verfahren bei Vollkostenrechnung

---

Graphische Darstellung

Verlauf der Grenzplankosten für eine Kostenart:

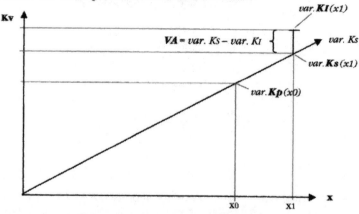

Abbildung 43: Konzept der Grenzplankostenrechnung

BEISPIEL

Die Metallofix GmbH überprüft die Kostenplanung für die Dreherei im Abrechnungszeitraum Dezember auf Grundlage der Grenzplankostenrechnung.
Es wurde eine Istbeschäftigung von 1710 Maschinenstunden registriert. Damit wurde die Planbeschäftigung um 36 Maschinenstunden unterschritten.
Plankosten und Istkosten aus der Vollkostenrechnung, sowie der Variator für die Kostenarten der Kostenstelle sind dem Datenblatt zu entnehmen.
Ermitteln Sie die Verbrauchsabweichungen für die Kostenarten der Kostenstelle.
Bedienen Sie sich hierbei des Variators zur Berechnung der Grenzkosten.

Datenblatt

Daten für die Kostenplanung

Kostenstelle: Dreherei | Planperiode:

Planbeschäftigung   1746   Masch.-Std.

Istbeschäftigung: 1710   Masch.-Std.

Kostenstelle **Dreherei**

Plankosten
bei Planbeschäftigung x0

! Kostenarten	Gesamte KP	Variator sofern bekannt	Gesamte KI
1 Fertigungslöhne	32.027,82	8,598606	31.312,00
2 Hilfs- und Betriebsstoffe	3.264,00	9,509804	3.316,00
3 Kraftstrom	3.430,00	8,483965	3.350,00
4 Hilfslöhne	2.032,00	7,637795	2.010,00
5 Gehälter KSt.	7.996,00	0,970485	8.120,00
6 Reinigungsdienst	873,00	4,444444	930,00
7 Kalk. Abschreibung	8.610,00	0	8.610,00
8 Kalk. Miete	1.170,00	0	1.170,00
9 Kalk. Wagnisse	1.050,00	0	1.050,00
10 Betriebssteuern	0,00	0	0,00
11 Kalk. Zinsen	2.400,00	0	2.400,00
12 Sonst. Gemeinkosten	474,00	4,092827	500,00
Summe:	63.326,82		62.768,00

Lösung nächste Seite →

LÖSUNG

Berechnung der Verbrauchsabweichungen

für Monat (1-12 oder Quartal (I-IV)

Kostenstelle: Montage   Planperiode: 12

Planbeschäftigung 1746 Masch.-Std.

Istbeschäftigung: 1710 Masch.-Std.

Kostenstelle **Montage**

Arbeitsblatt
Kostenzerlegung analytisch, oder mit Variator   **Grenzkostenbetrachtung**

Plankosten bei Planbeschäftigung x_0 = 1746

Kostenarten	Gesamte KP	Variator kosten bek.ant	Gesamte Ki	Fixe Kosten	Variable KP	Zulässige Kosten bei Output 1710 Variable KS	Tatsächlich ermittelte Kost. Variable Ki	Verbrauchs- abweichung VA
1 Fertigungslöhne	32.027,82	8.598606	31.312,00	4.468,36	27.539,46	26.971,64	28.823,64	148,00 ↗
2 Hilfs- und Betriebsstoffe	3.264,00	9.509804	3.316,00	160,00	3.104,00	3.040,00	3.156,00	-116,00 ↘
3 Kraftstrom	3.430,00	8.483966	3.350,00	520,00	2.910,00	2.850,00	2.830,00	20,00 ↗
4 Hilfslöhne	2.032,00	7.637795	2.010,00	480,00	1.552,00	1.520,00	1.530,00	-10,00 ↘
5 Gehälter KSt.	7.996,00	0.970485	8.120,00	7.220,00	776,00	760,00	900,00	-140,00 ↘
6 Reinigungsdienst	873,00	4.444494	930,00	485,00	388,00	380,00	445,00	-65,00 ↘
7 Kalk. Abschreibung	8.610,00	0	8.610,00	8.610,00	0,00	0,00	0,00	0,00
8 Kalk. Miete	1.170,00	0	1.170,00	1.170,00	0,00	0,00	0,00	0,00
9 Kalk. Wagnisse	1.050,00	0	1.050,00	1.050,00	0,00	0,00	0,00	0,00
10 Betriebssteuern	0,00	0	0,00	0,00	0,00	0,00	0,00	0,00
11 Kalk. Zinsen	2.400,00	0	2.400,00	2.400,00	0,00	0,00	0,00	0,00
12 Sonst. Gemeinkosten	474,00	4.092827	500,00	280,00	194,00	190,00	220,00	-30,00 ↘
Summe:	63.326,82		62.768,00	26.863,36	36.463,46	35.711,83	35.994,64	-193,01

Gesamtabweichung Kostenstelle: 0,00

	Zahl		
davon positiv (↗)	2	Σ	168,00
davon negativ (↘)	5	Σ	-361,00
Fixkostenblock d. KSt.	26.863,36		

	Variable KS	Variable Ki
Fixe Kosten	26.863,36	26.863,36
Gesamtkosten	62.574,99	62.768,00

5.3.2 Exkurs: Planungsabweichung

Die Grenzplankostenrechnung kann um das Analyseinstrument ‚*Planungsabwei-chung'* erweitert werden.

Wird die Planbeschäftigung im Abrechnungszeitraum nicht eingehalten, so führt dies automatisch, je nach Unter-/ Überschreitung der Planbeschäftigung, zu einer *proportionalen* Steigerung/ Minderung der *Sollkosten* gegenüber der Kostenpla-nung. Als Differenz zwischen *geplanten variablen Kosten* (x_0) und den zulässigen *variablen (Soll-)Kosten* bei Istbeschäftigung (x_1) kann die Planungsabweichung als *Beschäftigungsabweichung der Grenzplankostenrechnung* angesehen werden.

Grafische Darstellung der Planungsabweichung:

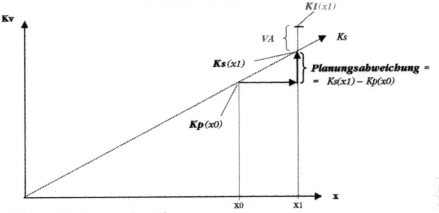

Abbildung 44: Planungsabweichung

Eine Planungsabweichung wird zum Anlass genommen, die Planungsqualität zu überprüfen. Möglicherweise waren Marktanalysen fehlerhaft oder die Auftragslage wurde nicht realistisch eingeschätzt. Natürlich können auch unvorhersehbare Ereignisse Grund für eine Abweichung von der Planbeschäftigung sein (Engpass, Stornierung eines Auftrags, Zusatzauftrag etc).

Die *Verantwortung* für die Planung der Beschäftigung liegt primär bei den Bereichen *Marketing* und *Vertrieb*.

5.3.3 Würdigung der Grenzplankostenrechnung

Für den Praktiker vor Ort ist die Ausklammerung der fixen Kosten eindeutig eine sinnvolle Vereinfachung seiner Arbeit. Die Beschränkung auf beeinflussbare Kostenarten führt zur Konzentration auf das Wesentliche, trägt zur Übersichtlichkeit bei und motiviert zur aktiven Kostenüberwachung durch das verantwortliche Personal. Darüber hinaus werden Fehlinterpretationen, die sich aus der Zurechnung fixer Kosten ergeben können, vermieden.

Wie alle Teilkostensysteme hat die Grenzplankostenrechnung ihre Stärke in der kurzfristigen Kostenbetrachtung. Für die längerfristige Planung, z.B. mit Investitionen, die sich auf das Fixkostenniveau auswirken (sprungfixe Kosten), ist die *Vollkostenrechnung* unerlässlich.

Ein Schwachpunkt der Grenzplankostenrechnung kann darin gesehen werden, dass die fixen Kosten aus dem Blick geraten. Es gehört auch zur laufenden Kostenplanung, die fixen Kosten (längerfristig) zu beeinflussen. So können fixe Stückkosten beeinflusst werden, wenn es z.B. gelingt, durch organisatorische Maßnahmen die Durchlaufzeiten der Produkte zu reduzieren. Dadurch wird Kapazität freigesetzt, die für Zusatzaufträge zur Verfügung steht. Die höhere Auslastung der Kapazität auf den gegebenen Anlagen führt zu einer geringeren Belastung der Produkte mit fixen Kosten. Solche Gesichtspunkte bleiben bei der Grenzplankostenrechnung unberücksichtigt.

5.4 Diskussion der Abweichungen

Beschäftigungsabweichungen

Voraussetzung für eine Betrachtung der Beschäftigungsabweichungen (BA) ist eine Organisationsform der Fertigung, bei der *nennenswerte Abweichungen von der Planbeschäftigung* in Kauf genommen werden müssen.

Bei kapitalintensiver Massenfertigung im Industriebetrieb (z.B. Autoindustrie) läuft das Band, oder es steht still[1]. Da es hier i.d.R. keine Beschäftigungsschwankungen von Belang gibt, macht auch eine Analyse der BA keinen Sinn.

Die Betrachtung der Beschäftigungsabweichung wird bei arbeitsintensiver, zumeist handwerklicher Fertigung, oder bei industrieller Fertigung kleiner Serien mit wechselnden Auftraggebern und somit variabler Kapazitätsauslastung interessant.

- **Beschäftigungsabweichung (BA) der fixen Kosten (traditionelle BA bei Gesamtkostenrechnung)**

  Da die traditionelle Beschäftigungsabweichung grundsätzlich nur bei Verrechnung fixer Kosten entsteht, muss die flexible Plankostenrechnung als *Vollkostenrechnung* zur Anwendung kommen. Darüber hinaus muss eine *Verpflichtung zur Verrechnung der Plankosten* während des Planungszeitraums auf Grund vertraglicher Gegebenheiten bestehen (verbindliche Preise).

  Der herkömmlichen Beschäftigungsabweichung, als rein rechnerischer Unter-/Überdeckung der fixen Kosten, kommt im Sinne einer Prüfung des wirtschaftlichen Handelns in den Kostenstellen keine Bedeutung zu.

  Dennoch ist der Ausweis der BA sinnvoll, denn sie bringt ins Bewusstsein, in welchem Maße die *Bindung an zu verrechnende Kosten* bei einem Abweichen von der geplanten Beschäftigung zu *fehlerhaft abgerechneten fixen Kosten* führt.

  Bei Überschreiten der Planbeschäftigung gibt die BA Aufschluss über den Spielraum beispielsweise für Kulanzleistungen und Sondernachlässe zur Bindung der Kunden an den Betrieb. Bei Unterschreiten der Planbeschäftigung ist der Einsatz der Deckungsbeitragsrechnung[2], als strategisches Werkzeug, angesagt.

---

[1] Zusatzschichten oder Feierschichten gehören nicht zum regulären Ablauf (Normalcharakter der Kosten!).

[2] Es kann unterstellt werden, dass eine begleitende Deckungsbeitragsrechnung grundsätzlich vorhanden ist. Die Deckungsbeitragsrechnung kann auch mit Plankosten betrieben werden-

- **Planungsabweichung (Beschäftigungsabweichung der variablen Kosten bei Teilkostenrechnung)**

  Die *Planungsabweichung* beschreibt die zulässige Abweichung der variablen Kosten bei Istbeschäftigung (var. KS(x1)) von den ursprünglich geplanten variablen Kosten (var. KP(x0)). Diese Abweichung ist Ergebnis einer *Fehleinschätzung* im Bereich der *Beschäftigungsplanung*.

  Ursachen für die von der geplanten Beschäftigung abweichende Auslastung der Kapazität müssen mit den Planungsstellen Marketing-, Vertriebsabteilung sowie Geschäftsleitung abgeklärt werden.

  Kritik:

  Die Planungsabweichung vergleicht Kosten unterschiedlicher Beschäftigungsgrade und passt deshalb nicht in das Konzept der Abweichungsanalyse. Die Planungsabweichung kann deshalb nicht in die Berechnung der Gesamtabweichung eingehen.

Verbrauchsabweichungen

Zentrales Anliegen der flexiblen Plankostenrechnung sind Ermittlung und Analyse der *Verbrauchsabweichungen*. Bezogen auf die Kostenstelle wird für jede maßgebliche Kostenart die Verbrauchsabweichung berechnet.

Werden z. B. geplante Fertigungszeiten oder der geplante Materialverbrauch nicht eingehalten, so ergibt sich für jede Kostenart mit Unter- oder Überschreitung der Planvorgabe ein *Verbrauchsgewinn* bzw. ein *Verbrauchsverlust*.

Während bei der Beschäftigungsabweichung geklärt werden muss, warum die geplante Beschäftigung nicht eingehalten werden konnte, ist bei der Verbrauchsabweichung festzustellen, wie der Verbrauchsverlust/ Verbrauchsgewinn zustande gekommen ist.

Ursachen können sein:

Verbrauchsverlust	Verbrauchsgewinn
• Materialverlust durch Ausschussproduktion • verzögerte Anlieferung von Bauteilen • Zeitverlust durch Ausfall einer Maschine • Planungsfehler aufseiten der Arbeitsvorbereitung (AV) • kurzfristige Änderung de Produktionsplans • Anlernzeiten wegen Personalfluktuation Engpass durch verspätete Nachbestellung von RHB-Stoffen u.v.m.	• organisatorische Maßnahmen zur Reduzierung der Durchlaufzeiten • Substitution bisheriger Materialien durch gleichwertiges billigeres Material • Flexibilisierung des Arbeitseinsatzes (Arbeitszeitkonten, Leiharbeit etc) • Korrektur unrealistisch hoher Vorgabezeiten • sonst. Rationalisierungsmaßnahmen

Mit den Kostenstellenleitern wird darüber gesprochen, wie die ermittelten Verbrauchsabweichungen zu erklären sind, und wie man den Werteverzehr durch Rationalisierungsmaßnahmen positiv beeinflussen kann.

6. Von der Kostenrechnung zum strategischen Kostenmanagement

Die mit der technologischen Entwicklung anwachsende Komplexität der Produktionsabläufe hat den Schwerpunkt der Kostenstruktur auf die Gemeinkosten (überwiegend fixe Kosten) verlagert.

Dies hat zur Folge, dass die Einzelkosten als Zuschlagsbasis in der Vollkostenrechnung immer fragwürdiger werden, und die variablen Kosten als Kernelement der Deckungsbeitragsrechnung an Signifikanz verlieren.

Das entstandene Übergewicht der *,undurchsichtigen' Gemeinkosten* hat die indirekten Leistungsbereiche ins Visier der Kostenanalytiker gebracht.

Folgende *indirekte Leistungsbereiche* bieten sich für eine Analyse an:
- Einkauf und Vertrieb
- Forschung und Entwicklung
- Konstruktion
- Arbeitsvorbereitung
- Qualitätssicherung
- Instandhaltung
- Logistik
- Softwareentwicklung
  (Kommunikations- und Steuerungssoftware)

Ansätze eines strategischen Kostenmanagements

Von zunehmendem Interesse ist die primär von den Harvard-Professoren Kaplan und Cooper entwickelte *Prozesskostenrechnung*.

Während die traditionelle Kostenrechnung an den Produkten orientiert ist (Selbstkostenrechnung, Plankostenrechnung, Deckungsbeitragsrechnung), konzentriert sich die Prozesskostenrechnung auf die *Vorgänge* im Betrieb *(activity based costing)*.

Durch eine Analyse der *indirekten Leistungsbereiche* wird mehr *Kostentransparenz* erzielt und eine *verursachungsgerechte Verrechnung der Gemeinkosten*, zumindest in Teilbereichen, ermöglicht.

Neben der Prozesskostenrechnung spielt das aus Japan kommende *Target Costing* **(Zielkostenrechnung)** in der industriellen Fertigung eine große Rolle.

Grundgedanke ist eine Kostenplanung, die sich am Preisspielraum des Marktes und am Leistungspotenzial der Konkurrenz orientiert.

Um den Zwängen des Marktes zu genügen, werden Kostenziele formuliert. Durch ein sog. ‚*Kosten kneten*‘, einen sich wiederholenden Vorgang der systematischen Kostenanpassung (iterativer Kostenplanungsprozess), soll eine an den Anforderungen des Marktes orientierte Optimierung der Kosten erzielt werden.

6.1 Einführung in die Prozesskostenrechung

Die Problematik der Zurechnung von Gemeinkosten auf das Produkt mittels der traditionellen Zuschlagskalkulation kann anhand zweier Beispiele aufgezeigt werden:

BEISPIELE

Fall 1: Beschaffungsgemeinkosten

Ein Pkw kann wahlweise mit Stahlfelgen oder mit Alufelgen geordert werden.

Ein Satz Stahlfelgen kostet 50 EUR, ein Satz Alufelgen 500 EUR.

Bei einem Gemeinkostenzuschlagssatz von 10 % für die Beschaffung (Kosten für Bestellung, Zwischenlagerung, Verrechnung) werden die Stahlfelgen mit Gemeinkosten in Höhe von 5,00 EUR, die Alufelgen mit Gemeinkosten in Höhe von 50,00 EUR belastet.

Der Beschaffungsvorgang ist aber in beiden Fällen identisch.

Fall 2: Fertigungsgemeinkosten

In der Zahnradfertigung werden verschiedenartige Zahnräder in unterschiedlicher Losgröße produziert. Die jeweiligen Umrüstkosten werden über Fertigungsgemeinkosten abgerechnet.

Folgt auf eine Serie von 1.000 Stück des Zahnrads A eine Serie von 10.000 Stück des Zahnrads B, so wird die Serie B bei der Zuschlagskalkulation im Vergleich zur Serie A mit dem 10-fachen Fertigungsgemeinkostenbetrag, proportional zur Menge, belastet.

Ein ursächlicher Zusammenhang zwischen Gemeinkosten und Seriengröße ist aber nicht gegeben; der Vorgang des Umrüstens erfordert jeweils denselben Arbeitsaufwand.

Die beiden Beispiele machen deutlich, dass die traditionelle Zuschlagskalkulation in diesen Fällen gegen das Verursachungsprinzip der Kostenrechnung verstößt, weil eine Entwicklung der Gemeinkosten proportional zum Wert der Zuschlagsbasis (Materialkosten, Fertigungslöhne) nicht gegeben ist.

Vielmehr ist die tatsächliche Höhe der durch den Produktionsprozess verursachten Gemeinkosten von den Leistungen abhängig, die im konkreten Fall in Anspruch genommen wurden.

> Die reale Belastung eines Produkts mit Gemeinkosten hängt von der Menge oder auch der Häufigkeit der Inanspruchnahme konkreter Leistung ab.

Aus dieser Erkenntnis leitet sich der Denkansatz der Prozesskostenrechnung ab: Nicht die Einzelkosten der Kostenstellen sind Maßstab für die Entstehung von Gemeinkosten, sondern vermehrt Vorgänge oder Prozesse, die Kostenstellen überschreitend Ressourcen in Anspruch nehmen.

In der Sprache der Prozesskostenrechnung würde man dies folgendermaßen formulieren:

> *,Ein Vorgang (z. B. Materialbeschaffung) initiiert[1] Teilprozesse (Aktivitäten, wie Einkauf, Warenannahme, Lagerung etc.), die über den Verzehr von Ressourcen (Produktionsfaktoren) zur Leistungserstellung führen.'*

Die Maßgröße für den Kosten auslösenden Vorgang (z. B. 1 Materialbeschaffung) wird Kosteneinflussfaktor oder auch *Kostentreiber (Cost-Driver)* genannt.

BEISPIELE FÜR KOSTENTREIBER

Vorgang	Kostentreiber (Cost Driver)	Teilprozesse, die von Kostentreibern initiiert werden (Aktivitäten)
Materialbeschaffung	Zahl der Bestellungen	Bestellung ausfertigen, Warenannahme, Warenkontrolle, Material lagern, Rechnungsausgleich etc.
Wartung des Maschinenparks	Zahl der Wartungsaufträge	Reparaturdienst, Produktionsplanung, Lagerorganisation etc.
Umrüstung von Serien	Zahl der Umrüstvorgänge	Produktionsplanung, Werkzeugausgabe, allg. Organisation etc.

Dem Kostentreiber werden alle durch die Inanspruchnahme des Vorgangs verursachten Kosten (Materialbeschaffung = Bestellung + Warenannahme + Einlagerung etc.) für die weitere Verrechnung zugeordnet.

Die Belastung eines Produkts/ eines Projekts mit Beschaffungsgemeinkosten ist nunmehr von der Häufigkeit der Inanspruchnahme des Vorgangs, nicht aber vom Materialwert oder der Losgröße einer Serie, abhängig.

Allerdings lassen sich auch im Rahmen der Prozesskostenrechnung nicht alle Gemeinkosten dem Produkt verursachungsgerecht zurechnen.

Nur Gemeinkosten, für die Kostentreiber identifiziert werden können, sind den Kostenträgern als *,leistungsmengeninduzierte[2] Kosten' (lmi)* zurechenbar.

Die verbleibenden nicht zurechenbaren Gemeinkosten werden *,leistungsmengenneutrale Kosten' (lmn)* genannt.

Durch die verursachungsgemäße Verrechnung der lmi reduziert sich der Anteil der nicht zurechenbaren Gemeinkosten.

---

[1] initiieren = den Anstoß geben

[2] induziert = abgeleitet; lmi = Kosten, deren Höhe von einer Leistungsmenge abhängig ist

Kostenrechnungssysteme im Vergleich:

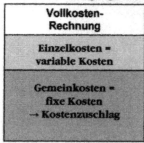 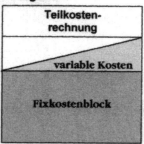 

Abbildung 45: Prozesskostenrechnung im Vergleich zur traditionellen Kostenrechnung

Es wird deutlich, dass die Prozesskostenrechnung ein Höchstmaß an Zurechenbarkeit der Kosten erzielt.

6.1.1 Vorgehensweise der Prozesskostenrechnung

Die traditionelle Zuschlagskalkulation verrechnet Gemeinkosten als prozentualen Zuschlag zu den Einzelkosten, was zu einer teilweise gravierenden Fehlbelastung der Kostenträger mit Gemeinkosten führt (siehe Beispiele, S. 208).

Im Gegensatz dazu geht die Prozesskostenrechnung davon aus, dass die Zurechnung der Gemeinkosten auf die Produkte auf Basis der durch betriebliche Prozesse ausgelösten Vorgänge (Aktivitäten) verursachungsgemäß zu erfolgen hat.

Obwohl eine Prozesskostenrechnung in Abhängigkeit von Betriebsgröße, Betriebsstruktur, Fertigungsbreite und –tiefe sehr unterschiedlich konzipiert sein kann, folgt der Ablauf einer einheitlichen Systematik.

> **Schrittweiser Ablauf einer Prozesskostenrechnung:**
>
> 1. *Tätigkeitsanalyse zur* Ermittlung der wichtigsten Teilprozesse (Aktivitäten, Tätigkeiten) innerhalb eines Kostenbereichs.
>
> 2. *Verteilung der Kostenarten des BAB* auf die definierten Teilprozesse eines Kostenbereichs.
>
> 3. Definition der *Kostentreiber* (Faktoren, die die Gemeinkosten verursachen), und Berechnung der *Teilprozesskostensätze*.
>
> 4. Aggregation von logisch verknüpften Teilprozessen zu *Hauptprozessen* und Berechnung der *Hauptprozesskostensätze*.
>
> 5. *Kalkulation* der Selbstkosten *mit Prozesskostensätzen*.

Die Prozesskostenrechnung wird in das Schema der differenzierten Zuschlagskalkulation im Rahmen der Vollkostenrechnung integriert.

6.1.1.1 Tätigkeitsanalyse

Ein Industrieunternehmen hat für die abgelaufene Abrechnungsperiode folgende Selbstkostenkalkulation nach dem Schema der differenzierten Zuschlagskalkulation erstellt:

FM		10.000.000,00
+ MGK in %	6,00	600.000,00
MK		10.600.000,00
FL		6.000.000,00
+ FGK in %	160,00	9.600.000,00
FK		15.600.000,00
HK		26.200.000,00
+ VVtGK in %	10,00	2.620.000,00
SK		28.820.000,00

Kostenbereich *Material*

$\sum$ MGK aus dem BAB
für die Kostenstellen:
- Einkauf
- Warenannahme
- Qualitätskontrolle
- Lagerung
- Leitung K-St. Material

In obiger Zuschlagskalkulation kommt ein pauschaler Materialgemeinkosten-Zuschlagssatz von 6 % zur Anwendung.

Der Kostenbereich *Material* soll mit Hilfe der neu eingeführten Prozesskostenrechnung näher durchleuchtet werden.

Jede Kostenstelle des Materialbereichs wird auf Tätigkeiten (Aktivitäten) hin untersucht, die die Entstehung von Gemeinkosten initiieren. I. d. R. handelt es sich um repetitive[1] Teilprozesse, die zur Erzielung eines bestimmten Arbeitsergebnisses erforderlich sind. So können im Einkauf z. B. die Teilprozesse *‚Angebote einholen'*, *‚Bestellen'* und *‚Rechnung bearbeiten'* als sich ständig wiederholende Vorgänge identifiziert werden, die Kosten verursachen.

Zur Ermittlung von Teilprozessen werden *vorhandene Unterlagen* verwendet oder *analytische Methoden* eingesetzt:

Vorhandene Unterlagen: Organigramme (Organisationspläne, Arbeitsablaufpläne), Stellenbeschreibungen; im Fertigungsbereich bei CIM[2]-Systemen: Abstimmung der technischen und betriebswirtschaftlichen Datenbanken etc.

Analytische Methoden: Befragung des Personals, Arbeitszeitstudien, Arbeitsablaufstudien etc.

---

[1] repetitive Teilprozesse: Arbeitsabläufe, die sich nach einheitlichem Schema stetig wiederholen.
[2] CIM = Computer Integrated Manufacturing

BEISPIEL

Kostenbereich	Kostenstelle	Teilprozesse (Aktivitäten)	Ermittlung
Material	Einkauf	• Angebot einholen, bearbeiten • Bestellen • Rechnung bearbeiten	• Befragung des Personals • Arbeitszeitstudien
	Warenannahme	• Lieferung annehmen • Lieferung prüfen • Zugang buchen	• Organigramm • Beobachtung, Interview
	Qualitätskontrolle	• Stichprobenkontrolle	• Arbeitsablaufplan
	Lagerung	• Einlagerung • Materialpflege • Materialausgabe	• Stellenbeschreibung • Arbeitsablaufstudien
	Kostenstellenleiter	• Abteilung Material leiten	–

Für alle Kostenbereiche kann eine Großzahl von Teilprozessen definiert werden.

Der hohe Aufwand, den die Tätigkeitsanalyse verursacht, wirkt oft abschreckend, wenn die Entscheidung über eine mögliche Einführung der Prozesskostenrechnung getroffen werden soll.

Allerdings sollte der Erkenntniswert einer Offenlegung von Teilprozessen und den durch sie verursachten Kosten mit Blick auf eine Kostenoptimierung nicht unterschätzt werden (siehe auch Target Costing, S. 223).

6.1.1.2 Zurechnung der Kostenarten des BAB auf Teilprozesse (TP)

Um die Kostenarten des BAB auf einzelne Teilprozesse zu verteilen, müssen leistungsmengenbezogene Maßgrößen festgelegt werden.

Für die Kostenstelle Einkauf innerhalb des Kostenbereichs Material wäre eine solche *Maßgröße*, z. B. *1 Beschaffungsvorgang*.

Bei bekannter Kostensumme für die Kostenstelle Einkauf und bekannter Zahl der Beschaffungsvorgänge innerhalb einer Abrechnungsperiode lassen sich die Kosten für eine Maßeinheit des Beschaffungsvorgangs durch einfache Division ermitteln:

F $$\textit{Kosten für 1 Beschaffungsvorgang} = \frac{\textit{Kosten der Kostenstelle Einkauf}}{\textit{Zahl der Beschaffungsvorgänge}}$$

In Abhängigkeit von der Häufigkeit des von einer Produktgruppe in Anspruch genommenen Beschaffungsvorgangs erfolgt die Zurechnung der Beschaffungskosten.

BEISPIEL

Für die Kostenstelle Einkauf sind während der abgelaufenen Abrechnungsperiode (AP) Gesamtkosten in Höhe von 50.000,00 EUR aufgelaufen.

Während der AP wurden 500 Beschaffungsvorgänge registriert.

Der Kostentreiber für einen Beschaffungsvorgang ist mit

50.000,00 EUR / 500 = 100 EUR zu bewerten.

Eine Produktgruppe, die während der AP 5 Beschaffungsvorgänge initiiert hat, wird folglich mit Beschaffungskosten in Höhe von

5 · 100,00 EUR = 500,00 EUR belastet.

Der Ansatz für eine leistungsmengenorientierte Kostenzurechnung, bezogen auf eine ganze Kostenstelle, ist immer noch relativ ungenau.

Über eine Tätigkeitsanalyse wurde bereits ein Katalog von Teilprozessen ermittelt, die im Zusammenhang mit der Materialbeschaffung Gemeinkosten generieren.

Auszug aus Beispiel, S. 212:

Kostenbereich	Kostenstelle	Teilprozesse (Aktivitäten)
Material	Einkauf	• Angebot einholen, bearbeiten • Bestellen • Rechnung bearbeiten
	etc.	etc.

Für den Teilprozess *Bestellen* muss zunächst ein *Kostenpool* angelegt werden, in dem alle Kostenarten des BAB, die im Zusammenhang mit der Durchführung einer Bestellung anfallen, gesammelt werden.

Kostenpool

Die Zurechnung der Kostenarten des BAB zum Kostenpool des Teilprozesses ‚*Bestellen*' erfolgt auf Grund von Verrechnungsschlüsseln, die analog zu den Verrechnungsschlüsseln der Vollkostenrechnung gebildet werden.

BEISPIEL

Zahlen des BAB, Spalte Material, Abrechnung für ein Quartal – Kostenpool: *Bestellen*

Zahlen des BAB		Anteilige Zuweisung der Kostenarten		
Material		**zum Kostenpool** *Bestellen*		
Kostenarten	**EUR**	**Schlüssel zur** **Verteilung auf** **Teilprozesse (TP)**	**TP** *Bestellen* *(TP - orientierter* *Schlüssel*	**Kosten-** **pool** *Bestellen*
Bürokosten	33.900,00	*nach Zahl der Arbeitsplätze*	*4 von 40*)*	3.390,00
Hilfslöhne	29.000,00	*100 % auf Lager*	*X*	
Gehälter	313.000,00	*nach Gehaltsliste*		25.400,00
Kalk. Abschreibung p.a.	120.000,00	*nach invest. Kapital*	*lt. Anlagendatei*	4.960,00
Mietkosten	43.200,00	*nach qm der Kostenstelle*	*80m² v. 1200m²*	2.880,00
Kalk. Wagnisse	8.000,00	*je 50 % auf Einkauf u. Lager*	*1/2 auf Bestellen*	2.000,00
Kalk. Zins p.a.	44.200,00	*nach invest. Kapital*	*300000 lt. Anla-* *gendatei; kalk.* *Zins 6 % p.a.*	4.500,00
Zwischensumme	591.300,00			
Umlage Heizung	8.700,00	*nach Zahl d. Arbeitsplätze*	*4 von 40*	870,00
Summe Gemeinkosten	**600.000,00**	*Kostenpool ,Bestellen'*		**44.000,00**
		*) 40 = ges. Personal des Materialbereichs		

Der Kostenpool für den Teilprozess *Bestellen* weist eine Kostensumme von 44.000,00 EUR auf.

6.1.1.3 Berechnung der Teilprozesskostensätze (TP-KS)

Für jeden einzelnen Teilprozess muss ein Kostenpool zur Ermittlung der zurechenbaren Gemeinkostensumme angelegt werden. Die sich ergebenden kumulierten Teilprozesskosten einer Abrechnungsperiode werden dann auf eine Maßeinheit des Teilprozesses (Kostentreiber, siehe S. 209) umgerechnet. Dies geschieht in Abhängigkeit von der Inanspruchnahme des Kostentreibers während der Abrechnungsperiode (Zahl der registrierten Vorgänge).

Aus den Teilprozesskosten werden Teilprozesskostensätze abgeleitet, die in die Kalkulation der Selbstkosten eingehen. Bei der Ermittlung der Teilprozesskostensätze ist zwischen *leistungsmengeninduzierten* und *leistungsmengenneutralen Kosten* zu unterscheiden.

6.1.1.3.1 Leistungsmengeninduzierte Prozesskosten (lmi)

Leistungsmengeninduzierte Kosten können dem Kostenträger auf Grund der Beanspruchung von Leistungen direkt zugerechnet werden. Als geeignete leistungsmengenbezogene Maßeinheit für den Teilprozess *Bestellen* bietet sich die erforderliche *Arbeitszeit* für die Bearbeitung einer Bestellung an.

BEISPIEL

Eine Bestellung mit allen Nebenarbeiten erfordert nach einer Arbeitszeitstudie einen Zeitaufwand von durchschnittlich 31,75 Minuten. Die Mitarbeiterkapazität beträgt pro Jahr 79.380 Minuten (Berechnung analog zu S. 118). Es sind vier Mitarbeiter im Einsatz, um Bestellungen zu bearbeiten.

Ermittlung des Teilprozesskostensatzes (TP-KS) ‚Bestellen' (lmi):

Für 4 Mitarbeiter im Quartal: 79.380 · 4 / 4 = 79.380 Minuten.

Zahl der möglichen Bestellungen: 79.380 / 31,75 = 2.500 Bestellungen.

→ *TP-KS (lmi) Bestellen = 44.000,00 EUR / 2.500 = 17,60 EUR/ Bestellung.*

6.1.1.3.2 Leistungsmengenneutrale Prozesskosten (lmn)

Es wurde bereits darauf hingewiesen, dass auch im Rahmen der Prozesskostenrechnung nicht alle Gemeinkosten über einen Kostentreiber verursachungsgerecht auf das Produkt verrechnet werden können.

Ein typisches Beispiel für Gemeinkosten, für die kein Kostentreiber ermittelt werden kann, sind die Gehälter des Managements.

Leistungsmengenneutrale Prozesskosten (lmn) werden auf die Teilprozesse eines Kostenbereichs in Form eines Zuschlags zu den Teilprozesskostensätzen (TP-KS) auf Basis der leistungsmengeninduzierten Kosten (lmi) umgelegt:

$$\begin{array}{l} \textit{Umlagesatz (lmn)} \\ \textit{Gehalt/ Kostenstellenleiter} \end{array} = \frac{K \,(\textit{Gehalt/ Kostenstellenleiter})}{\sum K \,(\textit{lmi})} \cdot \textit{TP-KS (lmi)} \qquad F$$

BEISPIEL

Gehälter des Managements der Kostenstelle Material: 61.000,00 EUR pro Quartal.

Summe der Gemeinkosten des abgelaufenen Quartals: 600.000,00 EUR.

Teilprozesskostensatz (lmi) ‚Bestellen': 17,60 EUR / Bestellung (siehe Beispiel oben).

Es ergibt sich für den Teilprozess ‚*Bestellen'* folgender Umlagesatz (US) für die leistungsmengenneutralen Kosten (lmn).

US KSt-Leitg. (lmn):   61.000 / 539.000[)] · 17,60 = 1,9918 ... EUR/ Bestellung

[)] *Nebenrechnung:*

   $\sum K \,(lmi) = 600.000 - 61.000 \,(lmn) = 539.000$

6.1.1.3.3 Kostentreiber

Nachdem die leistungsmengeninduzierten und die leistungsmengenneutralen Kosten für eine Maßeinheit des Teilprozesses fest stehen, kann die Bewertung des Teilprozesses als Kostentreiber erfolgen. Dies geschieht durch die Berechnung des Teilprozesskostensatzes.

Berechnung des Teilprozesskostensatzes

BEISPIEL

Auf der Grundlage der Berechnungen auf den Seiten 214 und 215 liegt folgendes Zahlenmaterial zur Bewertung des Kostentreibers ‚Bestellen' vor:

Teilprozesskostensatz ‚Bestellen' (lmi):	*17,60 EUR/ Bestellung.*
Umlagesatz für die lmn-Kosten (Kostenstellenleitung):	*1,99 EUR/ Bestellung*
Bewertung des Kostentreibers ‚Bestellen' für eine Maßeinheit:	*19,59 EUR/ Bestellung*

Die EDV-Abrechnung sieht wie folgt aus:

K-Stelle	Teilprozess	Gemeinkosten lt. Kostenpool	Zahl der Vorgänge	lmi/ lmn	TP-KS	US(lmn)	Gesamter TP-KS
Einkauf	Bestellen	44.000,00	2500	lmi	17,60	1,99	19,59

Nebenrechnungen siehe Beispiele S. 215.

Verrechnung des Teilprozesskostensatzes bei Inanspruchnahme des Kostentreibers

BEISPIEL

Zur Versorgung der laufenden Produktion mit dem Bauteil XP32 eines Zulieferers wurden während des abgelaufenen Quartals jeweils bei Erreichen des Meldebestands 30 Bestellungen (von insgesamt 2500 Bestellungen) ausgeführt.

Dem Bauteil XP32 werden auf Grund der in Anspruch genommenen Leistung folgende Bestellkosten belastet:

30 Bestellungen à 19,59 EUR/ Bestellung = 587,70 EUR.

Lösung nächste Seite →

LÖSUNG

Material-kostenstellen	Teilprozesse	Kostenzurechnung aus - Gehaltsliste - Arbeitsablaufplan etc.	Kosten treiber Zahl der Vorgänge	lmi/ lmn	Teil-prozess-kosten-satz (lmi)	+ Umlage lmn	Gesamter Teilprozess-kostensatz
Einkauf	Angebot bearbeit.		68.000,00	3500	lmn	19,43	2,20	21,63
	Bestellen		44.000,00	2500	lmi	17,60	1,99	19,59
	Rechnung bearb.		42.000,00	2500	lmi	16,80	1,90	18,70[1]
Warenannahme	Lieferg.annehmen		40.000,00	2500	lmi	16,00	1,81	17,81
	Lieferung prüfen		44.000,00	2500	lmi	17,60	1,99	19,59
	Zugang buchen		27.000,00	2500	lmi	10,80	1,22	12,02
			0,00	0		0	0	0
Qualitätskontrolle	Stichprobenkontr.		64.000,00	2500	lmi	25,60	2,90	28,50
			0,00	0		0	0	0
Lagerung	Einlagerung		90.000,00	2500	lmi	36,00	4,07	40,07
	Materialpflege		40.000,00	1000	lmi	40,00	4,53	44,53
	Materialausgabe		80.000,00	4000	lmi	20,00	2,26	22,26
			0,00					
Leitung K-Stelle	Abteilung leiten		61.000,00	X	lmn	X		
			0,00					
Summe			600.000,00					

Nebenrechnungen

zu Teilprozess ‚Bestellen'
(Rundung der Zahlen auf 2 Nach-kommastellen)

Teilprozesskostensatz (lmi):

$$TP\text{-}KS\ (lmi)\ Bestellen =$$

$$= \frac{44.000,00\ EUR}{2.500\ Bestellungen}$$

$$= 17,60\ EUR/\ Bestellung$$

Umlagesatz (US) KSt.-Leitg. (lmn):

$$US = \frac{61.000}{539.000^{*)}} \cdot 17,6 =$$

$$= 1,9918\ldots\ EUR$$

*) 600' – 61' = 539'

Gesamter TP-KS (Beschaffung):

$$17,60 + 1,99 = 19,59\ EUR/\ Bestellung$$

6.1.1.4 Aggregation von Teilprozessen zu einem Hauptprozess

Teilprozesse, die logisch miteinander verknüpft sind und die auf derselben Maßgröße basieren, können unter einem gemeinsamen Kostentreiber zu Hauptprozessen zusammengefasst werden.

BEISPIEL

Mit *einer Bestellung* sind i. d. R. die Teilprozesse *eine* Anlieferung, *eine* Prüfung der Lieferung, *eine* Bearbeitung der Rechnung etc. logisch verbunden. Diese Prozesse werden zu einem *Hauptprozess ‚Beschaffung'* zusammengefasst (Kennzeichen: Gleiche Zahl von Vorgängen) .

Material-Kostenstellen	Teilprozesse (TP) Kostenzurechnung aus: - Gehaltsliste - Arbeitsablaufplan etc.	Kostentreiber Zahl der Vorgänge	lmi/ lmn	Teilprozesskostensatz (lmi)	Umlage lmn	Gesamter Teilprozesskostensatz (TP-KS)	Hauptprozess (HP) Beschaffung	Verbleibende Teilprozesse (TP)	Verrechnungssatz (TP)
	Angebot bearbeiten	68.000,00 / 3500	lmi	19,43	2,20	21,63	0,00	75.705,00	21,63
Einkauf	**Bestellen**	44.000,00 / 2500	lmi	17,60	1,99	19,59	48.975,00	0,00	
	Rechnung bearbeiten	42.000,00 / 2500	lmi	16,80	1,90	18,70	46.750,00	0,00	
	Lieferung annehmen	40.000,00 / 2500	lmi	16,00	1,81	17,81	44.525,00	0,00	
Warenannahme	Lieferung prüfen	44.000,00 / 2500	lmi	17,60	1,99	19,59	48.975,00	0,00	
	Zugang buchen	27.000,00 / 2500	lmi	10,80	1,22	12,02	30.050,00	0,00	
		0,00 / 0			0	0	0,00	0,00	
Qualitätskontrolle	Stichprobenkontrolle	64.000,00 / 2500	lmi	25,60	2,90	28,50	71.250,00	0,00	
		0,00 / 0			0	0	0,00	0,00	
	Einlagerung	90.000,00 / 2500	lmi	36,00	4,07	40,07	100.175,00	0,00	
Lagerung	Materialpflege	40.000,00 / 1000	lmi	40,00	4,53	44,53	0,00	44.530,00	44.553
	Materialausgabe	80.000,00 / 4000	lmi	20,00	2,26	22,26	0,00	89.040,00	22,26
Leitung KSt Material	Abteilung leiten	61.000,00 / X	lmn	X			X	Σ	
		0,00 / 0							
Summe		600.000,00				**Pool für Hauptprozess:**	390.700,00	209.275,00	

Nebenrechnung zu Hauptprozesskosten: Bsp.: ‚Bestellen'

K (HP) Bestellen = TP-KS (Bestellen) · Zahl d. Vorgänge =

= 19,5918367 · 2500 = **48.979,59**

Rundungsdifferenz: 25 € ≙ 0,00417 %

Anmerkung: Aus methodischen Gründen werden alle Zahlen auf zwei Stellen nach dem Komma gerundet. Die hierdurch zwangsläufig auftretende Rundungsdifferenz wird in der Kalkulationstabelle ausgewiesen.

Der für den Hauptprozess ‚Beschaffung' bestimmende Teilprozess ‚*Bestellung'* führt die Leistungen von Teilprozessen aus *unterschiedlichen Kostenstellen* (Einkauf, Warennahme, Qualitätskontrolle, Lagerung) zu einer Gesamtleistung des Hauptprozesses zusammen.

Man verlässt mit dieser Sichtweise die traditionellen kostenstellenorientierten Abrechnung der Gemeinkosten und stellt die *kostenstellenübergreifende Leistungserstellung* in den Blickpunkt.

Damit werden über eine exakte Kalkulation hinaus Kostenstrukturen der indirekten Leistungsbereiche offen gelegt. Der Zugewinn an Kostentransparenz eröffnet zusätzliche Ansatzmöglichkeiten zur Kostenoptimierung (siehe Zielkostenrechnung, S. 223 ff.).
Für den Hauptprozess wird im Hinblick auf die spätere Kalkulation der Selbstkosten, ebenso wie bereits für die Teilprozesse, ein Hauptprozesskostensatz (HP-KS) berechnet.

BEISPIEL

Im Kostenpool für den Hauptprozess ‚*Beschaffung'* (siehe oben) ist eine Kostensumme von 390.700,00 EUR aufgelaufen. Der für alle im Hauptprozess zusammengefassten Teilprozesse gemeinsame Kostentreiber ‚*eine Bestellung'* wurde während der Abrechnungsperiode 2500-mal in Anspruch genommen.

Daraus ergibt sich folgender Hauptprozesskostensatz (HP-KS) für eine Bestellung:

$$\text{HP-KS (Bestellung)} = \frac{390.700,00}{2.500} = 156,28 \text{ EUR/ Bestellung}$$

Teilprozesse, die sich nicht zu einem Hauptprozess aggregieren lassen gehen mit ihrem Teilprozess-Verrechnungssatz einzeln in die Kalkulation der Selbstkosten eines Produkts ein.

Ein Vorteil der Aggregation geeigneter Teilprozesse zu Hauptprozessen ist eine Verdichtung des Zahlenmaterials und größere Übersichtlichkeit der Prozesskostenkalkulation.

6.1.1.5 Kalkulation der Selbstkosten mit Prozesskostensätzen

Für die Kalkulation der Selbstkosten kann das Kalkulationsschema der Zuschlagskalkulation beibehalten werden.

Der ursprüngliche Gemeinkostenzuschlagssatz für den gewählten Prozesskostenbereich (z. B. Materialgemeinkosten) wird allerdings durch Prozesskostenzuschläge ersetzt.

Wie sich die Einbeziehung der Prozesskostenrechnung in die Zuschlagskalkulation auf die Zurechnung von Gemeinkosten auswirkt soll das folgende Beispiel deutlich machen.

BEISPIEL

a) Bisherige Kalkulation der Materialkosten:

FM		10.000.000,00
+ MGK in %	6,00	600.000,00
MK		10.600.000,00
FL		6.000.000,00
+ FGK in %	160,00	9.600.000,00
etc.		

Es wurde ein pauschaler Materialgemeinkostenzuschlagssatz von 6 % für alle Aufträge verrechnet.

b) Kalkulation mit Prozesskostensätzen

Es erfolgen zwei Einkäufe desselben Rohstoffs bei einem einheitlichen Preis von 20,00 EUR/ Einheit aber unterschiedlicher Stückzahl (1.000 bzw. 10.000 Einheiten). Die Kalkulation der Materialkosten erfolgt anhand von Prozesskostensätzen. Zahlen siehe Beispiel S. 218.

Zusätzliche Angaben:

Beschaffung A:
Es wurden bei einer Beschaffung vier Angebote eingeholt. Während der Dauer der Zwischenlagerung erfolgten 15 Arbeitsvorgänge zur Materialpflege. Die Materialausgabe erfolgte nach dem Bedarf in der Fertigung. Die Lagerbuchhaltung weist 20 Entnahmen aus.

Beschaffung B:
Es wurden bei einer Beschaffung sechs Angebote eingeholt. Während der Dauer der Zwischenlagerung erfolgten 60 Arbeitsvorgänge zur Materialpflege. Die Materialausgabe erfolgte nach dem Bedarf in der Fertigung. Die Lagerbuchhaltung weist 200 Entnahmen aus.

Alle nicht genannten Teilprozesse im Zusammenhang mit den beiden Beschaffungsvorgängen sind jeweils zu einem Hauptprozess (ein Vorgang) zusammengefasst.

LÖSUNG

Klakulation FM à + MGK:		20,00 €	Prozesskosten satz	Beschaffung A		Beschaffung B	
				Stückzahl 1.000	Betrag 20.000,00	Stückzahl 10.000	Betrag 200.000,00
				Kostentreiber		Kostentreiber	
Beschaffung	HP	156,28		1	156,28	1	156,28
Angebote bearbeiten	TP	21,63		4	86,52	6	129,78
Materialpflege	TP	44,53		15	667,95	60	2.671,80
Materialausgabe	HP	22,26		20	445,27	200	4.452,00
MK					21.355,95		207.409,86
	fiktive MGK in % vom FM				6,78		3,70

Anmerkung: Alle Zahlen der Kalkulationstabelle sind auf zwei Stellen nach dem Komma gerundet.

Es fällt auf, dass bei einer Bestellung von 1.000 Stück der fiktive Zuschlag auf das Fertigungsmaterial mit 6,78 % über dem Satz der Zuschlagskalkulation (6 %) liegt, während bei
einer Bestellung von 10.000 Stück die Belastung mit MGK mit 3,70 % im Vergleich zur
Zuschlagskalkulation weit niedriger ist.

Grund hierfür ist, dass z.B. der Hauptprozesskostenzuschlag unabhängig von der Bestellmenge unverändert bleibt. Aber auch die Zahl der Kostentreiber für die verbleibenden
Teilprozesse ändert sich nicht notwendigerweise proportional zur Bestellmenge. – So ist
die Zahl der eingeholten Angebote bei der zehnfachen Bestellmenge nur um 50 % von 4
auf 6 gestiegen.

6.1.2 Einbindung der Prozesskostenrechnung in die Vollkosten-rechnung

Die Prozesskostenrechnung stellt eine Erweiterung und Verfeinerung der Vollkostenrechnung dar. Sinnvoll ist eine gezielte Ergänzung von Teilgebieten der Vollkostenrechnung,
die durch einen hohen Anteil an Gemeinkosten gekennzeichnet sind. Ziel der Prozesskostenrechnung ist es, wenigstens einen Teil der problematischen Gemeinkosten über Kosten
auslösende Prozesse gezielt auf die Kostenträger zuzurechnen. Damit werden Schwächen
der Zuschlagskalkulation, die zu erheblichen Verzerrungen bei der Kalkulation der
Selbstkosten führen können (siehe Beispiele S. 208), in Grenzen gehalten.

Die Einbindung der Prozesskostenrechnung in die Vollkostenrechnung lässt sich folgendermaßen darstellen:

Über die Einzelkosten der Vollkostenrechnung hinaus lassen sich leistungsmengeninduzierte Kosten (lmi) mit Hilfe identifizierter Kostentreiber den Kostenträgern direkt zurechnen. Die leistungsmengenneutralen Kosten (lmn) werden den lmi-Kosten anteilig zuge-
schlagen (vergleiche: Zuschlagskalkulation der Vollkostenrechnung).

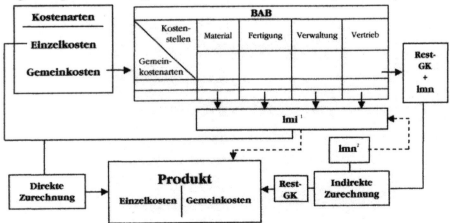

Abbildung 46: Schematische Darstellung der Prozesskostenrechnung

---

[1] lmi = leistungsmengeninduzierte Kosten

[2] lmn = leistungsmengenneutrale Kosten

6.1.3 Würdigung der Prozesskostenrechnung

Die Prozesskostenrechnung ist eine Weiterentwicklung und Verfeinerung der Vollkostenrechnung.

Da die Vollkostenrechnung grundsätzlich langfristig angelegt ist, kann auch die Prozesskostenrechnung der Geschäftsleitung keine Hilfestellung für kurzfristig angelegte, marktorientierte Entscheidungen bieten. Hierfür bleiben die Plankostenrechnung und insbesondere die Deckungsbeitragsrechnung unverzichtbar.

Wertvolle Dienste leistet die Prozesskostenrechnung hingegen bei der Verwirklichung des Anliegens, einen möglichst großen Teil der fixen Kosten verursachungsgerecht auf die Kostenträger zu verteilen.

Durch eine analytische Ermittlung von Teilprozessen (Aktivitäten) und den zugehörigen Kostentreibern wird eine auf Aktivitäten basierende exaktere Zurechnung der Gemeinkosten auf die Kostenträger möglich (activity-based-costing).

Die Erkenntnis, dass Vorgänge Kostenstellen überschreitend Gemeinkosten generieren, führt zu einer umfassenderen Sichtweise der betrieblichen Abläufe und der kostenrechnerischen Zusammenhänge.

Eine größere Transparenz der Kostenstrukturen in den indirekten Leistungsbereichen, mit ihren schwer durchschaubaren Gemeinkosten, ermöglicht zusätzliche Wirtschaftlichkeitskontrollen und erschließt Rationalisierungspotenziale in Teilbereichen betrieblicher Aktivitäten.

Der vertiefte Einblick in die Kostenentstehung fördert das Kostenbewusstsein und ermuntert zu einer aktiven Kostengestaltung, auch im Bereich der ‚unvermeidbaren' Gemeinkosten.

Diese Vorteile der Prozesskostenrechnung müssen allerdings mit einem hohen Arbeitsaufwand erkauft werden.

Die Einführung einer Prozesskostenrechnung wird oft mit dem Argument abgelehnt, dass der hiermit verbundene Aufwand, insbesondere die Tätigkeitsanalyse, in keinem Verhältnis zum Erkenntniswert stehe.

Tatsächlich muss auch bei der Wahl des Kostenrechnungssystems der Grundsatz der Wirtschaftlichkeit berücksichtigt werden.

Ob die Einführung der Prozesskostenrechnung in Frage kommt, oder in welchem Umfang die Prozesskostenrechnung angestrebt werden soll, ist von den betrieblichen Gegebenheiten abhängig:

Eine umfassende Einführung der Prozesskostenrechnung wird nur für große Betriebe mit einer hohen Produktbreite und einem hohen Gemeinkostenanteil in Frage kommen.

In vielen Betrieben wird es ausreichend sein, sich auf einzelne Kostenbereiche mit hohem Gemeinkostenvolumen und geringer Transparenz hinsichtlich der Kostenstrukturen zu beschränken.

Kleinere Betriebe werden nur sporadisch in Teilbereichen eine Tätigkeitsanalyse mit Ermittlung der wichtigsten Kostentreiber durchführen, um Rationalisierungsmöglichkeiten auszuloten.

Trotz aller Widerstände, der die Prozesskostenrechnung begegnet, wird der Denkansatz einer *Vorgangskalkulation (activity based costing)* die betriebliche Kostenrechnung in Zukunft weiterhin beeinflussen.

6.2 Einführung in die Zielkostenrechung (Target-Costing)

Marktsättigung und internationale Konkurrenz haben in weiten Bereichen der Wirtschaft, insbesondere aber in der Industrie, zu einem ausgeprägten Käufermarkt geführt.

Eine hohe Markttransparenz und die steigende Mobilität potenzieller Kunden zwingen den Unternehmer, nicht nur die Konkurrenz zu beobachten sondern auch die Kundeninteressen ernst zu nehmen, sie sogar zum zentralen Inhalt seiner Marktstrategie zu machen.

Der Preis kann nicht mehr ohne weiteres von den kalkulierten Selbstkosten bestimmt werden. Vielmehr müssen Selbstkosten an die Bereitschaft des Kunden, einen begrenzten Preis für eine Leistung zu bezahlen, angepasst werden.

Diesen Gegebenheiten auf dem Markt versucht die in Japan entwickelte Zielkostenrechnung (Target Costing) gerecht zu werden, indem sie den Preisdruck des Marktes als Druck auf die Kosten an die Kostenplanung weiter gibt.

Die der Kostenplanung vorgegebenen, vom Markt *‚geduldeten Kosten' (allowable costs)* werden zur Grundlage der Kostenkalkulation – oder besser, der *Kostengestaltung*.

Für die Kostengestaltung hat sich die Phase der *Produktentwicklung* als besonders bedeutsam erwiesen.

Um die vom Markt bestimmten *Kostenziele* nicht zu überschreiten, ist es notwendig, Grundsätze kostengünstigen Konstruierens und präventiver Qualitätssicherung bereits im Frühstadium der Produktentstehung zu beachten.

Die erforderliche *Entwicklungsarbeit* verursacht zwar nur einen geringen Teil der Gesamtkosten, bezogen auf den Lebenszyklus des Produkts, hat aber einen überproportionalen Einfluss auf die Festlegung der Kosten für die gesamte Wertschöpfungskette.

Nach einer Studie des Instituts für Werkzeugmaschinen und Betriebswissenschaften (iwb) der Technischen Universität München bestehen folgende Zusammenhänge, die symptomatisch für die industrielle Fertigung sind:

Technische Auftragsabwicklung	Zeitanteil an der Gesamtdurchlaufzeit	Summe verursachter Kosten	Summe festgelegter Kosten
Entwicklung	40 %	14 %	67 %
Arbeitsplanung	14 %	10 %	17 %
Fertigung	23 %	45 %	5 %
Montage	23 %	31 %	11 %
Summe	100 %	100 %	100 %

Es wird deutlich, dass die Produktentwicklung von größter Bedeutung für die späteren Kosten der Folgebereiche ist.

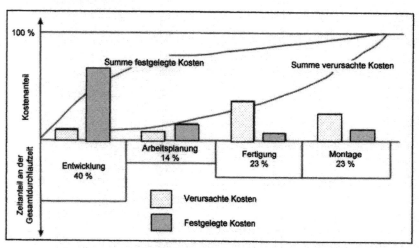

Abbildung 47: Bedeutung des Entwicklungsbereichs in der technischen Auftragsabwicklung

Einsatzgebiete der Zielkostenrechnung zum Zweck der Kostensenkung finden sich über die Produktentwicklung hinaus bei der Produktmodifikation im Verlauf des Produktlebenszyklus und in den indirekten Bereichen (siehe Prozesskostenrechnung, S. 208 ff.).

6.2.1 Vorgehensweise der Zielkostenrechnung

Grundprinzip der Zielkostenrechnung ist die Orientierung am Markt.

Die Frage des Target Costing ist nicht *„Was kostet das Produkt?"* sondern *„Wieviel darf das Produkt kosten?"*.

Eine marktorientierte Kostenplanung formuliert *Kostenziele* primär unter Berücksichtigung der *Kundenwünsche*.

Der auf dem Markt erzielbare Preis hängt davon ab, wie der Kunde bei einer Betrachtung des Preis-Leistungs-Verhältnisses seinen individuellen Nutzen einschätzt.

Nicht hohe Kosten sind das Problem, sondern die Akzeptanz der Kosten beim Kunden.

BEISPIEL

Bei der Herstellung von Kraftfahrzeugen treten mit einer Steigerung der Variantenvielfalt überproportional ansteigende *Komplexitätskosten* auf.

Es wäre kostengünstiger, einen Pkw serienmäßig mit einer Großzahl von Ausstattungsfeatures zu produzieren als jede mögliche Ausstattungsvariante zur Wahl anzubieten.

Eine Reduzierung der Wahloptionen auf wenige markante Merkmale, wie Hubraum des Motors, Getriebe, Farbe der Karosserie bietet sich zur Beseitigung der Komplexitätskosten geradezu an.

Die Entscheidung über die dem Kunden anzubietende Variantenvielfalt kann sich allerdings nicht allein am Ziel der Kostenminimierung orientieren sondern muss vielmehr die Wünsche des Kunden berücksichtigen.

Es ist Aufgabe der Marketingabteilung Kundenwünsche durch eine sorgfältige Marktanalyse abzuklären.

Neben den Kundenwünschen spielen psychologische Gesichtspunkte der Preisgestaltung eine Rolle.

Kundenwünsche:

Selbst bei höheren Gesamtkosten bietet die Möglichkeit, den Pkw bei Bestellung individuell zu gestalten, für viele Kunden einen Kaufanreiz (persönlicher Nutzen!).

Preispsychologie:

Der Preis für ein Fahrzeug mit Grundausstattung (ohne Extras) kann rein optisch niedrig angesetzt werden. Die vom Durchschnittskunden i. d. R. georderten Extras tragen erheblich zum Betriebserfolg bei.

Schritte der **Zielkostenrechnung**:

Vorstufe: Ermittlung der Standardkosten[1] = Vorkalkulation auf Normalkostenbasis zur Feststellung der voraussichtlichen Selbstkosten (Vollkostenrechnung)

Zielkostenrechnung:

1. Vorbereitung

    a. Marketing:

    - Einschätzung des *Kundennutzens* des Produkts und seiner Merkmale auf Grund der Ergebnisse der Marktforschung (Kundenwünsche, Beurteilung der Produktmerkmale, akzeptierter Preis).

    - Analyse der *Konkurrenzsituation* (Qualitative Gleichwertigkeit von Konkurrenzprodukten, Konkurrenzpreise).

    b. *Unternehmensstrategie:*

    Gewinnvorstellungen (Target Profit) der Unternehmensleitung (Branchenvergleich; Innovationsbonus; Marketingstrategien: Penetrationsstrategie, Skimmingstrategie)

2. Festlegung der *Zielkosten (allowable costs)*

3. Zielkostenspaltung und Ermittlung des Zielkostenindex

4. Budgetierung der Zielkosten auf Grundlage eines definierten Schlüssels (z. B. Kundennutzen) und Vergleich mit den Standardkosten[1] (drifting costs)

5. Kostensenkung

Die Zielkostenrechnung, als Instrument eines strategischen Kostenmanagements, bedient sich gleichermaßen der Mittel der Kostenrechnung als auch der Werkzeuge der Marktanalyse, um Kostenziele zu beschreiben.

---

[1] Standardkosten: In den USA gebräuchlicher Begriff Normalkosten

Der Aufbau der Zielkostenrechnung lässt sich wie folgt darstellen:

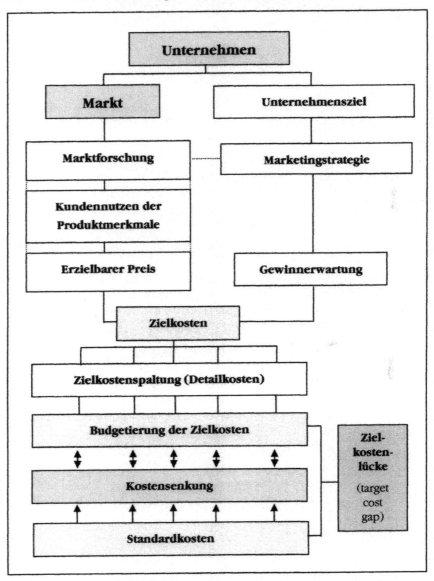

Abbildung 48: Zielkostenrechnung als Instrument für ein strategisches Kostenmanagement

6.2.1.1 Einschätzung des Kundennutzen

Zunächst muss eine Marktanalyse Aufschluss über die Einschätzung des Produkts durch eine definierte Zielgruppe geben.

Dabei werden Probanden der Zielgruppe nach dem individuell wahrgenommenen Nutzen des Produkts und seiner Merkmale/ Funktionen befragt.

Die statistische Auswertung der Kundenbefragungen gibt Aufschluss über den durchschnittlichen Teilnutzen der einzelnen Produktbestandteile/ Produktmerkmale, berechnet in Prozent vom Gesamtnutzen (= 100 %).

BEISPIEL

Zur Vorbereitung eines Nachfolgemodells für einen Pkw der gehobenen Mittelklasse werden Kunden nach ihren Wünschen, ggf. auf Grund der Erfahrungen mit dem Vorgängermodell, befragt.

Ein Fragenkatalog soll Daten bezüglich des persönlichen Nutzens von Produktmerkmalen wie Zuverlässigkeit, Qualität der Verarbeitung, Sparsamkeit im Benzinverbrauch, Sicherheit und Design liefern.

Der Nutzen der Produktmerkmale wird den einzelnen Baugruppen (Karosserie, Motor etc.) zugeordnet.

Die Auswertung der Kundenbefragung ergibt folgendes Bild von der Einschätzung des Nutzens einzelner Komponenten des Fahrzeugs durch die Zielgruppe:

Baugruppe	Kundennutzen in %
Karosserie	33 %
Motor	21 %
Fahrwerk	19 %
Ausstattung	24 %
Elektronik	3 %
Gesamtnutzen	100 %

Bei der Weiterentwicklung des Fahrzeugs wird man sich auf die vom Kunden vorrangig genannten Komponenten mit dem höchsten individuellen Nutzen konzentrieren.

6.2.1.2 Festlegung der Zielkosten

Eine Aufgabe des Marketing ist es, die Preisvorstellungen potenzieller Kunden zu ermitteln.

Auf der Grundlage des vom Markt akzeptierten Preises werden unter Berücksichtigung der Gewinnerwartungen der Unternehmung die Zielkosten für das Produkt ermittelt.

BEISPIEL

Die Marketing-Abteilung hält einen Netto-Angebotspreis für die Grundversion des geplanten Pkw-Modells in Höhe von 40.000,00 EUR für realistisch.

Die Geschäftsleitung möchte einen Gewinn von 8 % erzielen.

Berechnung der Zielkosten:

	Erzielbarer Marktpreis	40.000,00 EUR
–	Erwarteter Gewinn 8 %	3.200,00 EUR
=	**Zielkosten** (maximal zulässige Kosten)	36.800,00 EUR

Die Zielkosten, auch *allowable costs* genannt, stellen die Kostenobergrenze dar, bei der das Gewinnziel erreicht werden kann.

Da die erlaubten Kosten oft unter den Standardkosten für Produktentwicklung und Produktion (drifting costs) liegen, wird die notwendige Kostenreduktion bereits in der Planungsphase offensichtlich.

6.2.1.3 Zielkostenspaltung und Ermittlung des Zielkostenindex

Um konkret auf Teilkosten Einfluss nehmen zu können, wird die Zielkostensumme in die Kostenbestandteile der einzelnen Baugruppen zerlegt.

Im Extremfall können die Zielkosten einer Baugruppe weiter bis auf die Ebene der einzelnen Bauteile heruntergebrochen werden, um Kosten im Detail zu analysieren und zu steuern.

Zahlen der Betriebsbuchhaltung:

Baugruppe	Standartkosten (drifting costs) in EUR	Prozentualer Kostenanteil der Baugruppen an den gesamten Standardkosten
Karosserie	13.000,00	33,85
Motor	7.700,00	20,05
Fahrwerk	7.900,00	20,57
Ausstattung	8.500,00	22,14
Elektronik	1.300,00	3,39
Standardkosten gesamt	38.400,00	100,00

Die Standardkosten liegen um

38.400,00 EUR – 36.800,00 EUR = 1.600,00 EUR

über den Zielkosten (siehe Beispiel S. 229).

Zielkostenindex

Aus dem durchschnittlichen Nutzen der entsprechenden Baugruppen für den Käufer und dem prozentualen Anteil der Kosten der einzelnen Baugruppen an den gesamten (Standard-) Kosten kann der *Zielkostenindex* durch Division ermittelt werden.

Der Zielkostenindex ist ein Indikator für ein Kostenreduktionspotenzial unter Berücksichtigung des Kundennutzens.

Baugruppe	Kundennutzen in %		Kostenanteil der Baugruppen an den Standardkosten in % (siehe oben)		Zielkostenindex
Karosserie	33,00	/	33,85	=	0,97
Motor	21,00	/	20,05	=	1,05
Fahrwerk	19,00	/	20,57	=	0,92
Ausstattung	24,00	/	22,14	=	1,08
Elektronik	3,00	/	3,39	=	0,88
	100,00		100,00		

<u>Auswertung</u>:

a) Zielkostenindex > 1

Bei einem Wert des Zielkostenindex > 1 ist der Kundennutzen in Relation zu den anteiligen Kosten der Baugruppe hoch. Da die Kosten vom Kunden akzeptiert werden, besteht kein Zwang zur Reduzierung der Kosten. Wegen des hohen Stellenwerts für den Kunden, können hier Qualitätsverbesserungen vorgenommen werden, die zwar zu höheren Kosten aber auch zu einem höheren Kundennutzen führen.

b) Zielkostenindex < 1

Bei einem Wert des Zielkostenindex < 1 ist der Kundennutzen in Relation zu den anteiligen Kosten der Baugruppe niedrig. Da die Kosten vom Kunden so nicht akzeptiert werden, sollten diese Kosten reduziert werden. Der Kunde würde eine geringere Funktionsvielfalt und Abstriche an der Qualität bei entsprechend niedrigerem Preis hinnehmen.

Der Zielkostenindex bietet nur einen Hinweis auf die Dringlichkeit der Kostensenkung.

Natürlich ist es grundsätzlich sinnvoll, alle Kosten, auch Kosten mit hohem Kundennutzen, auf den Prüfstand zu stellen.

6.2.1.4 Budgetierung der Zielkosten

Die angestrebten Zielkosten für jede einzelne Baugruppe werden in Prozent von der Zielkostensumme entsprechend dem Kundennutzen berechnet.

Eine Differenz zwischen Standardkosten und Zielkosten nennt man Zielkostenlücke (target cost gap). Die Zielkostenlücke sollte weitgehend durch Maßnahmen zur Kostensenkung geschlossen werden.

BEISPIEL

Baugruppe	Kunden-nutzen in %	Zielkosten in EUR	*Standartkosten (drifting costs) in EUR*	Zielkosten-lücke
Karosserie	33,00	12.144,00 ▲	*13.000,00*	- 856,00
Motor	21,00	7.728,00	*7.700,00*	+ 28,00
Fahrwerk	19,00	6.992,00	*7.900,00*	- 908,00
Ausstattung	24,00	8.832,00	*8.500,00*	+ 332,00
Elektronik	3,00	1.104,00	*1.300,00*	- 196,00
	100,00 =	36.800,00[1]	*38.400,00*	-1.960,00

In obigem Fall sollten die Kosten der Baugruppen Karosserie, Fahrwerk und Elektronik gesenkt werden, während bei Motor und Ausstattung zusätzliche Kosten für Produktverbesserungen von den Kunden durchaus akzeptiert würden.

---

[1] Berechnung der Zielkosten, siehe S. 229

6.2.1.5 Kostensenkung

Durch Ausschöpfen des Kostenreduzierungsspielraums in allen Kostenbereichen und eine vom Kundennutzen bestimmte Kostenplanung zum Zweck der Produktgestaltung wird versucht, die Zielkostenlücke zu schließen.

In Teamarbeit werden Vorschläge von Ingenieuren, Betriebswirten und sonstigen Mitarbeitern miteinander abgestimmt.

Bei zähem Ringen um stufenweise Kostensenkung müssen für alle Kostenkomponenten Kundennutzen, technische Standards, Qualitätsanspruch, notwendige Funktionalität, Substitutionsmöglichkeiten etc. erörtert werden.

Dem Controller kommt hier die Aufgabe des Moderators zu, der Erkenntnisse der Marktanalyse mit technischen Möglichkeiten, gesetzlichen Vorschriften und Unternehmenszielen in Einklang bringen muss.

Im Technologiebereich erfolgt eine am Kundennutzen orientierte Wertgestaltung.

Im Rahmen des *Value Engineering* wird die Palette der möglichen Produktfeatures und auch die Produktqualität an das Erwartungsniveau der Zielgruppe angepasst.

Neben Einsparungen im Technologiebereich durch Änderungen von Konstruktion oder Produkteigenschaften können durch organisatorische Maßnahmen, die Verwendung alternativer Materialien oder auch durch Outsourcing von Bauteilen Kosten ohne Minderung des Kundennutzes (= Gefährdung der Akzeptanz des Produkts) gesenkt werden.

Kostenbereiche		Maßnahmen	Produkt
Beschaffung	Materialeinkauf (Preise, Konditionen)	Materialsubstitution (alternative Materialien) Optimierung der Beschaffungslogistik	Materialqualität
Fertigung	Entwicklung, Konstruktion, Produktionstiefe, Qualitätskontrolle	Logistik: Just-in-Time-Lieferung etc., Outsourcing, Kapazitätsanpassung, Fertigungsablauf: Durchlaufzeiten etc., Lean Production	Notwendigkeit von Funktionen, techn. Qualität: Präzision, Dauerbelastung etc., notwendige Nutzungsdauer
sonst. Organisation	Restrukturierung organisatorischer Abläufe von der Einholung von Angeboten bis zur Auslieferung des Produkts	Leistungssteigerung durch Motivation: Teamorganisation, Profit Center; Lean Management etc.	Lagerung: Lagerbestand, Produktpflege, Lagerorganisation: chaotische Lagerhaltung etc.

Abbildung 49: Target Costing - Ansatzpunkte für eine Kostensenkung

6.2.2 Würdigung der Zielkostenrechnung

Ein eindeutiger Schwachpunkt der Zielkostenrechnung ist eine oft schwammige Basis für die Bestimmung der Zielkosten.

Das Beispiel der Zielkostenrechnung für einen Pkw (siehe oben) lässt erkennen, dass die Ausrichtung am Kundennutzen nur eine vage Grundlage für die Formulierung von Zielkosten sein kann.

Die *Einschätzung des individuellen Nutzens* durch Probanden der Zielgruppe ist zwangsläufig laienhaft und kann zumindest für die technologische Gestaltung des Produkts nur *einer von mehreren* Maßstäben sein.

Wenn der Elektronik oder auch dem Fahrwerk eines Pkw durch den Kunden keine große Bedeutung beigemessen wird, so liegt das daran, dass die Auswirkungen auf Sicherheit und Zuverlässigkeit unterschätzt werden. Hier muss der Sachverstand des Ingenieurs eine Korrektur der Kundeneinschätzung vornehmen.

Auch gesetzliche Vorschriften müssen ungeachtet der Wertschätzung durch den Kunden bei Planung und Gestaltung des Produkts beachtet werden, da Produktfehler zu hohen Schadensersatzansprüchen führen können (Produkthaftungsgesetz).

Darüber hinaus muss die Konstruktion über eine Durchschnittsbeanspruchung des Produkts hinaus eine technische Reserve einplanen, um Gewährleistungsansprüche, oder gar sehr kostspielige Rückrufaktionen, zu vermeiden.

Einsatzgebiet für die Zielkostenrechnung sind primär Industrieunternehmen des Automobilbereichs sowie große Unternehmen der Maschinenbau- und Elektronindustrie.

Die wesentliche Erkenntnis des Target Costing ist, dass es nicht genügt, Kosten zu ermitteln und zu verwalten.

Anliegen eines strategischen Kostenmanagements muss es sein, Kosten an die Anforderungen des Marktes anzupassen.

Voraussetzung für eine erfolgreiche Durchführung der Zielkostenrechnung sind eine hohe Bereitschaft der Mitarbeiter zur Kooperation (team work), eine starke Controller-Persönlichkeit, um die Mitarbeiter aus Marketing, Ingenieurwesen und Betriebswirtschaft an einen Tisch zu bringen, und die Bereitschaft – insbes. auf Führungsebene – gewachsene Strukturen zu bewerten und nötigenfalls aufzubrechen.

Für das Bestreben der Zielkostenrechnung, bis in Teilprozesse hinein Kosteneinsparpotenziale zu erschließen, bietet die Tätigkeitsanalyse der Prozesskostenrechnung eine ideale Grundlage.

7. Der Betrieb als Unternehmung: das Profit-Center

An sich ist die Gleichstellung eines Betriebs mit einer Unternehmung ein Widerspruch, denn die Zielsetzung von Betrieb und Unternehmung sind per Definition unterschiedlich.

Während der Betrieb eine möglichst hohe Wirtschaftlichkeit und hohe Produktivität anstrebt, ist das Ziel der Unternehmung die Gewinnmaximierung.

Um die Motivation, die in unternehmerischer Tätigkeit liegt, in die Betriebe zu tragen, hat man hierfür geeignete Kostenstellen (Cost Center) stufenweise mit Kompetenzen des Unternehmensbereichs ausgestattet.

7.1 Vom Cost Center zum Profit Center

Cost Center

Kennzeichen des Cost Center:
- Das Cost Center (Kostenstelle) ist eine technisch-organisatorische Einheit innerhalb des Unternehmens, die, in den gesamten Produktionsablauf integriert, Auftragsleistungen erbringt.
- Die Leistungserstellung erfolgt nach dem Wirtschaftlichkeitsprinzip.
- Eine Gewinnerzielung ist bei innerbetrieblicher Verrechnung nicht möglich, da keine Erlöse aus einer selbständigen Präsenz am Markt vorliegen.

Service Center

Aus dem Cost Center wird in einem ersten Schritt durch Zuweisung zusätzlicher Kompetenzen ein unternehmensinternes, eigenverantwortliches *Service Center*.

Kennzeichen des Service Center:
- *Autonome organisatorische Einheit* (Abteilung, Unternehmenssektor) innerhalb der Unternehmung, unter eigenverantwortlicher Leitung durch einen Manager oder ein Direktorium (Managerteam).
- Das Angebot der Leistungen richtet sich an der Nachfrage kooperierenden Kostenstellen innerhalb der Unternehmung aus.

- Die in Eigenregie erbrachten *Leistungen* werden an kooperierende Kostenstellen gegen *Verrechnung* abgegeben.

  Die Verrechnungspreise orientieren sich an den auf dem Markt für gleichartige Leistungen erzielbaren Erlösen, mit einem ‚Nachlass' für die innerbetriebliche Verrechnung. Der Verrechnungspreis muss aber kostendeckend sein.

  [Liegt ein kostendeckender Verrechnungspreis dauerhaft über dem korrespondierenden Marktpreis, so ist an Outsourcing zu denken.]

Vorteil eines Service Centers gegenüber der Cost-Center-Organisation

Der Vorteil eines Service Centers gegenüber der Cost-Center-Organisation ist eine stärkere Motivation der Mitarbeiter durch die Übertragung von Kompetenzen und Verantwortung.

Die Motivation wird verstärkt durch das Erfolgserlebnis, einen, wenn auch nur fiktiven, Gewinn zu erwirtschaften. Wird dann noch eine Gewinnbeteiligung vereinbart, so wirkt sich dies verstärkt positiv auf Leistungsbereitschaft und Identifikation der Mitarbeiter mit dem Betrieb aus.

Für die Unternehmensleitung werden durch eine Umwandlung der Kostenstellen in Service Center die betrieblichen Verantwortungsbereiche deutlicher sichtbar und gleichzeitig ergeben sich zusätzliche Möglichkeiten für eine Kontrolle der Wirtschaftlichkeit.

Profit Center

In einem zweiten Schritt kann aus einem *Service Center* ein *Profit Center* entstehen. Voraussetzung hierfür ist aber ein real erzielbarer Gewinn, der wiederum den direkten Marktzugang erfordert.

Kennzeichen des Profit Center:

- ▫ Kennzeichen des *Service Center*
  - ＋ • Eigene Beschaffung
    - • Eigene Vertriebsorganisation mit Umsatzerlösen, die in eine Gewinn- und Verlustrechnung eingehen
    - • Organisation der Fertigung in eigener Verantwortung
    - • Eigenverantwortliche Investitionsentscheidung

Ein echtes Profit Center ist in der Praxis nur selten vorzufinden (so genannte Profit Center im Industriebereich sind i. d. R. als Service Center zu sehen).

Für die Umstellung der betrieblichen Organisation auf Service/ Profit Center sind Organisationsformen der Fertigung wie die Inselfertigung oder die Spartenorganisation[1] in besonderem Maße geeignet.

Echte Profit Center können am ehesten bei Spartenorganisation[1] entstehen, wenn die Sparten jeweils in einen Beschaffungs- und Absatzmarkt eingebettet sind.

---

[1] Spartenorganisation: Organisationsmodell, bei dem die Kompetenz aufgrund sachzielorientierter Segmentierung nach Produkten bzw. Produktgruppen zugeordnet wird.
Beispiel: Firma MAN, Produktsparten Busbau und Lkw-Bereich

7.2 Die Rentabilität eines Profit Centers

Die *Rentabilität* als Maßstab für unternehmerischen Erfolg bemisst die *Verzinsung* des in Vermögenswerte investierten Kapitals.

Um für ein Profit Center eine Rentabilitätsberechnung durchführen zu können, müssen die notwendigen Bilanzzahlen zur Verfügung gestellt werden:

Das in ein Profit Center investierte *Gesamtkapital* ist gleichwertig der Summe aller vorhandenen *Vermögensposten*, bewertet zu Anschaffungskosten.

Eine Aufspaltung in *Eigen-* und *Fremdkapital* kann analog zur Kapitalstruktur der Gesamtunternehmung erfolgen. Dies gilt auch für die Zuweisung einer Belastung mit *Fremdkapitalzins* auf das Profit Center.

Für eine Berechnung der Rentabilität sind Daten bezüglich der Höhe der *Umsatzerlöse* unabdingbar.

Liegen keine realen Umsatzerlöse vor, so muss für die Zuweisung von fiktiven Umsatzerlösen eine Verrechnungsgrundlage gefunden werden.

Hierfür bieten sich an:

- *Vergleichspreise* am Markt bei möglicher Vermarktung der Leistung
- *Selbstkosten* plus fiktiver *Gewinnzuschlag*
- Bei *innerbetrieblicher Verrechnung* von Teilleistungen für ein vermarktetes Produkt: *Anteil am Produktumsatz*, nach dem im Profit Center investierten Kapital im Verhältnis zum Gesamtkapital der Unternehmung   etc.

Aus der Differenz zwischen zurechenbaren Erlösen und den Gesamtkosten des Profit Centers ergibt sich der (fiktive) Gewinn des Profit Centers.

7.2.1 Berechnung der Rentabilitätskennzahlen

Eigenkapitalrentabilität

Die Eigenkapitalrentabilität ergibt sich aus dem Verhältnis einer Erfolgsgröße (Gewinn, Jahresüberschuss) zum eingesetzten Eigenkapital:

$$\textit{Eigenkapitalrentabilität} \quad R_{(EK)} \quad = \quad \frac{\textit{Gewinn} \cdot 100}{\textit{Eigenkapital}} \qquad \textsf{F}$$

Gesamtkapitalrentabilität

Zur Ermittlung der Gesamtkapitalrentabilität wird der Periodenerfolg (Gewinn+ Fremdkapitalzins) in Beziehung zum gesamten zur Verfügung stehenden Kapital des Profit Centers (Eigen- und Fremdkapital) gesetzt:

$$\textit{Gesamtkapitalrentabilität} \quad R_{(GK)} \quad = \quad \frac{(\textit{Gewinn} + \textit{Fremdkapitalzins}) \cdot 100}{\textit{Gesamtkapital}} \qquad \textsf{F}$$

Umsatzrentabilität

Um die Ertragskraft des Profit Centers richtig einschätzen zu können, muss festgestellt werden, welche Anstrengung unternommen werden musste, um die erzielte Kapitalverzinsung zu erzielen.

Der Gewinn, ausgedrückt in Prozent vom (fiktiven) Umsatzerlös, besagt, wie viel Prozent von einem umgesetzten Euro dem Profit Center als Gewinn zufließen:

F

$$Umsatzrentabilität \quad R_{(U)} \quad = \quad \frac{(Gewinn + Fremdkapitalzins) \cdot 100}{Umsatzerlöse}$$

Return on Investment (ROI)

Erzielen zwei Profit Center innerhalb der Unternehmung gleiche Rentabilität des eingesetzten (investierten) Kapitals, so kann daraus nicht geschlossen werden, dass beide Profit Center mit derselben Wirtschaftlichkeit gearbeitet haben (siehe Ausführungen zur Umsatzrentabilität).

Nach dem ökonomischen Prinzip hat das Profit Center mit dem größeren Erfolg gearbeitet, das den gegebenen Grad der Rentabilität mit dem geringeren Aufwand (Arbeits- und Kapitaleinsatz) erzielt hat.

Die Formel für die Gesamtkapitalrentabilität lässt sich durch Einbeziehung des **Umsatzes** in zwei die Rendite beeinflussende Faktoren gliedern.

F

Daraus ergibt sich die Kennziffer für den **„Return on Investment"[1] (ROI)**:

$$R_{(GK)} \quad = \quad \frac{(Gewinn + Fremdkapitalzins) \cdot 100}{Gesamtkapital}$$

Die Division jeweils des Zählers und des Nenners durch den Umsatzerlös ergibt:

$$\rightarrow ROI \quad = \quad \frac{[(Gewinn + Fremdkapitalzins) \cdot 100] / Umsatzerlös}{Gesamtkapital / Umsatzerlös}$$

$$ROI = \underbrace{\frac{(Gewinn + Fremdkapitalzins) \cdot 100}{Umsatzerlös}}_{\textbf{\textit{Umsatzrentabilität}}^{[2]}} \cdot \underbrace{\frac{Umsatzerlös}{Gesamtkapital}}_{\textbf{\textit{Kapitalumschlag}}}$$

---

[1] return (engl.) = Gewinn, Kapitalrendite; investment (engl.) = Investition, investiertes Kapital. Return on Investment = Rentabilität des eingesetzten Kapitals

[2] Umsatzrentabilität auf Basis des gesamten Kapitalertrags

Die **Umsatzrentabilität** kann gesteigert werden durch:

- Reduzierung der fixen Kosten
- Reduzierung der variablen Kosten
- Höhere Verkaufspreise (soweit auf dem Markt realisierbar)
- Steigerung des Umsatzvolumens (Marketing-Mix)

Auf den **Kapitalumschlag** (Kapitalumschlagshäufigkeit) wirken sich positiv aus:

- Verringerung der Vorräte (z. B. Just-in-Time-Lieferung)
- Senkung des Forderungsbestands (Zahlungsanreiz durch Gestaltung der Zahlungs-bedingungen)
- Beschränkung der liquiden Mittel auf das notwendige Maß (Geldanlage)
- Rationalisierung im Bereich der Sachanlagen

Bei hohem Kapitalumschlag genügt eine geringe Gewinnspanne, um eine hohe Rentabilität zu erzielen.

7.2.2 Das DuPont - Kennzahlensystem

Das in den USA von *DuPont* 1919 entwickelte *Kennzahlensystem (System of Financial Control)* hat die Kennzahl des *Return on Investment (ROI)* zu einem Planungs- und Steuerungsinstrument erweitert.

Die beiden Faktoren des ROI, Umsatzrentabilität und Kapitalumschlag, werden in weitere Komponenten zerlegt.

Kapitalertrags-Baum

Ausgehend vom ROI entsteht der *Kapitalertrags-Baum*, bestehend aus *je einem Ast* für jeden der beiden Faktoren.

Ein Ast ergibt sich aus der *Kostenanalyse* und führt durch Einbeziehung der Umsatzerlöse zur *Umsatzrentabilität*.

Ein zweiter Ast beinhaltet die *Bilanzposten Vermögen/ Kapital* und führt durch Einbeziehung der Umsatzerlöse zum *Kapitalumschlag*.

Die mathematischen Vorzeichen innerhalb des Baums verdeutlichen den Zusammenhang der einzelnen Instrumente zur Beeinflussung des Kapitalertrags.

So kann die Geschäftsleitung z.B. die Höhe des für die nächste Abrechnungsperiode angestrebten ROI planen und mit Hilfe eines ‚*Was-wäre-wenn'*-Szenarios innerhalb des Kapitalertrags-Baums unterschiedliche Ansätze für die Realisierung des Ziels durchspielen.

Das Kennzahlensystem des Kapitalertrags-Baums dient dabei als *"betriebspolitisches Schachbrett"*, auf dem strategische Züge und deren Auswirkung auf den Kapitalertrag erprobt werden können.

Neben der Bedeutung für die strategische Planung spielt der Kapitalertrags-Baum auch eine Rolle als Kontrollinstrument: Wird die angestrebte Kapitalverzinsung nicht erreicht, so bieten die ROI - Teilkomponenten die Möglichkeit, Ursachen für Zielabweichungen aufzuspüren und entsprechende Korrekturmaßnahmen einzuleiten.

Kapitalertrags-Baum eines Profit-Centers anhand des DuPont Kennzahlensystems

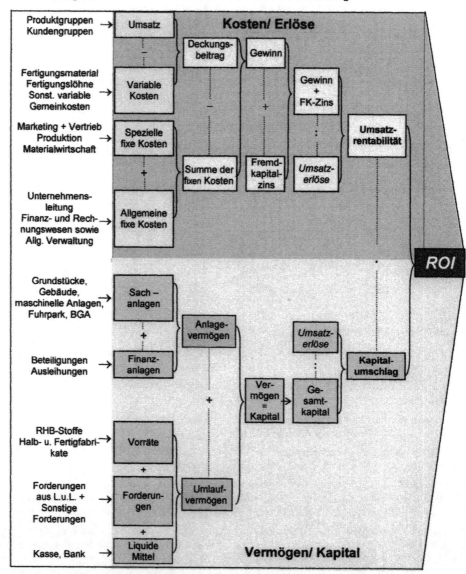

Abbildung 50: Berechnung des ROI nach dem DuPont - Kennzahlensystem

Das DuPont Schema für die Berechnung des ROI ist ideal geeignet für eine Analyse der Wirtschaftlichkeit und der Ertragskraft eines Profit Centers.

Daten der Kostenrechnung werden von der Betriebsbuchhaltung geliefert.

Die notwendigen Daten für die Bilanzierung der Vermögenswerte und des Kapitaleinsatzes können der Anlagen- und Finanzbuchhaltung entnommen werden.

Liegen keine realen Umsatzerlöse vor, so muss für die Zuweisung von fiktiven Umsatzerlösen eine Verrechnungsgrundlage gefunden werden (siehe S. 237).

BEISPIEL

Die Geschäftsleitung der Metallofix GmbH will ihre Kostenstellen Dreherei und Fräserei ab dem kommenden Geschäftsjahr in Profit Center umwandeln.

Man verspricht sich davon neben einer verstärkten Motivation der Mitarbeiter zusätzliche Informationen über Wirtschaftlichkeit und Ertragskraft der Kostenstellen.

Bei stabiler Auftragslage erfolgt unter Einbeziehung der Erfahrungswerte aus der Kostenrechnung und des Zahlenmaterials der Bilanzierung eine Hochrechnung für die zu erwartende Geschäftsentwicklung im kommenden Geschäftsjahr.

Es liegt folgendes Zahlenmaterial vor (alle Zahlen in Tsd.EUR):

Stichtagsbilanz der Metallofix GmbH zum ...			
A) Bilanz			
Gesamtes investiertes Kapital = Vermögen der Unternehmung			20.000
		davon Dreherei	davon Fräserei
Sachanlagen lt. Anlagendatei		6.000	10.500
Vorräte lt. Lagerbuchhaltung		500	1.300
Verfügbare liquide Mittel		300	700
Summen		6.800	12.500
Summe		19.300	
Prognose: Keine wesentlichen Änderungen im kommenden Geschäftsjahr.			
B) Gewinn- und Verlustrechnung			
Umsatz p. a.	5.000	Prognose	x 1,1	5.500
Gesamtaufwand p. a.	4.600	Prognose	x 1,05	4.830

Zahlen der **Betriebsbuchhaltung** für die Kostenstellen Dreherei/ Fräserei:					
Profit Center ⟍ Kosten	Gesamt			Dreherei x 0,45	Fräserei x 0,55
Variable Kosten	2760	Prognose	x 1,08	1140	1.850
Fixe Kosten	1840	Prognose	x 1,00	700	1140

Zurechnung des Umsatzes auf die Profit Center Dreherei und Fräserei:			
Umlage nach investiertem Kapital: Dreherei 6.800 + Fräserei 12.500 = Summe 19.300			
		Dreherei	Fräserei
Prognostizierter Umsatz	5.500	/ 19.300 · 6.800 =	/ 19.300 · 12.500 =
	Zurechenbarer Umsatz	1.940	3.560

Berechnung des anteiligen Fremdkapitalzinses:			
Der Anteil des Fremdkapitals am Gesamtkapital der Metallofix GmbH wird mit 40 % angegeben. Die Relation Fremdkapital/ Gesamtkapital = 40/ 100 trifft auch auf die beiden Profit Center zu. Der durchschnittliche Fremdkapitalzins beträgt 5 %.			
		Dreherei	Fräserei
Zurechenbarer Fremdkapitalzins		6.800 · 40 % · 5 % =	12.500· 40 % · 5 % =
	Fremdkapitalzins	136	250

Es wird eine Verzinsung des eingesetzten Kapitals von mindestens 6 % (Branchendurchschnitt) angestrebt.

Mit Hilfe des ‚betriebspolitischen Schachbretts' auf der Grundlage des DuPont- Kennzahlensystems ist zu prüfen, ob mit den prognostizierten Zahlen das angestrebte Ziel zu erreichen ist.

Welche Möglichkeiten gibt es, den ROI positiv zu beeinflussen?

Lösung für *Profit Center Dreherei* nächste Seite →

7.2 Die Rentabilität eines Profit Centers

LÖSUNG

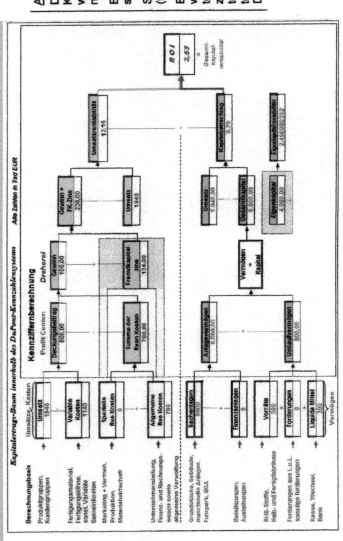

Kapitalertrags-Baum innerhalb des DuPont-Kennzahlensystems   Alle Zahlen in Tsd EUR

Auswertung:

Das Ziel einer Verzinsung des Kapitals in Höhe von ROI = 6 % wird vom Profit Center Dreherei nicht erreicht.

Es fällt auf, dass der Kapitalumschlag mit 0,29 extrem niedrig ist.

Sind Leerkapazitäten vorhanden (totes Kapital)?

Es muss versucht werden, entweder durch Abbau nicht genutzter Vermögenswerte fixe Kosten zu senken, oder schlecht genutzte Kapazitäten besser auszulasten (Umsatzsteigerung, kürzere Durchlaufzeiten etc.)

7.2.3 Würdigung des DuPont - Kennzahlensystems

Obwohl das DuPont - Kennzahlensystem aus dem Jahr 1919 wohl das älteste betriebliche Management- und Kontrollsystem ist, gehört sein ROI-Baum auch heute zu den aussagekräftigen Instrumenten der Betriebsanalyse.

Durch die Einbeziehung der Kostenfaktoren in die Rentabilitätsberechnung ist dieses Gedankengebäude ideal für die Bewertung des Erfolgs eines Profit Centers geeignet.

Die Auflösung des Kapitalumschlags in seine Einflussfaktoren und die Auflösung der Umsatzrentabilität bis hin zu den sie bestimmenden Kostenbestandteilen ermöglicht eine systematische Analyse der vom Betrieb erzielten ‚Rentabilität'.

Dabei werden die in fester Beziehung zu einander stehenden Kennzahlen einer differenzierten Bewertung unterzogen.

Über ein ‚Was-wäre-wenn'-Szenario können mit Hilfe des ROI-Baums Rückschlüsse auf die Auswirkungen möglicher Änderungen einzelner Positionen auf den ROI gezogen werden.

Das DuPont - Kennzahlensystem findet wieder verstärkten Einsatz insbesondere in der Automobilindustrie und im Maschinenbau.

Literaturverzeichnis

Birker, K.: Kosten- und Leistungsrechnung. 1. Auflage. Berlin 1996.

Burger, A..: Kostenmanagement. 3. Auflage. München 1999

Coenenberg, A. G.: Kostenrechnung und Kostenanalyse, 5. Auflage, Stuttgart 2003.

Ehrlenspiel, K.: Kostengünstig konstruieren. Kostenwissen, Kosteneinflüsse, Kostensenkung. Berlin, Heidelberg, New York, Tokio 1985.

Fiedler, R.: Einführung in das Controlling. 2. Auflage. München 2001.

Freidank, C.-C.: Kostenrechnung. 7. Auflage. München/ Wien 2001.

Gutenberg, E.: Grundlagen der Betriebswirtschaftslehre, Band 1: Die Produktion. 24. Auflage. Berlin/Heidelberg/New York 1983.

Hahn, D.: Target Costing – ein überlebenswichtiges Konzept, in: ZfC, 5. Jahrgang, 1993.

Heinen, E.: Betriebswirtschaftliche Kostenlehre. Kostentheorie und Kostenentscheidungen. 6. Auflage. Wiesbaden 1983.

Heinen, E.: Industriebetriebslehre, 9. Aufl., Wiesbaden 1991

Heitger L. E.; Matulich S.: Cost Accounting, 2nd Edition, Singapore 1986

Horvath, P.; Mayer, R.: Prozesskostenrechnung, in: Controlling, Heft 4, Juli 1989.

Horvath, P.: Target Costing – marktorientierte Zielkosten in der deutschen Praxis. Stuttgart 1993.

Jórasz, W.: Kosten- und Leistungsrechnung. 3. Auflage. Stuttgart 2003

Kilger, W.: Einführung in die Kostenrechnung. 3. Auflage. Wiesbaden 1992.

Kilger, W.: Produktions- und Kostentheorie. Wiesbaden 1958.

Kilger, W.; Vikas, K.: Flexible Plankostenrechnung und Deckungsbeitragsrechnung. 10. Auflage. Wiesbaden 1993.

Kosiol, E.: Kritische Analyse der Wesensmerkmale des Kostenbegriffs, in: Betriebsökonomisierung durch Kostenanalyse, Absatzrationalisierung und Nachwuchserziehung, Festschrift für Rudolf Seyffert zu seinem 65. Geburtstag, Köln und Opladen 1958.

Kosiol, E.: Einführung in die Betriebswirtschaftslehre. Die Unternehmung als wirtschaftliches Aktionszentrum. Hamburg 1974.

Lucey, Terry: Costing. 6th Edition. London / New York 2002.

Mellerowicz, K.: Allgemeine Betriebswirtschaftslehre. 13. Auflage. Berlin 1969.

Mellerowicz, K.: Neuzeitliche Kalkulationsverfahren, 6. Auflage, Freiburg i.B. 1977.

Olfert, K.: Kostenrechnung. 13. Auflage. Leipzig/ Neckargemünd 2003.

Olshagen, Ch.: Prozesskostenrechnung, Aufbau und Einsatz, Wiesbaden 1991.

Preitz, O.: Allgemeine Betriebswirtschaftslehre für Studium und Praxis. 4. Auflage. Baden Baden/ Bad Homburg 1979.

Probst, H.-J.: Kosten senken leicht gemacht. Redline Wirtschaft. Frankfurt/ Wien 2003.

REFA Verband e. V.: Kostenwesen. Aufbauseminar. Darmstadt 1996.

REFA Verband e. V.: Methodenlehre des Arbeitsstudiums, 2. Teil, Datenermittlung, 5. Auflage, München 1976

Sakurai, Michikaru: Target Costing and How to Use it, in: Journal of Cost Management, Summer 1989.

Schmalenbach, E.: Kostenrechnung und Preispolitik. 8. Auflage. Köln/ Opladen 1963.

Seidenschwarz, W.: Target Costing. München 1993

Warnecke/ Bullinger/ Hichert/ Voegele: Kostenrechnung für Ingenieure. 5. Auflage. München/ Wien 1996.

Wöhe, G.: Einführung in die Allgemeine Betriebswirtschaftslehre. 18. Auflage. München 1993.

Sachwortverzeichnis